ライブラリ 経営学コア・テキスト=11

コア・テキスト
国際経営

大木　清弘

新世社

編者のことば

　経営学は常識の学問である。経営学はいまや現代人にとっての基本的なリテラシーの一部である。最新ニュースのほとんどに企業や組織がからみ，この世のほとんどすべての問題は，経営の問題として読み解くことができる。経営学はまさに現代社会の常識なのである。

　経営学は常識の学問である。経営学は科学であり，個々の理論やモデルが正しいかどうかはデータと事実が決める。しかもその検証作業は，一部の研究者たちだけの占有ではない。広く一般の人々も日々の実践の中で検証を繰り返し，その結果生き残った経営理論だけが，常識として広く世の中に定着していく。

　経営学は常識の学問である。経営学は常識にもかかわらず，学問としての体系をもっている。そこが普通の常識とは異なる。体系的に学び，体得することができる。実際，現代ほど学問として体系的な経営学の教科書が渇望されている時代はない。高校生から定年退職者に至るまで，実に多くの人から「経営学の良い教科書はどれか」と質問される。

　それでは，良い教科書の条件とは何か。第一に，本当に教科書であること。予備知識のない普通の人が，順を追って読み進めば，体系的に理解可能な本であること。第二に，学問的に確からしいことだけが書かれていること。もちろん学問には進歩があり，それまで正しいとされていたものが否定されたり，新しい理論が登場したりすることはある。しかし，ただ目新しくて流行っているというだけで根拠もなく取り上げるビジネス書とは一線を画する。そして第三に，読者がさらに学習を進めるための「次」を展望できること。すなわち，単体として良い本であるだけではなく，次の一冊が体系的に紹介され，あるいは用意されていることが望ましい。

　そのために，このライブラリ「経営学コア・テキスト」が企画された。経営学の「核となる知」を正しく容易に理解できるような「良い教科書」群を体系的に集大成する試み。そのチャレンジに，いま21世紀を担う新世代の経営学者たちが集う。

高橋　伸夫

はしがき

　本書は経営学の一分野である国際経営の教科書です。21世紀に入って，日本では人や企業の国際化の重要性がますます強調されています。「これからは国際化が求められるから，国際経営を学ぼう」と，この本を手にされた方もいらっしゃるのではないでしょうか。

　しかし本書を読む前にまず理解していただきたいことがあります。それは，国際経営が重要なのは今だけかもしれないということです。

　国際経営とは常に現実の影響を受けて発展し続けてきた分野です。国際経営と呼ばれる分野の議論が行われだしたのは，おおよそ1960年代前後からです（実際，海外の主要な国際経営分野の雑誌は1960年代以降に誕生しています）。その後の50年におよぶ国際経営分野の発展は，基本的に現実の変化を捉える形で進んでいます。例えば，1960年代は米国企業の海外展開を説明するような研究が多かったのですが，1980年代には日米欧の多国籍企業を比較するような研究が現れ，2000年以降は中国などの新興国の市場や企業に注目した研究が増えています。現実の新たな動きに対応して研究が発展することが多い分野と言えます。

　ゆえに，国際経営の議論は今後も現実に合わせて変化し続けます。その結果，国際経営そのものが議論されなくなる可能性すらあります。例えば，世界中の国が鎖国をして企業が国境を越えられなくなれば，国際経営は存在しなくなります。もちろんこれは現実的ではありません。では逆に，世界中がもっとオープンになり，より多くの人や企業が国境を越えるようになったらどうでしょうか。この場合も，国際経営という分野が存在しなくなる可能性があります。国境を越えていない企業も国際化の影響を受けるようになれば，もはや国内での経営と国際経営に大きな違いがなくなるからです。近年は日本国内でも，異なる国籍の人を雇ったり，顧客として対応したりすることが増えています。この傾向が続けば，国境を越えていない企業も国際化の影響を踏まえた経営を国内

で実践せざるを得なくなります。そうなれば，もはや国内経営と国際経営に違いはなくなり，わざわざ国際と別枠で議論する必要性はなくなるでしょう。

このように考えると，国際経営とはその時代に流される芯のない分野のように思われるかもしれません。たしかにそういう側面も存在しています。しかし常に現実と対話しながら，過去の議論が陳腐化することを恐れずに，「国際」が経営に与える影響を考え続けてきたことが，国際経営という分野の魅力であると筆者は考えております。現実との対話の結果，「国際経営は必要ない」という結論に至ることもありえる分野なのです。

ゆえに，筆者は読者に対して，国際経営における「現実との対話」の重要性を理解していただきたいと考えております。本書で取り上げた国際経営の理論は，学問的に確からしいものを扱っているとはいえ，今後現実が変化する中で取捨選択されうるものです。そのため，ただ知識を身につけても，その知識はやがて陳腐化してしまうかもしれません。必要なのは単なる知識ではありません。現実との対話の中から本書で取り上げた既存理論の不十分な点を見出し，自ら国際経営の新たな一ページを生み出していくための知恵です。国際経営を学ぶ上では，そうした知恵を身につけることも意識していただきたいと考えております。

そこで本書では，他の国際経営の教科書とは少し異なる構成上の工夫を施しました。本書は理論編（第1章～10章）と実践編（第11章～15章）の二部構成となっています。このうち工夫をしたのは理論編です。まず，理論編の第3章から10章までは，主要な国際経営の理論を，代表的な研究が現れた時期やその議論が活発化しだした時期に従って，時系列順に説明しています。各理論には時期的な重複などもあるため，一部異論もあるかもしれませんが，ある程度妥当で，かつ読者が理解しやすいと思われる順番に並べました。次に，第3章から10章までの各章の冒頭では，それぞれの議論が行われた時の時代背景を記述するようにしました。さらに，時代背景の変化をまず理解してもらうために，各理論の説明に入る前の第2章で多国籍企業の歴史について説明しました。これら3つは，国際経営の主要な理論が，現実の変化に合わせて発展していったことを理解してもらうための工夫です。議論の発展の経緯を理解することで各理論への理解を深め，新たな時代に対応した次の議論を読者が考える際

の参考にしていただきたいと考えております。

　なお，本書の執筆にあたって御礼を申し上げたい方々がいらっしゃいます。まず，東京大学大学院経済学研究科教授の高橋伸夫先生に厚く御礼申し上げます。先生からは執筆の機会をいただいただけでなく，貴重なゼミの時間を使って原稿を輪読していただいた上で，疑問点，わかりづらい点等を大変丁寧に指摘していただきました。丁寧に原稿を読み込んでくださった高橋ゼミの皆さんにも，重ねて御礼申し上げます。大変勉強になりました。

　また，本書で登場するいくつかの事例は，私が実際に調査をして得た情報を元に書き上げられております。調査を受け入れくださった皆様に，厚く御礼申し上げます。全ての方のお名前を挙げることは紙幅の都合上できませんが，皆様のご協力があって，研究活動を続けることができております。その感謝は常に忘れることなく，これからも研究に邁進させていただきます。なお，本書の内容には，JSPS科研費 JP16H03666, JP17K13777の助成を受けた研究成果が含まれています。

　さらに新世社編集部の御園生晴彦氏には，構想段階から出版に至るまで，あらゆるフォローをいただきました。また，彦田孝輔様を初めとした編集スタッフの皆様には大変丁寧にご校正いただきました。心から御礼申し上げます。

　最後に家庭において私を支えてくれている妻まどか，屈託のない笑顔で癒しを与えてくれる息子の文皓にも感謝の気持ちを表します。いつもありがとう。

　本書を読まれた方が国際経営に興味を持ち，実務・学術を問わず，国際経営の新たな一ページを作り出す人材となることを期待しています。

　　　平成29年11月

大木　清弘

目　次

第Ⅰ部　理論編　　1

第1章　国際経営の基礎知識　　3

1.1　「国際経営」とは何か？　　4
1.2　「国際」がつくことで変わること：CAGE フレームワーク　　7
1.3　海外進出によって得られるもの：国際経営の戦略目標　　12
1.4　海外進出の形態　　17
　●演習問題　21

第2章　多国籍企業の歴史　　23

2.1　多国籍企業の栄枯盛衰　　24
2.2　第二次世界大戦前　　26
2.3　第二次世界大戦後　　29
2.4　現代のトレンド：多極化の時代　　33
　●演習問題　37

第3章　海外直接投資論　　39

3.1　なぜ企業は海外直接投資を行うのか　　40
3.2　ハイマーの海外直接投資論　　41
3.3　内部化理論　　43
3.4　折衷理論：OLI パラダイム　　47
3.5　海外直接投資の理論の修正　　50
　●演習問題　56

第4章　プロダクト・サイクル仮説と優位性の移転　57

- 4.1　本章の目的 ―― 58
- 4.2　バーノンのプロダクト・サイクル仮説 ―― 58
- 4.3　優位性の移転 ―― 62
  - ●演習問題　70

第5章　多国籍企業の組織デザイン　71

- 5.1　組織デザインが意味すること ―― 72
- 5.2　組織デザインの原則 ―― 75
- 5.3　多国籍企業の戦略と組織 ―― 78
- 5.4　その後の組織デザインの議論：「ヘテラーキー」と「地域統括組織」 ―― 86
  - ●演習問題　91

第6章　トランスナショナル型組織　93

- 6.1　本章の位置づけ ―― 94
- 6.2　「標準化」と「適応化」 ―― 95
- 6.3　バートレットとゴシャールの研究：トランスナショナル型組織 ―― 99
- 6.4　トランスナショナル型組織のその後 ―― 105
  - ●演習問題　109

第7章　国際的な活動の配置と調整　111

- 7.1　国際的な活動の配置と調整への注目 ―― 112
- 7.2　ポーターの配置と調整の議論 ―― 112
- 7.3　活動の配置・調整と企業の成功・失敗 ―― 120
- 7.4　新しい活動配置・調整の議論 ―― 125
  - ●演習問題　126

第8章　海外子会社論　　127

- 8.1　海外子会社の時代　128
- 8.2　海外子会社の類型　128
- 8.3　海外子会社の役割の決定　132
- 8.4　強い海外子会社構築へ向けて　134
  - ●演習問題　139

第9章　グローバル・イノベーション論　　141

- 9.1　国境をまたがるイノベーションへの注目　142
- 9.2　グローバル・イノベーションの類型　142
- 9.3　海外子会社がイノベーションの主体となるには？　147
- 9.4　各国のイノベーションの共有を促進するには？　151
- 9.5　メタナショナル経営　153
  - ●演習問題　156

第10章　国際パートナーシップ　　157

- 10.1　活発化する国際パートナーシップ　158
- 10.2　パートナーシップの種類　159
- 10.3　国際パートナーシップのメリットとデメリット　160
- 10.4　国際パートナーシップの形態　162
- 10.5　何を国際パートナーシップで補うのか　168
  - ●演習問題　171

第Ⅱ部　実践編　173

第11章　国際マーケティング　175

- 11.1　マーケティングの定義 — 176
- 11.2　マーケティングのプロセス — 177
- 11.3　国際マーケティングの課題 — 180
- 11.4　国際マーケティングのプロセス — 184
  - ●演習問題　190

第12章　国際生産　191

- 12.1　生産活動とは何か？ — 192
- 12.2　国際生産のプロセス — 197
- 12.3　国際生産ネットワーク — 204
  - ●演習問題　208

第13章　国際研究開発　209

- 13.1　なぜ研究開発を国際化するのか？ — 210
- 13.2　海外研究開発拠点の分類：HBE型とHBA型 — 211
- 13.3　海外研究開発拠点のマネジメント — 215
  - ●演習問題　222

第14章　国際的なサプライチェーン・マネジメント：調達と製販統合　223

- 14.1　サプライチェーンの考え方と本章の対象 — 224
- 14.2　国際的な調達 — 225
- 14.3　国際的な製販統合 — 231
  - ●演習問題　236

第 15 章　国際人的資源管理　　237

- 15.1　多国籍企業で働く人材 — 238
- 15.2　企業の国際化の発展段階と IHRM — 239
- 15.3　パールミュッターの EPRG プロファイル — 241
- 15.4　海外駐在員のマネジメントの課題 — 244
- 15.5　現地従業員のマネジメントの課題 — 251
- 15.6　グローバル化に向けたさらなる議論 — 254
  - ●演習問題　257

参考文献 — 259
索引 — 267

本書に記載している製品名は各社の登録商標または商標です。
本書では®と™は明記しておりません。

第 I 部

理 論 編

　第Ⅰ部では国際経営の理論について説明する。第1章では国際経営の基礎知識，第2章で多国籍企業の歴史について説明する。第3章以降は，国際経営の主要理論を，代表的な研究が現れた時期やその議論が活発化しだした時期に従って，時系列順に説明している。このような構成にした目的は，現実の多国籍企業の変化に合わせて国際経営の理論が発展してきたことを理解することで，理論への理解をより深めるためである。ただし，各章で扱う分野の研究は現在まで続いており，古くから議論されてきた分野だからといって発展可能性がないわけでも，現代では参考にならないわけでもないことは留意しておいて欲しい。

第 1 部

概論編

第 1 章

国際経営の基礎知識

　国際経営を学ぶにあたってまず理解しなければならないのは，「国際経営」とは何か，すなわち「国際」がつくことで何が変わるのかである。本章は「国際」が持つ意味を説明した上で，海外進出によって企業は何を得られるのか，そして企業はどのように海外に進出するのかといった事項について説明する。国際経営を学ぶにあたって前提となる知識を身につけることが，本章の目的である。

○ KEY WORDS ○
国際経営，CAGE フレームワーク，
国際経営の戦略目標，海外進出の形態

1.1 「国際経営」とは何か？

　現在，マスメディアにおいて「国際」や「グローバル」といった言葉が当たり前のように使われている。企業や大学などでも「グローバル人材」という言葉が広く使われ，語学教育や海外経験の重要性が強調されるようになっている。このように「国際」「グローバル」が強調されるようになってきている背景は，日本企業の現状からも理解できる。

　図表 1.1 は日本企業の売上高に占める海外子会社の売上高割合の推移を示したものである。海外子会社とは，日本企業が投資をして設立した（または買収によって保有した）海外法人のことである。日本企業の売上に占める海外子会社の売上高の割合は 1985 年以降ほぼ上がり続けている。海外に進出している企業に絞れば，1985 年は 8.7% だったものが，2014 年には 38% まで拡大している。これは，日本企業の中で海外子会社の存在感が年々上昇していること

図表 1.1　日本企業（製造業）の売上に占める海外子会社の売上高比率

（出所）　経済産業省「海外事業活動基本調査」

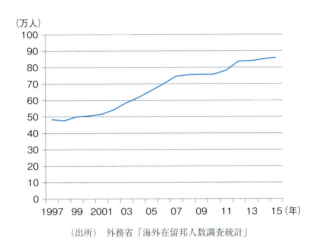

図表 1.2 海外に長期滞在している日本人数

（出所）外務省「海外在留邦人数調査統計」

を示唆している。また，親会社の売上の中には，海外への輸出による売上も含まれていることを考えれば，日本企業の売上の多くは海外からもたらされていると言える。

このように海外ビジネスが重要になると何が起きるか。当然，海外ビジネスに関わる日本人が必要とされる。実際に海外に長期滞在している日本人の数は年々増えている（図表 1.2）。これには留学生も含まれてはいるが，多くは民間企業の関係者である。また，国内にいても，他国でのビジネスに関わったり，外国籍の顧客やビジネスパーソンと触れ合ったりすることも増えている。拡大する海外ビジネスへの対応の必要性が，「グローバル人材育成」が求められている理由の一つなのである。

もちろん1億2千万人以上の人口がある日本国内もまだ魅力的な市場ではある。しかし海外市場に比べればその成長の余地は小さい。図表 1.3 は世界・米国・日本の名目 GDP（国内総生産）の推移をまとめたものだが，米国や世界の GDP は 2000 年から 2 倍以上に成長しているのに対して，日本の GDP は

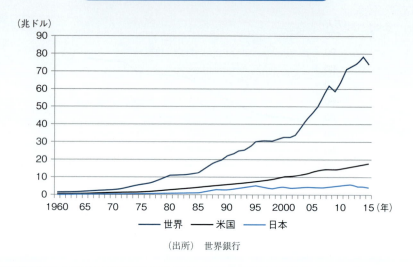

図表1.3 世界・米国・日本の名目GDPの推移

（出所） 世界銀行

ほとんど変わっていない。これは，国内の消費者市場の成長の頭打ちや，それを受けての海外への生産拠点の移管によって，国内消費が拡大しなかったことが一因である。よって，日本企業が一層の成長や発展を考えていくのであれば，海外市場を求めていかざるをえない。「日本国内市場の停滞と海外市場の拡大」と「日本企業の成長への意欲」という2つの前提条件が存在する限り，日本企業は海外を相手にビジネスをしていくために何が必要なのかを考えなければならない。そのための一つの視点が，本書が扱う国際経営（international management）である。

　国際経営には多様な定義があるが，本書では「国境をまたがる活動をマネジメントすること」とシンプルに定義する。「国境をまたがる活動」とは，国境を越えてヒト・モノ・カネ・情報を移動させたり，異なる国に起源を置くヒト・モノ・カネ・情報を結合したりすることである。そうした移動や結合をマネジメント（方針決定，計画策定，実行，管理等）することが「国際経営」である。

国際経営の主な担い手は**多国籍企業**（multinational corporation または multinational enterprise）である。多国籍企業も研究者によって多様な定義がある。海外子会社を保有しなければ多国籍企業ではないと考える者もいれば，必ずしも子会社を持っていなくても海外で何らかの活動をしていれば多国籍企業であると考える者もいる。また，海外子会社を1か国だけでも持っていれば多国籍企業なのか，それとも何か国かに海外子会社を持っていないと多国籍企業とは言えないのかなども，研究者によって定義が異なる。本書では多国籍企業をなるべく広く捉えるために，「（本国を含めて）2か国以上に所在する事業活動，ないしは営利を生み出す資産を運営・管理する企業（Jones, 2005, 邦訳 p. 6）」というジョーンズ（Jones, G.）の定義を用いる。

ただし，本書ではどの企業が多国籍企業に当てはまるかの厳密なラベリングは重視しない。国境をまたがる活動を行っている企業は全て国際経営に関わる企業であり，本書が対象とする企業である。「自らは多国籍企業ではない」と考えている企業にも国際経営が適用できる可能性を，留意しておいて欲しい。

1.2 「国際」がつくことで変わること：CAGE フレームワーク

では，「国際」とつくことで何が変わるのか。これについてシンプルな答えを提示しているのが，ゲマワット（Ghemawat, P.）の **CAGE フレームワーク** である（Ghemawat, 2001）。CAGE（ケージ）とは，「Cultural distance（文化的隔たり）」「Administrative and political distance（制度的・政治的隔たり）[1]」「Geographic distance（地理的隔たり）」「Economic distance（経済的隔たり）」の頭文字をとったものであり，多国籍企業が国際化によって直面する隔たりを4つに分けたものである。

---

[1] Administrative の訳としては「管理的」「行政的」の方が適訳とも思えるが，「制度的」という訳が広く使われているため，ここでは「制度的」という言葉を用いている。

〈1〉C：文化的隔たり

文化的隔たりとは，言語，民族，宗教，慣行，嗜好などの違いのことである（**コラム1**参照）。我々が海外旅行で身にしみて感じる違いであり，最も身近な隔たりと言っても良い。

実際に国際化した企業はこうした文化的隔たりに直面し，対応を余儀なくされている。例えば，イスラム諸国に工場を作った場合は，イスラム教に配慮した工場運営を行わなければならない。工場の中にお祈り場を作ったり，食堂をイスラム教徒に配慮したメニュー（ハラール）にしたり，ラマダン（断食）の月には生産性が落ちることを許容したりする必要がある。他の例を挙げれば，部下の叱り方の違いもある。日本では問題を起こした部下に対して，大勢の部下の前で叱りつけることが一般的であるが，タイやインドネシアの文化ではそのような行動は侮辱を意味するため，部下のモチベーションを大きく下げてしまう。

〈2〉A：制度的・政治的隔たり

制度的・政治的隔たりとは，法律，外資規制，税制，労使関係などの違いである。法律や税制などの違いは大きく，海外進出した日本企業が単独で対応することは難しい。特に税制面で見ると，新興国では税の優遇措置によって外資企業の進出をサポートすることが多いが，国によってはそうした制度が急に変わるため，その対応に追われることもある。

例えば2015年にタイでは外資に対する税制優遇措置が，従来のゾーン制（バンコクから遠いほど基本的に税が優遇される）から，高付加価値分野優遇（単純な製造よりも，高度な技術を要する分野や活動が優遇される）に急に変化し，現地の日系企業や関係機関は対応を迫られていた。その他にも，ストライキの起きやすさ，現地の政治における汚職の頻度なども，母国と大きく異なれば改めて対応を考えなければならない。

〈3〉G：地理的な隔たり

地理的隔たりは，物理的な距離，時差，気候の違い等である。これは地球にいる以上どうしようもない隔たりである。物理的な距離は，依然として大きな

問題として残っている。例えば日本からブラジルに行こうとすれば，未だに24時間近くかかってしまう。

　このように離れた場所にある海外子会社の管理や，取引先の折衝は，企業を大いに悩ませている。例えばある日本企業は，中国の業者にある製品を納期通りに作ってもらうために，直接現地を訪問しているという。普通に考えれば電話やメールなどで済む話であると思われるが，そうではない。電話やメールで催促しても生産を始めていないことも多く，「直接行く」というプレッシャーがあって，ようやく納期通りの生産が行われることが多々あるのだという。もちろんこのような業者を選んだこと自体が問題だとしても，直接会うことによって信頼して取引ができるとすれば，物理的距離は大きな問題となる。「電話だけでは気持ちが伝わらない」「メールだけでは約束を守ってくれない」という遠距離恋愛のような不満は，企業にも存在している。

〈4〉E：経済的隔たり

　最後が経済的隔たりである。購買力（国民1人あたりの所得），インフラの整備状況，教育や技術の水準，天然資源・人的資源・資金・情報の利用しやすさの違いなどを指す。購買力の格差は国によって未だに大きく，それゆえに日本企業の高くて高品質な製品は，新興国では受け入れられないというようなこともよく言われる。また，工学分野の教育が発達していない国では，製造機械をメンテナンスできる人材がおらず，工場の運営が難しくなるというケースもある。逆に，繊維系を専門としている大学が日本では減少する一方，中国には大量にあるため，むしろ中国で繊維系の研究人材を雇用し，研究所を作っている企業も存在している。

　国際経営を行っていく中で，企業は以上のCAGEを踏まえ，その違いに注意しなければならない。ただその一方で，CAGEを利用できることが，多国籍企業の強みでもある。真面目な国民性の国で品質の良い生産を行ったり，政治リーダーの力が強い国で自社に有利な法制度を作ってもらったり，時差を利用して24時間の開発作業を続けたり，所得の安い国の人だからこそ思いつく安価な製品のアイデアを得たりなど，CAGEを強みに変える視点が重要となる。

ただし，CAGE は国際経営だけに存在しているものではないことには留意が必要である。同じ国の中でも，文化が違ったり，制度が違ったり，遠く離れていたり，経済的格差があることは十分にありうる。米国の西海岸，内陸部，東海岸などは，CAGE のどの側面で見ても，少なからぬ隔たりがあると言える。また，違う国といっても，欧州の国同士の中には，文化的・物理的に近く，さらに EU の傘下に入ることで制度的にも経済的にも近い国は存在している。よって CAGE は必ずしも国際経営だけで扱うものではないし，多国籍企業だから絶対に存在するとも限らない。しかし国際経営を行うにあたって，多くの場合に少なからぬ隔たりが存在しているとは言えよう。

コラム1　国の文化の測定

　国の文化の測定尺度として最もよく使われる尺度がホフステド（Hofstede, G.）の5つの尺度である。ホフステドは世界中の IBM の社員を対象にした調査から下記の①～④の尺度を提示し，後に23か国の学生を対象とした調査から⑤の尺度を提示した。各尺度の定義は，ホフステドの研究によっても異なっているが[2]，ここでは国際経営で用いられることが多い Hofstede（1991）の邦訳に基づいた内容を紹介する（Hofstede, 1991；佐藤, 2008）。

①権力格差（Power distance）
　それぞれの国の制度や組織において，権力の弱い成員が，権力が不平等に分布している状態を予期し，受け入れている程度。権力格差が大きいほど，権力の不平等を受け入れている。

②個人主義（Individualism）
　Hofstede（1991）において，個人主義の明確な定義は明記されていないが，個人主義を特徴とする社会の定義は明記されている。個人主義を特徴とする社会では，個人と個人の結びつきは緩やかで，人は自分自身と肉親を重視すれば良いと考えられている。一方，個人主義の逆が集団主義（collectivism）である。集団主義を特徴とする社会では，個人は結びつきの強い内集団に統合され，内集団に忠誠を誓う限り，人はその集団から生涯にわたって保護される。よって，個人主義とは「個人が集団よりも個人や家族を優先する程度」と捉えられるだろう。

---

[2] 例えば Hofstede（1984）の各尺度の定義と Hofstede（1991）の定義は若干異なっている。Hofstede（1984）の各尺度の定義や測定方法については，高橋（2016）が詳しい。

③**男性らしさ（Masculinity）**

　男性らしさの明確な定義も Hofstede（1991）には明記されていない。ただし男性らしさの強い社会の特徴は記述されている。男性らしさの強い社会とは，社会の支配的な価値観が物質的な成功を遂げることであり，自己主張や競争が重視されている社会である。一方，女性らしさ（feminity）の強い社会は，他者に配慮して控えめに振舞うことが支配的な価値観であり，思いやりや環境といったものが重視されている。また，男性らしい社会では性別役割の差が大きいことも知られている。

④**不確実性の回避（Uncertainty avoidance）**

　ある文化の成員が不確実な状況や未知の状況に対して脅威を感じる程度。不確実性の回避が高い国では，法や規則が重んじられ，安全欲求が強い傾向にある。

⑤**長期志向（Long-term-orientation）**

　持続性，徳の重視，序列への感覚，倹約，恥の感覚といった長期的な志向を持っている程度。対極にあるのが短期志向（short-term-orientation）で，個人的な着実さと安定性，面子（メンツ）の維持，伝統の尊重，挨拶や好意や贈物のやりとりなどが重視される程度を指す。長期志向も短期志向も，孔子の教えから直接引き出されたような価値観が含まれているため，「儒教的ダイナミズム」とも呼ばれる。実際に長期志向は中国や日本など，非西洋的な国々で見られる。

　実際にこの尺度には対応した質問票が存在し，それを使うことで対象同士の文化の差を検証することができる。しかし，結果出てきた文化の値が，国の文化の影響によるものなのか，その人が所属する組織の影響によるものなのか，その人の職種内容などの影響によるものなのかの切り分けは難しい。ホフステッドのIBM調査から出てきた各国の文化は，一般的な国の文化なのか，IBMという組織における子会社ごとの文化の差なのかは仕分けできていない。そのため，ホフステッドの尺度自体は妥当だとしても，実際に得られた結果の解釈には注意が必要である。「あの国はこうである」という安易なラベリングが，意思決定を誤らせることもあるだろう。

1.3　海外進出によって得られるもの：国際経営の戦略目標

〈1〉海外進出の理由と戦略目標

　企業が国際化すると，様々な隔たりを乗り越えていく必要があるというのであれば，一つの疑問が出てくる。それは，そのような障害があるのに，企業はなぜ海外進出をし，国際化していくのかである。この節ではこの問いの答えについて，戦略論的な視点から議論をする。

　一般的に企業の海外進出の積極的な理由として，「海外市場獲得のため」あるいは「海外経営資源（ヒト・モノ・カネ・情報）獲得のため」が挙げられる。近年では，労働力や資源だけでなく，特定の産業の最新の技術やそのトレンドを学ぶための海外進出や，競合他社と厳しい競争をして刺激を得るためにあえて厳しい市場に海外進出をするというような，「海外での学習のため」の海外進出も存在している。

　またこのような積極的な理由以外にも，現地政府や取引先といった「外部からの要請のため」に消極的な海外進出を行うことがある。例えば1980年代の日本自動車メーカーの米国への工場設立は，日米貿易摩擦を避ける意味合いが強かった。また，その後自動車メーカーが世界中に工場を設立していくと，自動車メーカーの部品サプライヤー，さらには部品サプライヤーに部品を供給するサプライヤーに対して，海外工場の設立を自動車メーカーが求めることも増えていった。

　しかしこれらは海外に進出する時の「理由」に過ぎない。経営を行う上で考えなければいけないのは，海外進出をした上でライバルに勝てるのか，である。より専門的な表現で言えば，海外進出を通じて競合他社に対して競争優位（ライバルよりも利益が出せるポテンシャルにある状態）に立てるのか，である。すなわち「ライバルに勝つ」というゴールに対して，どのように向かっていくのかという「戦略」の視点が必要となるのである。

図表 1.4　国際経営の戦略目標と競争優位の源泉

		競争優位の源泉		
		国の違い	規模の経済	範囲の経済
戦略目標	効率	要素コスト（企業の生産等の活動にかかる費用：労働費，土地代，材料費等）の違い	海外進出による規模の拡大	投資やコストを商品・市場・事業間でシェア
	リスク管理	各国固有のリスクを複数国でヘッジ	規模と柔軟性のバランス ＊コスト競争力による変化への対応力 ＊規模があることによる損失への耐性	リスクのポートフォリオ的多角化
	イノベーション・学習・適応	社会間の差異からの学習	コスト削減とイノベーションの経験からの学習	異なった組織的構成要素からの学習

（注）　＊は筆者が追記。
（出所）　Ghoshal（1987, p.428）を元に筆者作成。

〈2〉ゴシャールのフレームワーク

　では，戦略の視点から国際経営を見るとどのように評価できるのか。それらをわかりやすく整理したのが，図表1.4のゴシャール（Ghoshal, S.）のフレームワークである（Ghoshal, 1987）。このフレームワークは縦軸に戦略目標，横軸に競争優位の源泉をとったものである。戦略目標とは，競合他社に勝つために国際化によって何を狙うかを指している。競争優位の源泉とは，国際化によって得られる，戦略目標を達成するための手段を指している。以下では，この表の縦軸，横軸，そして両者の組合せについて説明する。

① 縦軸：戦略目標

　戦略目標から見ていこう。このフレームワークによると，国際化によって狙うべきは効率，リスク管理，イノベーション[3]・学習・適応である。すなわち，国際化によって効率を上げて（すなわちコストを下げて）競合に勝つのか，国

際化によって他社よりもリスクに強い体制をとることで，安定供給を実現して競合に勝つのか，国際化によって学習をし，イノベーションを起こして魅力的な製品・サービスを供給することで競合に勝つのかの3つである。

「効率」の例で言えば，ユニクロ，H&M等のアパレルメーカーは，中国，ベトナム，バングラデシュなど，衣料品の製造を賃金の安い国に次々に移していくことで，他社に対してコスト上の優位に立とうとしてきた。「リスク管理」の例で言えば，1980年代のIBMは，日米欧の三極に生産・開発拠点を持つことで，戦争や災害などが起きても，製品の供給が途切れないような体制をとることで，顧客に安心感を与えていた。「イノベーション」の例で言えば，資生堂は1990年に香水の本場であるフランスに香水の企画・販売を手がける子会社を設立することで，フランス人の香水に関するノウハウを吸収し，海外市場に適応した香水の開発に成功している。

② 横軸：競争優位の源泉

一方，このような戦略目標に向かうための「手段」が競争優位の源泉である。ここでは「国の違い」「規模の経済」「範囲の経済」が挙げられている。

国の違いとは，前節のCAGEで示されたような違いのことである。実際に多くの企業は，労働者の賃金が自国よりも安いためにアジア地域に進出している。国際化した企業の競争優位の源泉として，最も理解しやすいものであろう。

規模の経済とは，規模（生産量）を拡大することで製品1つあたりにかかるコスト（単位コスト）が下がることである。大量生産ができるようになればそうでないときに比べて，専用機械や大型設備を導入することで効率化が図れたり，開発費，広告費などの間接コストを各製品に割り当てる際の金額を小さくできたりする。部材を大量購買できるのでディスカウントを交渉することもできる[4]。

国際化するということは，国内だけにいるときよりも生産規模を拡大できる

---

[3] イノベーションとは一般的に「新しいものを取り入れること，既存のものを変えること」を指す言葉である。日本語では技術革新と訳されることが多いが，必ずしも技術だけに限定されない。詳しくは第9章で説明する。

[4] 規模が大きすぎて，組織運営のコストがかかりすぎたり，従業員のモチベーションが下がったりして，結果としてコストがかかってしまうことを「規模の不経済」と呼ぶ。

可能性が出てくる。特に国内市場が停滞しているのであれば，海外に進出しなければそれ以上の規模の追求は難しい。また，国内だけでは労働力や天然資源の調達に限界がある場合も，海外に行けば大規模な操業ができる可能性がある。ゆえに，規模の経済は国際化した企業の競争優位の源泉とみなされているのである。

　三つ目の範囲の経済とは，異なる製品や事業を同時に扱うことで，製品1つあたりにかかるコスト（単位コスト）が下がることである。例えば，本田技研工業は二輪車，四輪車だけでなく，芝刈り機や発電機のような汎用機械も取り扱っている。これらの製品はどれも「エンジン（原動機）」を使っている製品のため，エンジン技術に関する開発費を，異なる事業・製品で分担できることになる[5]。このように複数の事業でコストを分散させることができれば，単独で事業を行っている企業よりも優位に立つことができる。

　範囲の経済も，国際化した企業が享受できる競争優位の源泉である。例えば，各国ごとに市場の状況が異なるため，国際化することによって異なる製品や事業を維持できることがある。2008年においては日本では液晶テレビが主流となり，ブラウン管テレビはほとんど売られていなかった。しかし，当時のベトナムではブラウン管テレビがまだ主力商品であり，ソニーのようなテレビメーカーはベトナムのような新興国に進出することで，ブラウン管テレビも液晶テレビも取り扱うことができた。国境をまたがって様々な製品・事業を展開する中で，技術開発・ブランド構築・流通網の整備等に伴うコストや，法務や会計等どのような製品・事業でも共通して必要な活動のコストを分散できれば，それらのコストを分散できない企業に対して，優位に立てるのである。

③ 2つの軸の組合せ

　企業はこれら3つの競争優位の源泉によって，3つの戦略目標を実現することができる。「効率」から見ていこう。まず，国の要素コストの違いを利用することで，企業は効率を上げることができる。労働コストの安い国に人手のかかる製造工程を移管することができれば，その企業はコストを下げることがで

---

[5] 本書では，「シナジー効果（異なる製品や事業を同時に扱うことで，相乗効果が生まれ，製品の付加価値が増す等のメリットが得られること）」は，範囲の経済に含めていない。

きるだろう。同様に，海外に出て規模を拡大して規模の経済を発揮すれば，または海外に出て異なる製品や事業を抱えることで範囲の経済を発揮できれば，その企業はそうでない企業に比べて，効率の面で優位に立つことができるだろう。

次に「リスク管理」もこれら3つの競争優位の源泉によって実現可能となる。まず，各国固有のリスクがある中，複数の国に進出することでリスクを分散することができる。特定の国・地域だけに製造拠点を置いていれば，天災・人災などによって，製品の供給が止まってしまう可能性がある。多様な地域に拠点を持つことで，リスクを分散できるのである。

競争優位の第二の源泉である規模の経済とリスク管理の関係はやや複雑である。ゴシャールの研究（Ghoshal, 1987）では，規模が大きくなると，何らかの変化に対して組織全体を変えていくことが難しくなるため，柔軟性とのバランスを考えなければならないとしか言及されていない。しかし，規模の経済を追求してコスト競争力をつけていれば，規模の小さな企業よりも利益が出やすい体質なので，環境変化の際に追加のコストを負担する余裕がある（すなわちリスクに強い），と解釈できる。もしくは，規模が大きければ，少々の損失にも対応できると考えても良い。

競争優位の第三の源泉である範囲の経済の追求もリスクの分散に貢献する。海外に進出によって多様な製品・事業を抱えることができれば，一つの製品や事業の規模が急激に小さくなっても，その影響を軽減しやすくなる。例えばプリンターで有名なセイコーエプソンは，2010年時点で日本では主力となっているインクジェットプリンターの他に，ドットマトリックスプリンターというかつての技術を利用したプリンターを新興国で販売し，そこで高いシェアを誇っていた。もし，インクジェットプリンターの販売が伸びない場合でも，ドットマトリックスプリンターの事業が安定していれば，大きな業績低下を防ぐことができるのである。

最後の，「イノベーション・学習・適応」も3つの競争優位の源泉によってもたらされる。国ごとに蓄積された知識に差があるため，海外進出した企業はその国特有の知識を学習することで，そこからイノベーションを生み出すことができる。例えば，アパレル企業はミラノやパリといった国々に拠点を持つこ

とで，最新のトレンドを製品に反映している。また，規模の経済を追求して規模が大きくなれば，その分経験が蓄積されるため，学習量が増えた分，新たな技術などを開発しやすくなる。同様に範囲の経済を追求し，異なる製品・市場・事業での経験を積むことができれば，単一事業の企業とは異なる学習ができるため，単一事業の企業では生み出せないイノベーションを生み出せる可能性が出てくる。

　以上の戦略目的と競争優位の源泉の関係が示唆するのは，海外に出る企業は，自らが海外に出たときに何を目的とするのか，その際には何を手段とするのかを考えなければならない，ということである。海外市場が大きいから，現地に行けば要素コストが安いからという理由で海外に出ていったとしても，競争に勝つことが保証されているわけではない。海外進出を行うのであれば，それを通じて競合に勝つという，戦略的な視点を持つことも必要であろう。

1.4　海外進出の形態

　ここまで，海外に進出する際の問題や，海外に進出することの意義を議論してきた。最後に，企業が海外に進出するときの進出形態について議論する。

　企業が海外進出するときの形態は図表1.5のようにまとめられる。図表1.5では，一般的に下に行けば行くほど，自社からのヒト・モノ・カネの総合的な投入量は多くなる傾向にある。ただし例外的に，一から立ち上げるグリーンフィールドよりも手間のかかる買収のケースも存在する。

〈1〉輸　出

　まず海外進出の第一段階が輸出である。輸出にも間接輸出と直接輸出がある。

　間接輸出（indirect exports）とは，生産業者が専門商社や総合商社といった自国の輸出代行業者や，現地代理店等の現地の委託販売業者を通じ製品を輸出することである。投資は抑えられるが，現地市場の情報はその会社に蓄積されにくい進出形態である。例えば海外に製品を販売するときに商社を介して販売

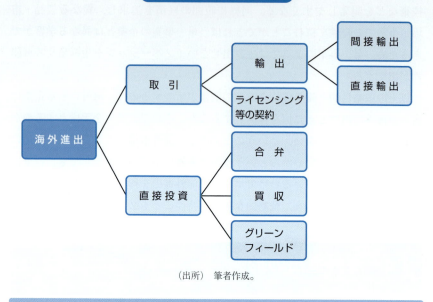

図表1.5 海外進出形態

(出所) 筆者作成。

してもらうときは、間接輸出に当たる。

　一方直接輸出（direct exports）は、生産業者が社内で輸出担当者（輸出販売部門）を決めて、自ら輸出する方法である。ここでは、自社の担当者が現地の販売業者と直接交渉し、取引を行う。間接輸出よりは現地市場の情報が手に入るため、現地に合わせた対応がしやすくなる。しかし、間接輸出も直接輸出もあくまでも輸出であるため、自国の生産コストが高い場合、関税障壁がある場合などは、やがて海外現地で自社の製品を生産できないか、模索するようになる。

〈2〉ライセンシング等の契約による現地生産

　海外で生産を行うとしても、必ず自ら拠点を持たなければならないわけではない。ライセンシング等の契約によって、海外で生産を行うことも可能である。ライセンシング（licensing）とは、他の企業に、自社が持つ特許、商標、技術

ノウハウ等へのアクセスを一定期間認める契約のことである。例えばサンリオは，海外企業に「ハローキティ」のライセンスを与え，様々なコラボ製品やコラボイベントを実施している。別の例で言えば，製薬会社が海外で薬を売る場合は，その薬に関するライセンス契約を現地の製造会社と結び，現地で生産させていることが多い。これは，各国にはそれぞれの薬の製造に関する規制があるため，自社でその規制を乗り越えるよりも，現地でそれをクリアしている企業に委託する方が，コストがかからないからである。

ライセンシングは，海外への本格的な投資をせずに海外の企業から一定の契約料をもらえるため，一見するとリスクの低い海外進出方法に見える。しかし，ライセンシー（ライセンスを利用する方）のコントロールが難しく，技術流出が度々問題となる。特定の技術に関するライセンス契約をある事業範囲で結んだにもかかわらず，その技術をライセンシーの他の事業や他のグループ会社が無断で使用したり，ライセンスを利用しながら技術を盗んで，似たような技術を自社特有の技術を言い張ったりするようなことも起きている。

なお，ライセンシングの中には，フランチャイジングの一部も含まれている。フランチャイジング（franchising）とは，主にサービス業の海外展開に使われるやり方であり，海外のフランチャイジーを決定し，ブランドの使用許可を出す一方で，現地運営のやり方に対して細かい規則を課すことである。その中でも，国内の本部と海外のパートナー（企業や個人）とが直接的にマスター・フランチャイズ契約を結ぶ形態のことをストレート・フランチャイジング（straight franchising）と呼ぶ。

例えば公文式で有名な公文教育研究会が海外で教室を開くとき，現地の個人や企業と国内の本部が契約し，それらが現地で教室を開いてくれる先生を探す，という形で海外進出することもある。これらはライセンシングの一種である。この場合，コストは抑えることができるが，世界中のフランチャイジー（フランチャイズを利用する側）への品質管理が難しいという問題がある。また，フランチャイジーが独立してしまう可能性にも考慮しなければならない。

なお，ライセンシングに含まれないような業務委託契約（outsourcing contract）も存在する。例えばトヨタは，自動車に使う部品を全て事前に作り，それを現地に輸出して，現地ではただ組み立てるだけというノックダウン生産

を，2017年時点でエジプトやロシアなどで行っている。このように，自社の活動の一部だけを現地パートナー企業に請け負ってもらう契約が，業務委託契約である。ただし，単純に契約を結ぶだけでなく，現地企業に資本を投入して，その活動をコントロールすることもある。その場合，取引と次に述べる海外直接投資のどちらの性質も持つ進出形態となる。

〈3〉合 弁

　以上は，取引による海外進出である。それに対して直接投資による海外進出のやり方もある。海外直接投資（foreign direct investment：FDI）とは「海外の企業を長期にわたって経営することを目的とした投資」のことである。これは，海外の企業の株券や社債を買って，そこから配当や利子を得ようとする海外証券投資（海外間接投資）とは異なる，経営への関与を目指した投資である。その一つ目が合弁である。

　合弁（ジョイントベンチャー，joint venture：JV）とは自社と現地企業，もしくは現地以外の国の企業といった複数企業で所有される企業を設立する進出方法である。例えば自動車メーカーが中国に子会社を設立する際には，現地中国企業との間に合弁で子会社を設立しなければならないという決まりがあるため，全て合弁会社となっている。

　合弁のメリットは，投資負担を抑えられることだけでなく，異なる企業と組むことで，他社のノウハウを活用できることである。特に，現地の企業と組む場合は，現地知識へのアクセス，現地国政府とのつながりを得られる。前述の中国に進出する自動車メーカーの場合は，合弁相手が現地国政府とのつながりを持っていることが，現地での運営に重要となっている。また，スターバックス・コーヒーが1996年に日本に進出する際には，日本のサザビーリーグという小売企業と合弁で子会社を設立した。これは，サザビーリーグが持つ日本市場でのノウハウを活用するためであった。

　ただし，合弁であるがゆえに，技術流出や現地パートナーとの経営権のトラブルの可能性がある。合弁会社だからといって自社の技術を教えた結果，その技術がパートナー企業全体に流出してしまえば，自社の強みはなくなってしまう。また，2つの親会社の方針が対立してしまった場合，合弁子会社の経営は

不安定なものとなってしまう。一般的に，進出側の態度，受け入れ側の態度，両者の相性等に問題がある場合，合弁会社はうまくいかないことが多い。

〈4〉買 収

　次に，買収による進出が挙げられる。買収（acquisition）による進出とは，元々別法人の下で操業している海外拠点を，自社の傘下に入れることである。既に人員や設備などは備わっているため，一から立ち上げるよりはスピーディに事業を展開することができる。そうしたメリット等を考慮した上で，一から立ち上げるよりも「お得」と思われたときに，買収が行われる。

　しかし，買収後にどのように統合していくかに，想定以上のコストがかかることが多々ある。相手先の「文化（人事形態，経営スタイル，従業員の考え方）」をどう融合するかは難しい課題として実務家につきつけられる。買収先はうまくいっていない企業であることも多く，そうなると何らかの変化を起こさなければならないが，相手先の考えも尊重しなければならない，というジレンマも存在している。

　実際に，海外の企業を買収して苦労している日本企業の事例は多数存在している。例えば，1988年にタイヤメーカーのブリヂストンは，当時世界第2位の老舗企業であるファイアストンを買収した。しかし当時のファイアストンの経営状態は悪く，ブリヂストンはその後赤字やリコール問題に長く苦しむことになった。最終的には両者の統合に成功するものの，その道のりは容易ではなかった。近年は，日本企業が海外企業を買収する案件が増えているが，そもそも買うべきでない相手を買収してしまったり，明確な目的がないままに買収してしまったり，買収した後の統合に手こずったりするケースが存在している。「買わない方が良かった」「グリーンフィールドで一から作った方が良かった」というような後悔をしているケースも少なくない。

〈5〉グリーンフィールド

　最後の進出形態が，自前で一から立ち上げるグリーンフィールド（green field）である。自社で所有する拠点であれば，現地からの知識も入ってくるし，裏切りの危険性もなく，合弁相手や買収先相手との関係を考えなくても良い。

コストはかかるものの，自社で抱え込める分，現地で様々なノウハウを蓄積することが容易な海外進出形態と言えるだろう。

しかし，グリーンフィールドで一から育てた海外子会社といえども問題がないわけではない。自社の拠点であっても，本国に蓄積された技術を教えることや，現地で得られた新たな知識を本国に持って帰ることは容易ではない。このような知識移転の難しさについては，第4章で改めて議論する。

演習問題

1.1 企業が海外に進出した際のニュースを集め，それらの企業がどのような理由によって海外に進出しているかを調べよう。その上で，その海外進出が戦略的と評価できるか検討しよう。

1.2 あなたが，賄賂が日常茶飯事の国に現地子会社社長として赴任したとしよう。この国では，賄賂によってビジネス上の優劣が決まる。関係する政府機関の担当者に賄賂を払えば，製品や部品の輸出入の手続きのスピードを上げることができるし，良い場所に会社を立地することもできるし，政府の情報もいち早くもらえる。ライバルもみんな賄賂を払っている。しかし，本国側はコンプライアンスを強化しているため，その子会社において賄賂が横行していることが公になれば，コンプライアンス違反としてあなたは解雇されてしまう。このようなとき，あなたはどのような対応をするか，考えなさい。

第 2 章

多国籍企業の歴史

　本章では，第一次世界大戦前後から現在に至るまでの多国籍企業の歴史を追う。そこから見えてくるのは，イギリス企業の時代，米国企業の時代，日本企業の時代，そして多極化の時代へといった栄枯盛衰の歴史である。このような歴史的な変遷を理解することで，現状の歴史的な立ち位置を理解すること，そして，国際経営の理論発展のベースとなった現実の動きを理解することが，本章の目的である。

○ KEY WORDS ○

多国籍企業，歴史，パックス・アメリカーナ，
日本企業の地位向上，欧州のブロック化，
多極化の時代，新興国企業

2.1　多国籍企業の栄枯盛衰

　本章では第一次世界大戦前から現在に至るまでの，多国籍企業の歴史について説明する。これには2つの目的がある。

　第一の目的は，我々の立ち位置を正しく理解することである。バブル崩壊以降，日本企業は苦しい状況にあるという言説が多く見られる。実際，海外市場，特に新興国企業において，苦戦している日本企業は少なくない。そのため，「技術の日本企業の時代は終わった」というような報道が，一部マスコミから報じられている。

　しかし考えて欲しい。「日本企業の時代は終わった」ということは，かつて日本企業の時代があったということである。実際1980年代まで，日本企業は世界市場を席巻していた。「Japan as No.1」という言葉が生まれ，自動車，電化製品といった製品だけでなく，日本企業のマネジメント方式さえも海外で注目されていた。

　さらに日本企業の時代があったということは，さらにその前には日本企業以外の多国籍企業が席巻した時代があったということである。図表2.1と図表2.2は米国フォーチュン（*Fortune*）誌が発表している世界の企業の売上高の上位500社，いわゆる「フォーチュン・グローバル500（Fortune Global 500）」のデータから作成したものである。ここから，1980年までは米国企業が圧倒的なポジションをとっていたことが見てとれる。その後に日本企業が勃興し，さらに2000年代に入ると韓国・中国企業が成長してきたことがわかる。

　このように，どの国の多国籍企業[1]が支配的になるかは時代とともに変わっ

---

1 本書では，ある特定の国で生まれた企業が，本社をその国（本国）に置き続けるという前提を置いて，「米国企業」「日本企業」という表現を用いている。しかし現実には，ある特定の国で生まれた企業が，その後本社を別の国に移すケースも見られる。フォーチュン・グローバル500のデータは，本社所在地からその企業の国籍を明らかにしているため，このような配置転換をしている企業も若干含まれている可能性がある。しかしそのようなケースはさほど多くはなく，このデータにおける本社の位置と，その企業が生まれた国は概ね一致していると考えて良い。

図表 2.1　Fortune Global 500 における本社の国籍別企業数

国＼年	1957	1970	1980	1990	2000	2012
米　国	230	260	217	164	185	132
イギリス	35	45	51	43	33	26
フランス	12	21	29	30	37	31
ドイツ	18	20	38	30	34	29
日　本	4	45	66	111	104	62
中　国	0	0	0	0	12	89
韓　国	0	0	6	11	11	14

(注1)　1957年，1980年，1990年のデータは製造業の上位500社。
(注2)　1961年発売の*Fortune*が手に入らなかったため，米国以外の企業のデータが初めて掲載された1958年発売の同誌のデータを使用した。
(注3)　1957年，1970年，1980年は米国企業と米国以外の企業のランキングが分かれていたため，筆者が両者を合わせることで上位500社を抽出した。ただし，米国以外の企業のランキングの会社数が少なかったため，1957年は上位330社，1970年は上位460社のランキングである。
(出所)　*Fortune*より筆者作成。

てきている。こうした歴史を理解していれば，現在の日本企業の調子が悪くても，これは過去に他の国でも起こったことであり，日本企業が特別に悪いわけではないことがわかる。必要なのは，過度な日本企業批判ではなく，先人たちの歴史から，現状を打破する方法や，栄枯盛衰のサイクルに陥らない方法の示唆を得る姿勢である。

　歴史を学ぶ第二の目的は，国際経営という分野が，多国籍企業の変化に合わせて発展してきたからである。次章以降，国際経営における主要な理論を説明していくが，それらが生まれた時の時代背景を理解しておくことで，なぜそのような理論が当時生まれたのかまで理解できる。理論がどのような現実から生まれてきたかを理解することは，研究者のみならずビジネスパーソンが，現実の変化に合わせながら，自分なりの国際経営の勝ちパターンを見出していく際の参考になる。各理論への理解を深めるためにも，多国籍企業の歴史を学ぶことが望ましいのである。

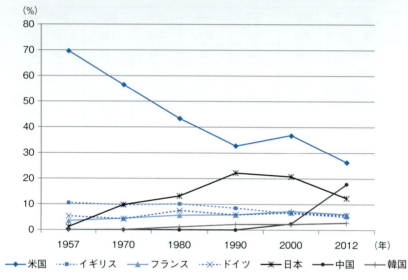

図表 2.2 Fortune Global 500における本社の国籍別企業数の割合の変化

(注1) データの取り方は図表2.1と同じ。
(注2) 各国籍別企業数を各年の母集団の数（1957年は330, 1970年は460, 他は500）で割ったものである。
(出所) *Fortune* より筆者作成。

以上の目的を持って，本章では多国籍企業の栄枯盛衰の歴史を学んでいく[2]。

2.2　第二次世界大戦前

多国籍企業の歴史をどこまで振り返るかは難しい。紀元前2000年のアッシリアで交易を行っていた家族所有の企業，紀元前1000年～500年のレバノン

---

[2] なお，本章は，中川・林・多田・大木（2015）のうち，筆者が執筆した第3章を参考に再構成したものである。

の貿易企業を多国籍企業と考える者もいれば，17世紀の東インド会社を多国籍企業の先駆的形態として捉える者もいる。しかし実際にグローバル化の進展が始まったのは19世紀であり，18世紀末のイギリスの産業革命がその端緒である。

　産業革命による大量生産技術の発達，その後の輸送・通信技術の進化，金本位制による国際資本移動の活発化により，世界の貿易は年々拡大し続けた。実際，1820年代から19世紀の終わりまで，世界の貿易の規模は年率3.5％で成長し続けた（Jones, 2005）。多国籍企業の歴史を研究しているハーバード大学のジョーンズ教授は，多国籍企業の数と規模が急速に拡大したのは，1880年代以降であるとし，1880年代から1929年の世界恐慌までの間を第一次グローバル経済と呼んでいる（Jones, 2005）。本章でもJones（2005）にならい，この時期から議論を始める。

　この時期の海外展開を行った企業としては，まずイギリス企業が挙げられる。第一次世界大戦が起きる1914年の時点で，イギリスからの海外直接投資残高（海外直接投資によって保有された資産の合計）は世界の45％を占め，世界トップであった（Jones, 1996）[3]。そのイギリス企業の海外進出の形態としてよくとられたのが，フリースタンディング企業である。フリースタンディング企業（free-standing companies）とは，国内ではビジネスを行わず，海外だけで事業活動を行う企業である。イギリスで株式会社を発起し，イギリスで資金を調達して，海外で事業を行う形態をとっている。主に植民地があったアジア，アフリカ，中南米，南欧での鉱山などの資源開発の際にこの形態が取られ，数千ものフリースタンディング企業が誕生した。なお，オランダやその他のヨーロッパでも，数百社のフリースタンディング企業が誕生した。

　イギリス企業に次いで海外直接投資を行ったのが，米国企業である。1914年の時点での米国の海外直接投資残高の世界に占める割合は14％と世界第2位であった（Jones, 1996）。米国はイギリスよりも工業化が遅れたが，米国企業は製品だけでなく，大量生産方式，流通システム，管理者の階層制度といったマネジメント面での革新を起こした。そうした技術を背景に，まずは国内需

---

[3] ただしこの推計自体は元データの不確かさもあるため，そこまで信頼してはいけないことをジョーンズ自身強調している（Jones, 1996；2005）。

要を満たすことから始まり，徐々に海外に輸出し，海外生産を行うに至った。先駆的な米国の多国籍企業としてはミシンのシンガー社が挙げられるが，その他にも GE（ゼネラル・エレクトリック），ウェスティングハウスなどが 19 世紀末に，フォード，GM（ゼネラル・モーターズ）が第一次世界大戦後に海外工場を持つようになった。

　そして，米国と同様，1914 年の時点で世界の海外直接投資残高のうち 14％を占めていたのが，ドイツであった。ドイツは 19 世紀末から鉄鋼，化学，電機といった分野で成長を続けた。1913 年の時点で，ドイツ企業は世界の電機製品生産量の 1/3 を上回る量を作り，電機製品の輸出のほぼ半分を担っていた（Jones, 2005）。この時期に活躍した企業としては，電機企業のジーメンス，製薬企業のバイエルなどが挙げられる。ただし一部のドイツ企業は，第一次世界大戦後に接収されることになる。

　なお，この時期の日本企業の海外直接投資は計測が難しいほど微々たるものである。先駆的な海外進出の例としては，1890 年代にキッコーマンが米国に醤油工場を開設している。また，日本国内の紡績・織布業の発達に伴い，同産業企業による海外進出が行われた。例えば，カネボウは 1923 年に上海に工場を設立している。しかし日本からの直接投資が，世界の海外直接投資に占める割合は小さかった。

　以上のような第一次グローバル経済は 1929 年の世界恐慌によって崩れる。世界恐慌によって各国は自国の産業を守ろうと保護貿易の立場をとるようになった。また，大企業は国際カルテル（企業・事業者がお互いの利益を守るために結ぶ，価格・生産計画・販売地域等の協定）を作り，国際貿易を制約した。その後戦争に至るまでの各国の政治上の対立を受け，各国拠点は分断された。結果多くの海外子会社は本社に頼らず，自立的に成長していくことを余儀なくされた。

2.3　第二次世界大戦後

〈1〉パックス・アメリカーナ：米国企業の隆盛

　第二次世界大戦の結果，米国の国際的な地位が圧倒的に向上した。欧州は戦争によって荒廃し，その後の植民地の独立によって，その経済的な地位を低下させた。対して米国の本土には戦争の被害はなく，さらに固定相場制の導入により米ドルが基軸通貨になることによって，米国企業が国際的な投資の主役となった。こうした米国の隆盛はパックス・アメリカーナ（Pax Americana）と呼ばれ，政治でも経済でも米国が主導する時代が訪れた。実際1945年から1960年代の中頃まで，米国が世界の新規海外直接投資の80％を占め，1980年の時点でも，世界の海外直接投資残高の40％は米国が保有していた（Jones, 2005）。

　当時の米国企業は，米国市場で生まれた製品や技術を他国に次々に移転するという海外展開を行っていた。この時期，米国が最も豊かな消費者を抱える市場であり，そのような市場に応える形で新しい技術・製品が最も生み出されやすい国だった。そのため，多くの新しい製品は米国で生まれた。そうした製品が，米国以外の先進国（イギリスなど）に普及し，最終的には発展途上国にも波及していく。そうした波及に合わせて，その製品の生産拠点も米国からその他先進国，最終的には発展途上国にも波及していったのである。例えばIBMは，今日のパソコンにつながる技術を各国の拠点に伝播させ，それが各国のIT産業の発展にも貢献した。なお，この時期の米国企業の海外展開を説明したものが，バーノン（Vernon, R.）のプロダクト・サイクル仮説である（Vernon, 1966）。これについて，詳しくは第4章で説明する。

　しかし，そうした米国企業の地位も徐々に低下してくる。1960年代から，敗戦国であったドイツや日本の企業が急速に経済成長し，米国に製品を輸出してきたり，他の先進国と共に米国に直接投資を行うようになってきたりした。結果，1960年代を通じて米国の貿易黒字の金額は徐々に小さくなり，1970年代初頭には貿易赤字となった。さらにベトナム戦争や国内福祉への支出により，

米国は財政赤字に陥ってしまった。こうした中，ドルが基軸通貨としての役割を担うことが難しくなり，ニクソン大統領政権下の1971年にドルの金への兌換停止が行われた（ニクソン・ショック）。これは，金と一定の比率で交換できる価値を持っていたドルがその価値を保てなくなったことを意味し，米国の国際的な地位の低下を象徴した出来事だった。

〈2〉米国企業の凋落と日本企業の地位向上

この米国の凋落の際に，地位を向上させたのが日本企業だった。続いて日本企業の地位向上の歴史を見てみよう。

敗戦国の日本では，1950年代後半から電機産業（松下電器産業，ソニー）や自動車産業（トヨタ等）による欧米への輸出が行われだした。はじめは「安かろう悪かろう」の製品の輸出からスタートしたが，外国企業との技術提携，品質管理の導入，日本独自の生産システムの開発によって，段々と高品質なものを作れるようになっていった。そうした能力向上に合わせて輸出を拡大し，自社の営業網も海外で整備するようになった。当時の為替レート（1ドル＝360円）は，かなりの円安ドル高水準だったため，ドル換算したときに安価で品質も良い日本製品は，段々と欧米市場に入り込んでいくことになった。1960年代は，繊維・電機産業の一部企業で，海外に製造拠点を設立する動きがあったが，まだ輸出が中心の時代であった。

しかし，前述の1971年のニクソン・ショックによって円高（1ドル＝308円）になると，輸出した製品の価格がドル換算で高くなるため，日本企業も海外で現地生産する動きが活発化しだした。これは，円高によって円の力が強くなり，海外への投資がしやすくなったことも関係している。電機産業では，ソニーが1972年に，松下が1974年に米国でカラーテレビの生産を始めた。

しかし，円高誘導で海外生産を行っても，日本製品の台頭は止まらず，現地生産だけでなく，日本からの製品輸出も変わらず増えていった。例えば日本と米国の間では，1970年代は鉄鋼とカラーテレビ，1980年代は自動車・半導体において，貿易摩擦が生じた。日本からの輸入のために膨大な貿易赤字を被った米国は，日本を非難し，自動車産業には対米輸出の自主規制などを求めた。こうした動きは「ジャパン・バッシング」といわれ，日本製のテレビや自動車

を破壊する，米国の議員のパフォーマンスが話題を呼んでいた。

　こうした円高誘導と米国政府の思惑も受けて，日本企業の海外直接投資はますます活発化した。例えば自動車産業では，トヨタがGMと合弁会社であるNUMMI（New United Motor Manufacturing Inc.）を作り，米国で現地生産を開始することになった。さらに1985年のプラザ合意によってますます円高が進み，1986年には1ドル150円台に突入した。こうなると，先進国だけでなく，安価な労働力を持つ発展途上国にも製造拠点を設置する日本企業が増えた。

　このように日本企業の海外直接投資が活発化すると，日本企業の「強み」が海外にも伝わるようになった。それまで欧米諸国は，日本企業が安価な輸出品を提供できるのは，「為替が有利だから」「労働者の賃金を不当に安くしているから」であると考えており，日本企業に優れた取り組みがあるという考えは少数派だった。

　だが，こうした認識は間違ったものであることが後に発覚した。例えば前述のNUMMIの設立の際，工場のオペレーションはトヨタが担当したが，結果としてその生産性はGMの平均的な工場の2倍を記録した。つまり日本企業には，日本という国だけに固有ではない強みなどがあることが発覚したのである。そうした強みとして取り上げられてきたのは「日本的経営」と「日本型生産システム」である。これらについては，第4章で詳しく説明する。

　以上，1970年代から1980年代は日本企業が世界を席巻した時代と言える。実際，各国の海外直接投資残高の世界における比率を見ると，1980年は米国が全体の40％で第1位，日本が7％で第6位だったのに対して，1993年は米国が26％で第1位，日本が13％で第2位とその差を大きく詰めている（Jones, 1996）。また，世界の工業生産に占める日本の割合は，1960年代初期が5％だったのに対して，1990年代には20％まで増加した（Jones, 2005）。フォーチュン・グローバル500のデータを見ても，1990年代にかけてトップ500入りした日本企業が急激に増えていることがわかる（図表2.1，図表2.2）。まさに「Japan as No.1」の時代だった。

〈3〉欧州のブロック化

　戦後，米国企業の隆盛，日本企業の急成長という変化の中，欧州企業の影は

相対的に薄かった。しかし，戦後から欧州全体がブロック化を目指してきたことは，多国籍企業の競争を理解するにあたって重要である。

　戦後の欧州では，将来の武力戦争を避けるという目的もあり，欧州全体で共同体を作る動きが活発化した。1951年に欧州石炭鉄鋼共同体が設立したことを皮切りに，1957年にはヨーロッパ経済共同体（European Economic Community：EEC）が設立された。

　EECでは域内の貿易障壁を減らすことと，域外に対する貿易障壁の維持が目指された。こうすることで，海外の企業がEEC域内に投資することが有利な条件を作ったのである。米国を中心とした海外企業は，欧州内に投資をして，現地で生産を行って欧州域内で製品を販売した方が望ましいため，欧州に活発な投資を行うようになった。結果，1980年時点での西ヨーロッパへの海外直接投資残高の世界での割合は36％と，1938年の7％程度から大きく拡大した。1980年の時点で，西ヨーロッパと北米への海外直接投資残高だけで，世界の2/3弱を占めている程に拡大した（Jones, 1996）。

　もっとも常に欧州各国が協調してきたわけではない。1970年代には石油危機や通貨危機などに直面したため，欧州各国は国内産業保護策などをとりだした。この時期，各国は協調路線から一歩引き，結果として1980年代初めには不況へと陥ったのである。

　1980年代に入ると，再び経済統合が促進されだした。今度はより強力な経済統合が目指され，欧州域内の全ての非関税障壁の撤廃や為替レートの安定が求められた。さらに，政治的な意味での欧州統合も考えられるようになっていった。結果，1993年にEEC，欧州石炭鉄鋼共同体，欧州原子力共同体といった共同体を全て束ねる欧州連合（European Union：EU）が設立された。そして1999年には，11か国の参加により新通貨ユーロが導入され，域内の貿易障壁がより低くなった。

　こうした経済統合の結果，EU市場を狙った投資が，欧州企業はもちろん，米国企業，日本企業といった海外企業からも活発に行われることになった。1993年時点での西ヨーロッパへの海外直接投資残高の世界での割合は43％と，1980年よりもさらに拡大している（Jones, 1996）。例えば，日本の自動車メーカーや電機メーカーは，労働賃金の安いポーランドなどの東ヨーロッパ

に工場などを多数建設した。さらに欧州内では，欧州内外の企業とのM&Aが急増していった。そうしたM&Aを経て，米国流のコーポレート・ガバナンスの影響を，欧州企業が受けるようになった。

この時期の欧州企業として注目すべきはドイツ企業である。ドイツの海外直接投資は二度の大戦によって減少していったが，1960年代後半にようやく第一次世界大戦以前の水準を取り戻した。結果，海外直接投資残高も，1980年には世界全体の8％，1990年には9％と着実に拡大していった（Jones, 1996）。

この時，ドイツの成長を支えたのは化学産業，電機産業，自動車産業である。化学産業は戦後いち早く競争力を回復し，化学企業のヘキスト，製薬会社のバイエルといった企業が1950年代には海外に進出した。また自動車産業では，ベンツが1950年代から海外直接投資を行ったのを皮切りに，現在ではフォルクスワーゲンが自動車販売台数世界1位を争う企業へと成長している。

また，2000年以降は北欧企業も注目されている。家具などを販売しているスウェーデンのイケア，スマートフォンが本格化する前は携帯電話でトップシェアを取っていたフィンランドのノキア等である。経済規模の小さな国から世界的な企業が出てきたという点で，これらの企業は注目を集めている。

2.4　現代のトレンド：多極化の時代

〈1〉三極の成長の停滞と新興国市場の台頭

以上のように，1980年代までは北米，西ヨーロッパ，日本の三極が多国籍企業の中心だった。実際，この三極が世界の工業生産の約3/4を行っており，有力な多国籍企業はほとんどこの三極から誕生していた（Jones, 2005）。しかし1990年代以降，こうした三極体制に陰りが出ている。

最初に起きたのは，日本のバブル崩壊とその後の失われた10年（近年は20年とも呼ばれる）である。この長期的な不況は，日本の世界における経済的な地位を低下させた。多くの日本企業が苦しみ，日産，カネボウ，山一證券，ダ

イエーといった大企業は，この時期に経営危機・倒産に陥ってしまった。

一方1990年代の米国は，インターネットやハイテク会社の設立ブームによる「ニューエコノミー」により，大きな経済成長を経験した。しかし1990年代末にITへの投資がバブル気味になり，2000年代に入るとバブルが崩壊した。さらに2000年代には不正会計が問題になったエンロン事件，9.11などに代表されるテロ事件，さらに2008年のリーマンショックといった経済に大きなショックを与えた出来事が発生し，米国経済も楽観視できない状況になっている。

EUについては，加盟国の経済危機と脱退問題が浮上している。2009年にはギリシャの財政赤字が問題となり，ギリシャ国債の格付けが急落し，ユーロ売りが進行した。それに合わせて，スペインやポルトガル，イタリアといった国々でも金融問題・財政問題が発生し，国債の格付けが急落するという事態が起こった。各国が財政危機に陥ったとき，各国が個別の通貨を持っているのであれば，それぞれの国の事情に合わせて各国の通貨の価値を下げることで，借金の返済をスムーズに行うことができる。しかしユーロに対する政策は一国の裁量で決めることができないため，結果として個別の国の財政問題が容易に解決できなくなっているのである。さらに2016年には，増え続けるEU圏内からの移民などを問題視したイギリスで国民投票が行われ，EUからの撤退が支持された。EUの存在意義が揺らごうとしているのである。

こうした三極の地位低下に伴い，近年台頭してきたのがBRICs（ブラジル，ロシア，インド，中国）に代表されるような新興国である。特に中国の伸びは強烈で，既にGDPで日本を抜き，世界第2位の経済大国となっている（図表2.3）。そのため，これまで新興国を安価な労働力や資源の提供の場として考えてきた先進国の多国籍企業も，新興国を市場として見るようになった。もはや先進国市場だけに注目すれば良い時代は終わりつつあると言えるだろう。

〈2〉 新興国企業の台頭

多国籍企業においても，韓国企業・中国企業といった新興国企業の台頭が著しい。フォーチュン・グローバル500でも近年は中国や韓国といった新興国企業が増えている。20年前までは全くランクインしなかったような企業が現れ始めているのである。

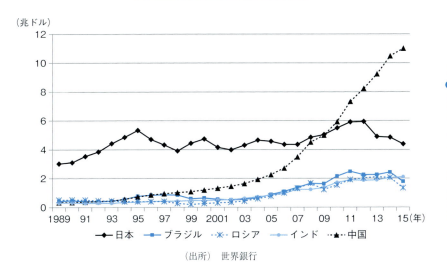

図表2.3 BRICsのGDP推移

(出所) 世界銀行

　特に注目すべきはサムスンやLGといった韓国企業であろう。かつて日本企業が世界市場を席巻したテレビ産業であったが，2012年の液晶テレビのシェアは，サムスンとLGがシェア1位，2位を独占し，2社を合計したシェアは40%にも及ぶ。一方日系企業のシェアは合計しても，30%にも満たない。

　サムスン，LGといった韓国企業は，韓国国内の市場の小ささゆえに，1990年代から強い海外志向を持っていた。そのため，海外市場にあった製品開発，海外市場にアピールする広告戦略，海外での製品販売網の整備に，早くから力を入れた。例えば広告に関しては近年も活発であり，海外のホテルや空港に液晶テレビを使ってもらったり，現地メディアを使って活発な広告を行ったりしている。

　また，その組織体制も海外を強く意識したものになっている。例えば，サムスンでは地域専門家制度と呼ばれる制度を1990年代から導入している。地域専門家制度とは，本国で選抜した社員を1年間海外に派遣し，その国の言語や

文化を学ばせる制度である。そのため、派遣された社員に現地の仕事の義務はなく、まず1年間現地のことをじっくりと学ぶ。そうして現地の文化を学んだ後、現地の子会社に合流し、現地ニーズの把握や現地従業員のマネジメントなどにおいて活躍する。こうした制度も活用しながら、海外市場で売れる製品を作り、売れるものの売り方をしてきたのである。

一方、日本企業では、海外市場は日本市場のおまけに過ぎないという認識が強く、こうした現地対応が遅れてしまった。「日本企業の製品はガラパゴス化[4]している」とよく言われるが、単純に現地対応の製品を出せていないというよりも、現地のニーズを吸い取る組織体制や、それを反映した製品を作る体制、現地に製品をアピールする販売体制が整っていない企業が多いと理解する方が良いだろう。

また、電機産業だけでなく、自動車産業でも新興国企業の台頭は予断を許さない状況になっている。例えばインドのタタモーターズは、2008年に「ナノ」と呼ばれる30万円以下の車を出し、自動車産業に衝撃を与えた。また、韓国企業のヒュンダイも海外展開は活発で、北米市場、中国市場、南米市場などでシェアを伸ばしている。日本企業で見ると、トヨタは自動車販売台数で世界1位を争う企業ではあるが、決して楽観視はできない。

さらに、近年起きている新たなトレンドは、新興国企業による先進国企業の買収である。前述のインドのタタは、2008年にイギリスの高級車メーカーであるジャガーを買収した。また、台湾企業の鴻海精密工業（ホンハイ）が2016年にシャープを買収した。新興国企業のパワーが、かつての日本企業を思わせるほどに強力になっているということが、ここからもうかがえるだろう。

〈3〉新たなグローバル化の時代へ

以上で見てきたとおり、市場という意味でも、海外直接投資の主体となる多国籍企業という意味でも、近年はより多極化が進んでいる。こうした多極化の動きによって、海外直接投資がより加速し、より経済のグローバル化が進むと考えることもできる。実際、多くの国同士が FTA（free trade agreement, 自

---

[4] 日本市場にだけ適応していて世界市場に適応できなくなっていること。孤立した環境で独自の生態系を作り上げた、中南米のガラパゴス諸島の生態系になぞらえた表現である。

由貿易協定）を結んだり，関税同盟に入ったりして，お互いの経済的な交流を活発化しようとする動きが起きている。

しかし，一方で多様なプレーヤーが参加することによって競争が激化し，政治的な衝突などの新たな問題も考えられる。例えば，これまで以上に力を持ち出した新興国の政策が，多国籍企業にとって悩みの種となっている。中国であれば，投資した外資系企業が現地の政治的な思惑に左右され，自由な経営を行えないことがある。そのため日本企業の中には「中国への投資はほどほどに」と考えている企業も現れている。新興国の発言力が今後増していく中，そうした国とどのように付き合うか，さらにそういう国から出てきた企業とどのように付き合うかは課題となっている。

さらに，先進国自体も様々な動きを見せている。米国も欧州も柔軟に政策方針を変え，場合によっては保護主義を検討するケースも見られている。先進国も様々な手を打って，再度成長路線に乗れないかを検討しているのである。

このように，近年は多様なプレーヤーが多様な思惑に従った政治的なゲームを行う中で，多国籍企業も多様なあり方を見せている。日本企業もこうした現実に目を向け，他国企業の良いところは学習しつつも，日本企業なりの新たな成長路線を見つけていく必要があると言えるだろう。

演習問題

2.1 本章で取り上げていない新興国企業に注目し，その企業と日本企業の強みの違いについて述べなさい。その上で日本企業がその企業に勝つためには何が必要かを考えなさい。

2.2 フォーチュン・グローバル500に長期間（例えば30年以上）ランクインしている企業に注目し，その企業がどうして未だに生き残っているのかについて，その企業の事業の変遷，海外進出の変遷，マネジメントの変遷などの観点から考えなさい。

第 3 章

海外直接投資論

　本章から第10章まで,国際経営の主要な理論を説明していく。本章では,国際経営の中でも初期の議論に位置づけられる海外直接投資論について説明する。「なぜ企業は海外直接投資を行うのか」という疑問に端を発し,1960年代から行われてきた一連の研究の論理と発展を理解することが,本章の目的である。

○ KEY WORDS ○

海外直接投資,内部化理論,折衷理論,所有優位性,
内部化優位性,立地優位性,OLIパラダイム,
企業特殊優位性,ボーン・グローバル企業

3.1　なぜ企業は海外直接投資を行うのか

　第1章において，企業の海外進出方法として海外直接投資による進出があることを説明した。第2章では，海外直接投資を行う主要国が，徐々に入れ替わってきたことを説明した。本章では，なぜ海外直接投資が行われるのかに関する主要な理論を追っていく。

　現代に生きる我々にとって「なぜ海外直接投資を行われるのか」という問いはピンと来ないだろう。海外子会社を作ることはもはや当たり前であり，海外直接投資を行うこと自体に疑問はわきにくい。しかし，こうした議論が行われ始めた1950年代は，なぜ海外直接投資が行われるのかは，不思議な現象であり，研究するに値する問いだった。

　では，どのように不思議だったのか。1950年代，海外直接投資は海外証券投資と同様の動きをするという見方が存在していた。海外証券投資とは，「外国企業を支配することを目的としない投資」のことで，海外の企業の株券や社債を買って配当や利子を得ようとする投資である。当時，海外証券投資は，金利（利子率）が低い国でお金を借りて，金利が高い国の企業にお金を貸すことによって，利ざやを儲けるのが主目的と考えられてきた。このように，金利差を利用して利益を獲得しようとする取引を「裁定取引（arbitrage）」と呼ぶ。海外直接投資も海外証券投資と同様に，利子率の低い国から高い国へお金が流れる裁定取引であるというのが，当時の認識だった。

　海外直接投資が海外証券投資と同様であるとすれば，なぜ海外直接投資を行うのかは不思議である。なぜならば，海外直接投資の方が経営まで面倒を見る分，海外証券投資よりもコストがかかるからである。1950年代は，現在よりも移動・通信手段も発達しておらず，遠く離れた海外子会社とコミュニケーションをとることも難しかった。にもかかわらず，企業がわざわざ直接投資をしているとなれば，直接投資に何か特別な意味がある可能性がある。このような論理的展開から，海外直接投資という現象に疑問を感じ，海外直接投資が行われる理由を議論した初期の研究者がハイマー（Hymer, S.）である。以下で

は，1960年代に展開されたハイマーの理論を皮切りに，海外直接投資に関する主要な理論を，その発展に沿いながら学んでいく。

3.2　ハイマーの海外直接投資論

　ハイマーの問題意識は前述のとおり「なぜ企業は（わざわざ）海外直接投資を行うのか」であった。この理由を説明するために，ハイマーはマクロデータから，海外直接投資と海外証券投資が明らかに異なる理由によって行われている可能性を示した。具体的には，以下のような点を指摘している（Hymer, 1976)[1]。

・米国企業は米国で資金調達せず，海外で資金を調達している。よって，米国の利子率が高いと思われるが，その一方で，海外に対して直接投資を行っている。単純に利子率だけを求めているのであれば，利子率が低いと思われる海外に直接投資が行われるのは奇妙なことである[2]。
・1914年の時点で，米国は証券投資の大きな受け入れ国であったが，同時に海外への海外直接投資を累積させ始めていた。第二次世界大戦以降，米国は証券投資の受け入れ国であることは変わらなかったが，海外直接投資を急激に拡大させていった。この両者の動きの違いは，利子率のみでは説明できない。
・海外直接投資の比率が高いのは製造企業である。なぜ非金融産業の企業が海外直接投資を多く行うのかは，利子率の理論では説明できない。
・アメリカから海外直接投資が行われるのは石油，自動車，事務機械，タイヤ・チューブ，石鹸，農業機械など一部の産業であるという，産業の偏りが

---

[1] Hymer（1976）はハイマーの死後，彼が1960年に書き上げた博士論文などをベースに出版されたものである。そのため，ここで展開されている議論は主に1960年代の議論である。
[2] ただしこの説明は，海外の中でも利子率の高い国と低い国がある場合，十分な説明とは言えない。

見られる。利子率に基づくのであれば、特定の産業だけが海外直接投資をするという偏りは生じにくいはずである。また、利子率に基づくのであれば、「ある国の全ての産業」に対して直接投資がなされるはずだが、現実には「全ての国のある産業」に対して直接投資が行われている。

　以上のように、ハイマーは証券投資の理論では海外直接投資が説明できないことを指摘した上で、海外直接投資が行われる理由に関する新たな理論を打ち立てたのである。

　では、なぜ企業は海外直接投資をするのか。この理由を考える際に重要な前提は、海外進出企業は進出先（ホスト国）の現地企業に比べて不利であることである。海外進出企業は、現地企業に比べて言語、現地経済、商習慣等の面で不利である。このようなハンディキャップを抱えながらも海外進出企業が現地企業との競争で生き残ることができるのは、その企業が自社の優位性を現地で活用することができるからである。優位性とは例えば、多国籍企業が持つ企業の信用力、製品開発力、生産力、マーケティング力といったものである。コカ・コーラ社が多くの国で飲料メーカーとして一定のプレゼンスを示すことができるのは、コカ・コーラの味、秘密にされている原液の作り方、ブランド力に加えて、彼らが蓄積してきた製品開発力、マーケティング力などがあるからである。現代に生きる我々は多国籍企業といえば「立派な企業」であり、海外市場で勝って当然というような意識を持ってしまうが、本来多国籍企業は現地企業よりも不利な立場にいて、勝てない方が自然だというのが、ハイマーの前提なのである。

　そして、この自社の優位性を現地で活用するために海外直接投資が行われるというのが、ハイマーの結論である。なぜ、ライセンシング等の契約ではいけないのかというと、自社の優位性をライセンシング等の市場取引で移転しようとすると、うまくいかないことがあるからである。

　まず、ライセンスを受けることができる現地企業が非常に少数だった場合、ライセンシングをする企業は足元を見られる可能性がある。なぜならばライセンシング先としてその企業の代わりが存在しないからである。その場合、ライセンシングから得られる対価が、優位性に見合った金額から引き下げられてし

まう可能性がある。こうなるのであれば，自社で現地に拠点を作って，優位性を直接利用した方が良い。

　また，相手が少数でなくても問題が起きる。まず，優位性の評価がライセンシングをする側と受ける側で食い違うこともある。優位性の所有者であるライセンシングをする側は，自社の優位性に関する情報を多数持っているため，その評価を高くしがちである。一方，ライセンシングを受ける側は，その優位性の内容の細かいところがわからないため，ライセンシングをする側と同じような評価はしない。その結果，両者が納得するような価格での取引が行われない可能性がある。

　さらに，ライセンスを提供した結果，自らの優位性が失われる可能性がある。ライセンシングを受けた企業が，その学びを通じて新たな技術を生み出した場合，自社の強みがなくなってしまう可能性がある。このような場合に備えて，契約で様々な取り決めを交わすことが望ましい。しかし，将来を完全に予測することはできないため，完全な契約を結ぶことはできない。そのため，ライセンスを提供する企業は正しい対価を得られるかどうか不明瞭となる。

　このように，取引に際して市場が十分に機能しないことを，市場の不完全性と呼ぶ。市場の不完全性があり，ライセンシングでは自社の優位性を現地で活用することが難しいと判断される場合，海外直接投資が検討されるのである。

　以上，ハイマーは多国籍企業が保有する優位性に注目し，それを現地で利用する際に，直接投資が選ばれると結論づけたのである。しかし，ハイマーは1974年2月2日に自動車事故によって急逝してしまう。39歳の若さだった。そのため，海外直接投資の研究の発展は，その他の研究者の手に委ねられることになった。

3.3　内部化理論

　1970年代になると，内部化理論（internalization theory）によって多国籍企業の誕生や存続を説明する議論が行われていった。これらの研究は，直接投資

の理由を説明することよりも，国境を越えた市場取引を内部化する理由，すなわち多国籍企業という形態が必要とされる理由を明らかにすることに焦点を当てている。この内部化とは基本的には直接投資によってもたらされるもののため，これらの研究はハイマーの海外直接投資の議論を，内部化という視点からアプローチしたものと解釈できる。

内部化理論とは，企業がなぜ特定の取引を市場取引ではなく，企業内取引（組織化，内部化）するのかに関する議論である。最も著名な研究者は2009年にノーベル経済学賞を受賞した**ウィリアムソン**（Williamson, O. E.）である[3]。この理論では，市場の不完全性が強調され，市場取引にかかるコストと企業内取引にかかるコストを比較したとき，市場取引にかかるコストが大きいと判断される場合，企業は内部化を選択すると主張されてきた。この市場取引のコストに影響を与える一要因が「機会主義的行動」である。

〈1〉企業の機会主義的行動

機会主義的行動（opportunistic behavior）とは，「取引の際に相手を騙したり，ごまかしたりすること」である。卑近な例では，ネットオークションでお金を支払っても商品を送らなかったり，飲み放題1000円と言われてお店に入ったが事前に説明のない席料やサービス料などを取られたりなどというケースである。これらは違法に当たることもある事例だが，機会主義的行動の全てが違法なわけではない。ビジネスにおいて，自社の利益を優先して契約を反故にしたり，後から追加の要求をしたり，相手の足元を見ることは日常茶飯事である。例えば鉄道建設の入札で他社よりも安い金額で受注し，いざ工事を始めてある程度経ってから，「不慮の事態が起きたので完成するのには追加の工事代金が必要。もし追加の工事代金を支払わないのであれば，工事を打ち切る」と後から追加の料金を支払わせるなどは，契約時にその場合の対応策が盛り込まれていなければ違法ではない。

このような機会主義的行動が大きな損害につながる可能性があるのは，取引をするにあたって一方が「取引特殊な投資」を行った場合である。**取引特殊な**

---

[3] 代表的な研究としてWilliamson（1975）がある。

投資（transaction-specific investments）とは，その相手との取引にしか使えないようなものへの投資のことである。例として，原油を採掘する採掘企業と，その原油を灯油やガソリンなどに精製する石油企業のケースを考えてみよう。今，お客さんである石油企業が「自社向けのパイプラインを自らの負担で投資した採掘企業とのみ取引をする」というようなことを言い出したとする。もし石油企業のパワーが強ければ，採掘企業はこの石油企業専用のパイプラインを作ることになる。このパイプラインは採掘企業にとって取引特殊な投資である。

では，取引特殊な投資をしたらどうなるか。採掘企業が投資したパイプラインはこの企業との取引にしか役に立たない。そのため採掘企業としては，今更石油企業との取引がなくなったら投資をした分が損失となってしまう。石油企業から見れば，採掘企業は自分たちと取引をしないと困るという弱みがあることになる。このとき，石油企業はその弱みにつけ込む機会主義的な行動をとることができる。例えば，当初の取り決めよりも原油の値段を下げるように採掘企業に交渉する。採掘企業としてはパイプラインの投資を回収しなければならないため，そのまま取引をしないよりはマシな水準まで，価格を下げなければならなくなってしまう。このような，特定の取引において元に戻すのが難しく，かつ相手の交渉力を増すような投資によって起こる問題をホールドアップ問題（hold-up problem）と呼ぶ。

〈2〉取引コスト

もちろんこのような問題を抑えるための方法はいくつもある。まず，裏切らないような相手を探せば良い。または，事前に相手が機会主義的な行動をとった場合に罰則を作るような契約で防げば良い。もしくは，相手が契約に反した行為をしないか，監視できる体制を作れば良い。しかし，信頼できる相手を探すのにはコストがかかる。さらに，将来を完璧に予測した契約を作るのは不可能であり，それに近づけるのにはコストがかかる，また，相手が裏切らないかを監視するのにもコストがかかる。このような，取引に際してかかるコストのことを取引コスト（transaction costs）と呼ぶ。

そして，市場取引にかかる取引コストが大きい場合，採掘企業の中には，自ら石油精製の技術を習得し，採掘から精製まで一貫でできるような体制を作る

ことが望ましいと判断する企業が出てくる。内部化すれば同一企業内での取引になり、相手を騙しても自らの利益上昇にはつながらないため、そうした可能性を抑えることはできる。ただし、内部化した活動を担当する組織が「サボる」可能性は存在するので、組織内で管理するコストはかかる。これが、企業内取引を行うにあたっての取引コストとなる。よって、企業内取引にかかる取引コストと市場取引にかかる取引コストを比較し、企業内取引の方が取引コストを節約できると判断された場合、市場取引から企業内取引に変更される可能性がある。もちろん、実際は精製技術を取得するのにかかるコストもあるため、取引コストの比較だけで企業内取引への変更が行われるわけではない。しかし、取引コストの比較は、市場取引か内部化かの決定に影響を与える重要な一要因と言える。

〈3〉多国籍企業の行動への内部化理論の応用

このような内部化理論が多国籍企業の海外直接投資にも応用されるようになる。代表的な論者としては、バックレイ（Buckley, P.）とカソン（Casson, M.）がいる。

バックレイとカソン（Buckley & Casson, 1976）は、中間材、とりわけ知識の取引における市場の不完全性に注目した研究である。多国籍企業の優位性の源泉である知識を海外に市場取引で移転しようとしてもうまくいかない。それは、知識の価格付けがうまくいかなかったり、相手先企業の不確実性を抑えられなかったりなどの理由からである。そのため、市場取引では多国籍企業は重要な知識を海外に出せなくなってしまう。しかし、海外直接投資をして、取引を内部化すれば、相手が機会主義的な行動をとる可能性を抑えられ、重要な知識を移転することができる。すなわち、多国籍企業が知識を海外に出していくために、海外直接投資が行われる。そして、この知識の内部市場を持つことが、多国籍企業の長期存続にもつながると主張している。

この視点はハイマーの考えと基本的には似ているが、多国籍企業による海外直接投資をポジティブに捉えるか、ネガティブに捉えるかが異なっている。ハイマーは、多国籍企業が直接投資を行い、優位性を海外で活用することで寡占的な地位を占めることに対して、否定的な立場をとっていた。言うなれば、直

接投資によって，一部の企業が大きくなりすぎることをネガティブに評価していたのである。それに対してバックレイとカソンは，むしろ直接投資によって，市場取引では海外に移転されなかった知識を移転することができ，それが多国籍企業の長期存続の源泉であると，ポジティブに捉えていた。

そうしたポジティブな姿勢がより明確なのが，同じく内部化理論に準拠したラグマン（Rugman, A. M.）の研究である。彼は，カナダの研究者であり，米国企業がカナダに直接投資をすることの是非に関する議論を行っている（Rugman, 1981）。一般的に米国企業が直接投資をすると，カナダ企業の発展を阻害するように思われる。しかし，直接投資をすることによって米国企業は自身の最先端の知識や技術をカナダに移転してくれるのであって，それによってカナダの産業全体のレベルが上がる。もし直接投資を規制してしまえばそうした恩恵は得られないため，直接投資は歓迎すべきであると結論づけた。直接投資によって移転される知識は，現地にとっても利益をもたらすものであるという主張がなされたのである。

3.4　折衷理論：OLI パラダイム

このように，海外直接投資を説明した主要な理論は，ハイマーの議論からから内部化理論を用いたものへ発展してきた。1970年代後半に入ると，こうした様々な議論を統合する議論が出てきた。それが，ダニング（Dunning, J. H.）の折衷理論（eclectic theory）である（Dunning, 1979）。ダニングは，ハイマーらが議論したような企業の優位性，バックレイらが議論した内部化の理論に，別途議論されてきた「どこに進出するか」の立地に関する議論を統合した上で，多国籍企業が直接投資を行う条件を明らかにした。その条件とは，以下の3点である。

① ある市場に進出している他国の企業と比較して，該当企業がそれら以上に利益を生む所有優位性（O 優位性，ownership specific advantages：O-advantages）を持っているとき。これらの所有優位性は，主に無形資産という形態をとり，少なくとも一定期間は排他的，または特別にその企業が所持するものである。

② ①が満たされた上で，これらの優位性を所有する企業が，その優位性を外国企業に販売，もしくはリースするよりもその優位性を自ら使用することに利益があるとき。すなわち，優位性を内部化することに利益があるときであり，内部化優位性（I優位性, internalization advantages：I-advantages）を持っているときである[4]。

③ ①と②が満たされた上で，本国以外の国で少なくとも何らかの投入要素（天然資源を含む）とともに，これらの優位性を使用することが企業にとって利益になるとき。さもなければ外国市場は輸出によってまかなわれ，国内市場は国内生産によってまかなわれる。すなわち，進出先国が立地優位性（L優位性, location specific advantages：L-advantages）を持っているときである。

　以上の3つの条件が満たされるとき，特定の国に対して直接投資が行われるというのが，ダニングの主張である。このダニングのフレームワークは，上記の「所有優位性（O-advantages）」「内部化優位性（I-advantages）」「立地優位性（L-advantages）」の頭文字をとって，OLIパラダイムと呼ばれる。なお，立地優位性を決める主な要因は図表3.1にまとめた。
　このフレームワークによって，多国籍企業がとるべき海外進出形態をある程度予測できる。それをまとめたものが図表3.2である[5]。
　まずO優位性はあらゆる海外進出において重要となる。O優位性がない場

---

[4] 「内部化インセンティブ優位性（internalization incentive advantages）」と呼ばれることもある。
[5] なお，この進出形態が示しているのは，各優位性が表のような条件のとき，どのような進出形態が望ましいと考えられるかである。そのため，輸出やライセンシングならば必ず図表3.2のような優位性の組み合わせになるというわけではない。例えば，I優位性がない中での輸出，現地にL優位性がある中でのライセンシングもとられうる。この点，注意が必要である。

図表 3.1　進出先国の立地優位性の主な決定要因

政策的決定要因	政治・経済・社会情勢の安定性　政府の政策の透明性や信頼性 市場を機能させるための政策　私有財産の保護 産業集積を発展させるための政策　貿易政策や安定した為替 二国間の国際投資における合意 投資へのインセンティブや投資後の必要要件 社会的な快適さ（インターナショナルスクールや生活水準等）
経済的決定要因	市場規模の大きさ・成長率　消費者の収入や嗜好　市場構造 本国との物理的な距離　グローバル市場へのアクセスの利便性 地価と建設費　天然資源や部品のコスト　労働者のコスト 輸送やコミュニケーションのコスト M&Aも含めた競争政策　技術やマネジメント等の資源 物理的なインフラ（港，道路，動力，電信） イノベーション・起業・教育の環境

（出所）　Dunning & Lundan（2008, pp. 325-326）より筆者作成。

図表 3.2　OLI と企業の海外進出形態

市場への進出ルート		O 優位性	I 優位性	L 優位性
	直接投資	YES	YES	YES
	輸　出	YES	YES	NO
	契約による資源の移転（ライセンシング等）	YES	NO	NO

（出所）　Dunning（1988a, p. 28）を元に筆者作成。

合は，いかなる進出形態をもってしても，海外市場において現地企業に勝つことは難しい。これはハイマーが初期に議論したことである。実際に自社の強みと思って海外に進出したが通用しなかったケースは少なくない。例えば，フランス企業のカルフールは，母国はもちろん中国や東南アジア地域でも存在感を示している小売企業ではあるが，日本には 2000 年に進出するも，2005 年には

事業を日本企業のイオンに売却した。これは，カルフールの強みである低価格路線が，多様な製品を必要とする日本市場の消費者の特殊性と合わなかったことが一因と言われている。O 優位性だと思っていたものがそうではなかったケースであると言えよう。

次に I 優位性がない場合は，自社の優位性を自社内で扱うという選択肢がなくなるため，海外企業にライセンス等の取引という形で供与されることになる。実際にライセンシングによる海外進出を行っている企業は少なくない。例えば医薬品は，海外で医薬品を作る工場を作るよりも，薬品の特許や商標などを現地の企業にライセンシングすることが一般的である。2017年時点で，日本で売られている解熱鎮痛剤のバファリンは，元々米国企業のブリストル・マイヤーズ スクイブ社の製品だが，日本企業のライオンが製造・販売を行っている。

最後に，O 優位性と I 優位性があり，L 優位性がない場合は，自社内の優位性を自国内で活用し，製品を海外に輸出することになる。1970年代までの日本は，為替レートや労働賃金の関係から，国内生産でも十分な国際的な競争力を持つことができた。しかし 1980年代以降，安価な労働賃金を求めて，アジアなどへの海外生産のための海外直接投資を加速させていった。これはアジアなどが生産国としての L 優位性を持ち出し，OLI が揃ったために，直接投資が選択されたと考えることができる。

3.5　海外直接投資の理論の修正

以上のように海外直接投資の議論は 1960年代から始まり，1970年代後半の折衷理論で統合的な議論がされるようになった。しかし，今度はこの折衷理論を出発点に，理論の修正が求められるようになっていった。以下ではそれらの主要な議論を紹介する。

〈1〉O 優位性の分類：資産優位と取引優位

まず，折衷理論において批判されたのは，O 優位性と I 優位性の曖昧さであ

る。当初ダニングはI優位性を「資源を所有することから生じる優位性を内部化するという企業の意図と能力」と説明していた（Dunning, 1977）。しかし，能力と表現してしまうと，O優位性との区別がつかないという批判が起きた。そこでダニングは自らの理論を修正し，O優位性を「資産優位性（asset advantages）」と「取引優位性（transaction advatages）」の2つに分けた（Dunning, 1983；1988a；1988b）。

まず，資産優位性とは「財産権，および／もしくは，目に見えない資産から生じる優位性」のことであり，その企業が持つ，他の企業にはない独自の資産のことである。具体的には，自社の技術，知識，生産システム，マネジメント能力等，我々が企業の強みというときにイメージのしやすいものである。

それに対して，取引優位性はさらに2つに分けることができる。一つ目は，「既存企業の工場が，ゼロからスタートする企業の工場以上に享受できる優位性」である。具体的には，企業の規模，多様な製品展開，学習と経験の蓄積，範囲と特化の経済性，インプットへの排他的あるいは有利なアクセス，外部企業との企業間関係を構築する親会社の能力，製品市場への排他的あるいは有利なアクセス，親会社の保有する経営資源の活用である。これらは，既にマネジメントを行っていることによって得られる優位性である。

二つ目は，「多国籍であるために特に生じる優位性」である。具体的には，海外市場に対する有利なアクセス，各国の差異から学ぶ能力，各国の差異を利用してリスクを分散・削減する能力といったものである。これらは，グローバルに取引を行うことで得られる優位性であり，内部化することによって得られるものもあるため，I優位性に似ている。しかし，ダニングはこれをO優位性に加えることにした。

このようにO優位性を定義した上で，ダニングはI優位性を「市場の失敗に対処して内部化を行おうとする多国籍企業の意思」とした。「能力」という文言を削除した上で，取引優位性とは異なることを明確にしたのである。

〈2〉 企業特殊優位性の議論への発展

O優位性のような企業が持つ優位性の概念をより発展させたのが内部化理論のラグマンの研究チームだった（Rugman & Verbeke, 2001）。彼らは，企業

図表 3.3 企業特殊優位性（FSAs）の発展パターン

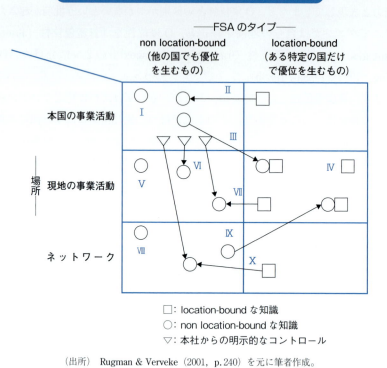

（出所）Rugman & Verveke（2001, p.240）を元に筆者作成。

が持つ優位性を**企業特殊優位性**（firm-specific advantages：FSAs）と呼び、FSAs の分類を行った。

　まず，FSAs のうち，ある特定の国だけで優位を生むものと，他の国でも優位を生むものに分け，前者を location-bound FSAs，後者を non location-bound FSAs と呼んだ。さらに，そのような優位性が生まれる場所を，本社，現地（海外），ネットワークの3つに分けた。その上で，FSAs が生まれ，波及していくパターンについて整理を行った。それらをまとめたのが図表 3.3 である。各パターンの説明は以下のとおりである。こうしたフレームワークを提示することによって，多国籍企業内の様々な優位性の発生や移転を整理できる

ようにしたのである。

Ⅰ：他国でも有効な優位性を本国で生み出す。
Ⅱ：本国で，自国において有効な優位性を生み出し，それを他国でも有効な優位性に変換する。本国特有の状況（投入要素の状況，競争関係，市場関係，サプライヤー関係等）に基づいて生まれた優位性を，他国でも移転可能なものにする。
Ⅲ：本国で生まれた優位性を移転しつつ，海外現地特有の優位性を生み出す。移転された優位性に基づき，現地なりの改変を行うような状況。
Ⅳ：海外拠点が，現地環境に合わせた優位性を生み出す。
Ⅴ：海外子会社が自然に，他国の拠点にも有用な優位性を開発する。
Ⅵ：本社が指導することで，海外子会社が他国の拠点にも有用な優位性を開発する。
Ⅶ：海外子会社が現地のために生み出した優位性を，本社の許可を得て，他国の拠点にも有用な優位性へと変換する。
Ⅷ：様々な国にある海外拠点が共同で，多国籍企業全体に有用な優位性を作る。
Ⅸ：様々な国にある海外拠点が共同で作り上げた優位性によって，特定の国の優位性を作り上げる。
Ⅹ：特定の国で有効な優位性をネットワークで作った上で，本国の指導の下，それを他国に波及させる。

〈3〉O 優位性に基づかない海外進出

　海外直接投資論では，母国などで優位性を構築した企業が海外直接投資を行うということが前提だった。しかし近年は，事前に O 優位性を持っていなくても海外に進出し，むしろ海外に進出することで新たな優位性を得るケースへの注目が集まっている。

　例えばフランスの香水市場に進出した資生堂は，現地の企業に勝てるような香水に関するノウハウを持っているわけではなかったが，現地の人材を雇うことで香水に関するノウハウを獲得し，現地での地位を高めることができた。このように海外に進出することで知識などの優位性を得ようとする企業をメタナ

ショナル（metanational）企業と呼び，そうした企業の行っている経営をメタナショナル経営と呼ぶ。これについては，第9章で詳しく説明する。

　また，本国で創業して僅かな間に海外展開を行ったり，最初から海外市場を狙って起業したりする企業が現れている。これらの企業はO優位性を持っていないとは限らないが，長期間オペレーションを行って，自社の強みを磨いたり，見つけたりする経験をしていないため，伝統的な多国籍企業像とは異なっている。このような企業をボーン・グローバル企業（born global firm）と呼ぶ。

　ボーン・グローバル企業は，創業時，または創業まもない段階から，知識ベースの資源を様々な国での成果物の販売に適用することで，海外事業のパフォーマンスを高めることを狙っているビジネス組織（Knight & Cavusgil, 2004, p.124）と定義されている。例えば，中国のボーン・グローバル企業を対象にした分析を行った研究では，国内で設立されてから3年以内に，輸出や輸入活動を含む国際化をしている企業で，かつ輸出が売上の10%以上の企業を，ボーン・グローバル企業と具体的に定義されている（Zhou, Wu & Luo, 2007）。しかし，この定義はあくまでも定量調査を行う際の基準に過ぎない。「3年」という数字はその他の研究でも使われることが多いが，3年と4年にどれだけ大きな差があるのかについては検討されていない。また，輸出が売上の10%以上という定義は，本国で生産せず，海外生産だけをしているような企業を前提としていない定義である。実際，3年で輸出や輸入を開始した企業と，4年で海外拠点を設立した企業のどちらの海外展開が早いと言えるかは議論の余地があるだろう（コラム2参照）。具体的な定義については，今後も議論が重ねられていくと思われる。

　以上のように，海外直接投資論では現在まで様々な議論が行われている。ただし，企業が優位性を持っているのであれば，まずそれを海外進出の際に活かすことを検討すべきであるという海外直接投資論の含意自体は，現在も変わらないだろう。

> **コラム2　ボーン・グローバル企業の実態**
>
> 　ボーン・グローバル企業は，グローバル市場の拡大と情報技術の発展を背景に増加

図表 3.4　Reflex 社の製品

しつつある。近年のグローバル経済の成長速度を考えれば，事業範囲を単独の国に縛らずに，世界市場を対象にした方がメリットが大きい。また，情報技術の発展で，遠く離れた拠点とも連絡・情報交換がしやすくなったことも，ボーン・グローバル企業の登場を促進する要因となっている。

ボーン・グローバル企業の実例として，Reflex packaging 社（以下 Reflex 社）を紹介しよう。Reflex 社は製品をダンボール等の箱に詰める時の梱包材（図表 3.4）を作っている企業である。この企業の主な顧客は HDD メーカー，PC メーカー，自動車部品メーカーである。ハードディスクドライブ（HDD）や自動車部品のような精密機器をダンボールに入れるとき，運搬の際にダンボールが衝撃を受けても中の製品が傷つかないような緩衝機能の持った梱包材が必要である。Reflex 社では，この梱包材をプラスチックの真空成形によって作っている企業である。従来緩衝材といえば，発泡スチロールや紙を使ったものが多かったが，Reflex 社の製品はプラスチックによって作られており，真空成形によって様々な形状を作れることを特徴とする。

Reflex 社は 1999 年，このような技術の特許を持ったフォレスト・スミス氏によって米国で設立された。設立から 3 年間，米国内で Reflex 社の製品はほとんど売れていなかった。しかし，2003 年に HDD の梱包材としての可能性が見出され，会社設立の 4 年後の 2003 年にシンガポールに進出し，2004 年からはタイや中国で生産を開始した。現在はオランダ，マレーシア，フィリピンでも生産を行っている。顧客も北米，欧州，アジアと広がっている。

Reflex 社は初めから海外進出を意図して設立されたわけではない。また，海外進出は創業から 4 年後で，かつ米国から輸出をしているわけではないので，本文で述べた定義からすればボーン・グローバル企業に含まれない。しかし，米国内で確かな基盤を作る前に海外進出をしたこと，創業後 4 年で海外拠点を設立したこと，その後も海外に軸足を置いて成長していることから，Reflex 社は実質的にボーン・グローバル企業とみなせるだろう。

Reflex 社の場合は，緩衝材の設計力が強みである。この強みがあるがゆえに，緩衝材のニーズの高い国々でビジネスを拡大できたのである。ボーン・グローバル企業として成功するためには，まずこのような核となる強みを持つことが必要である。

それに加えて，ボーン・グローバル企業では，海外事業を恐れない，強い企業家精神を持った経営陣が求められる。Reflex 社では，Reflex packaging Singapore 社現社長である久田信行氏が大きな貢献をしている。久田氏は元々日系梱包材メーカーに勤めていたが，Reflex 社の技術に惚れ込み，会社を辞めて，スミス氏，シンガポール人パートナーの蘇寶安氏（Edward Shoo 氏）とともに，シンガポール社を設立した。元々 Reflex 社にシンガポールへの進出計画があって彼が引き抜かれたのではない。久田氏自身が会社を辞める時に，Reflex 社のシンガポールへの進出計画を考えていて，その請負人として Reflex 社に参加したのである。その後の東南アジアでの顧客開拓，タイ，マレーシア，フィリピンへの進出も，彼が主導することで実現された。久田氏が強い企業家精神を発揮することで，Reflex 社は海外展開を加速することができたのである。

さらに Reflex 社では，米国本社は市場開拓と設計・試作能力に特化し，中国，オランダ，東南アジアの経営は現地パートナーに任せている。また，タイでの生産は中国の合弁相手の技術供与を受けて始められた。このように，自らに足りない部分は積極的に外部組織から補うことも重要となる。このように，核となる強み以外の部分では，不足を補うために国際パートナーシップ等をうまく利用することも重要である（なお国際パートナーシップについては，第 10 章で詳説する）。

演 習 問 題

3.1　日本にライセンシングで進出している外資系企業と直接投資で進出している外資系企業を調べ，どうして一方はライセンシングで，もう一方は直接投資で進出しているのかについて検討しなさい。その上で，その差が内部化理論で説明できるかどうかを考えなさい。

3.2　Reflex 社のように，設立から 4 年以内に海外事業（輸出も可）を始めた企業を探しなさい。その上でそのような企業と伝統的な多国籍企業のマネジメント上の違いについて考えなさい。

第 4 章

プロダクト・サイクル仮説と優位性の移転

　第 3 章で説明したハイマーの研究と同時期の 1960 年代に，別の角度から直接投資を議論した研究者がバーノンである。本章はまず，「海外直接投資がどの国にどのようなタイミングで行われていくのか」を議論したバーノンのプロダクト・サイクル仮説を説明する。次に，ハイマーやバーノンの研究で前提とされてきた，「優位性の移転」について説明する。プロダクト・サイクル仮説を理解し，優位性の移転を考える上で必要な事項について学ぶことが，本章の目的である。

○ KEY WORDS ○
プロダクト・サイクル仮説，知識移転，
日本的経営，情報粘着性，形式知，
暗黙知，吸収能力，マザー工場，日本的生産システム

4.1 本章の目的

海外直接投資論の議論が行われだした1960年代，ハーバード大学のバーノンはハイマーたちとは別の観点から企業の海外直接投資の論理を明らかにしようとした。彼は，当時世界の中心だった米国の企業の海外直接投資のパターンを，プロダクト・サイクル（product cycle）から説明するプロダクト・サイクル仮説（PC仮説）[1]を打ち出した。本章はまず，プロダクト・サイクル仮説について説明し，海外直接投資がどの国にどのようなタイミングで行われていくのかに関する古典的な議論を学ぶ。

後半部分では，優位性の移転に関する議論を行っていく。海外直接投資論も，これから説明するバーノンの議論も，多国籍企業内での優位性の移転が前提とされている。そこでまず，何を海外に移転すべきなのかについて説明する。次に，どのように優位性を移転すべきかについて，知識移転の観点から説明する。

4.2 バーノンのプロダクト・サイクル仮説

バーノンは1960年代までの米国企業の海外直接投資がどのようなパターンで行われていたのかについて，プロダクト・サイクル（製品サイクル）の概念によって説明した。

バーノンはプロダクト・サイクルを製品の発展段階から，新製品・成熟製品・標準製品と分けている[2]。新製品が登場すると様々な改良が進み，その製

---

[1] 「プロダクト・サイクル・モデル」と呼ばれることも多いが，バーノン自身があくまでも仮説であることを意識していたので，本章では「仮説」という言葉を用いている。
[2] ただしバーノンの論文（Vernon, 1966）の本文には「stages of product development」という言葉は出てくるが「product cycle」という言葉は出てこない。ここでは，stages of product developmentが，バーノンの意図するproduct cycleと同義であろうと仮定して説明している。

品はこういうものだという決まった形ができてくる。この段階が「成熟製品」である。さらに進むと、その製品は誰でも作れるような標準的なものとなり、価格が重要な製品になっていく。これが「標準製品」である。デジタルカメラの例で言えば、当初は各社独自のデジタルカメラを発売していたが、段々とデジタルカメラの形や求められる機能は決まっていき、近年では非常に廉価なデジタルカメラも登場している。

バーノンはこのようなプロダクト・サイクルの概念から、米国企業の直接投資のパターンを明らかにした。それを図示したものが図表4.1である。

〈1〉新製品

まず、新製品の段階である。そもそも新しい製品は、新しい製品が求められるような市場から生まれる。市場の中にいる起業家の方が、市場とコミュニケーションしやすく、情報を入手しやすいため、新製品導入の可能性に気づきやすいからである。

1960年代では、そのような市場は米国に存在した。米国の消費者は、当時欧州の消費者の2倍の収入がある高所得者であり、高所得者向けの製品導入の機会が多かった。さらに米国は人件費が高く、一方で資本が潤沢であるため、労働を節約する商品や産業財の必要性が高く、そのような製品を売る機会が最も現れやすい市場だった。そのような需要に応える形で、まずは米国の起業家（企業）が新製品を開発する。

新製品の段階では、まだ製品の標準化が進んでいない。自動車が登場した時、ガソリンで動くことや、タイヤが4つであることや、ハンドルは丸であることが決まっていなかったように、新製品の導入期はその製品の外形や機能が十分に定まっていないことが多い。そのため、顧客とのコミュニケーションを通じて製品を頻繁に改良しなければならず、市場のあるところで開発が行われる。さらに、頻繁な設計変更に柔軟に対応するためには、開発部門と製造部門が頻繁にコミュニケーションをしなければならないため、製造拠点も開発拠点の近くに置かれる。すなわち、新製品は米国で生まれ、米国で作られることになるのである。

図表4.1 プロダクト・サイクルのモデル図

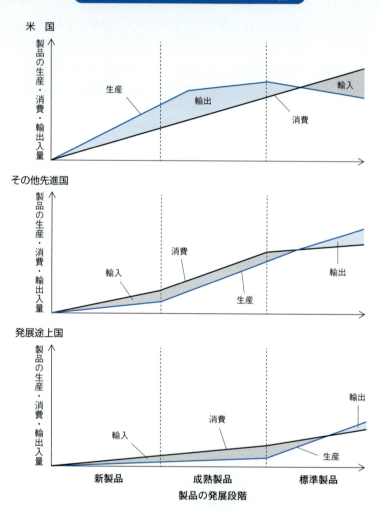

（出所） Vernon（1966, p.199）を元に筆者作成。

〈2〉成熟製品

　やがて，その新製品の需要が米国以外の他の先進国でも生まれると，米国から輸出が行われる。一方，時間が経つにつれてある程度製品の標準化が進み，その製品であればこういう外見でこういう機能を持っているということが決まってくる。すなわち製品が「成熟化」してくる。

　そうすると，製品自体の新規性よりも，製造コストの重要性が増し，コスト競争が激化する。そうしたコスト競争の激化に伴い，その製品が先進国現地で製造されるようになる。先進国現地の製造コストが十分に安ければ，そこから米国への輸出が行われるようになる。

〈3〉標準製品

　さらに，製品の標準化が進むと，生産方法も確立され，製品の価格は低下していく。各企業は価格競争をますます激化させる。このようにして製品の価格が下がっていくにつれて，発展途上国でもその製品の需要が出てくる。そのため，先進国から発展途上国への輸出も行われるようになっていく。やがて新製品の需要が発展途上国でも拡大すると，標準製品の生産に必要なインフラなどが揃っている発展途上国でも現地生産が行われるようになる。発展途上国は労働コストが安いため，その製品がある程度労働集約的で，かつ輸送コスト等も大きくないのであれば，途上国から米国や先進国への輸出も行われるようになる。

　以上の動きを米国企業の立場から見れば，まずは先進国へ，次は発展途上国へとプロダクト・サイクルの変化に合わせて直接投資が行われることになる。プロダクト・サイクルという概念を導入することで，直接投資の方向やタイミングに関するパターンを明らかにしたことが，プロダクト・サイクル仮説の大きな貢献である。

　しかしプロダクト・サイクル仮説はその後多くの批判にさらされることになる。特に，全てのイノベーションが米国中心で行われるという仮定に無理があると批判されることが多い。その批判自体はもっともだが，バーノン自身もプロダクト・サイクル仮説は，1960年代までの状況を説明するための「仮説」

であることを理解しており，全てに成り立つものでないことを度々主張している（Vernon, 1979；1999）。この点は留意する必要があるだろう。

4.3　優位性の移転

　前章で扱った海外直接投資論や本章の前半部分で説明したプロダクト・サイクル仮説では，企業が持つ優位性を海外に移転できることが前提とされてきた。しかし，実際に優位性を移転することは容易ではないことがある。資金，製造機械，部品といった目に見える有形資産であれば，業務上の手続きを行えば，海外に移転することが比較的容易である。しかし知識，技術，マネジメントのやり方といった目に見えない無形資産の場合，その移転は難しい。経験に基づく特殊な製造方法，自社独自の組織の運営方法，さらには企業文化といったものを想像すれば，その移転が容易ではないことがわかる。その場合，マニュアル化などをして，目に見える形で移転することが望ましいが，マニュアル化さえも難しいこともある。「読むだけで自転車に乗れるようになるマニュアル」を誰も作れていないことからわかるように，簡単にはマニュアル化できないものも含まれているのである。

　そのため，何を，どのように移転するかは，国際経営において重要なテーマとして扱われてきた。こうした議論がいつから行われだしたかは定かではないが，1970年には「多国籍企業における技術移転」に注目し，多国籍企業が技術移転を行うにあたっての問題やその方法を議論する研究が現れている（例えば，Baranson, 1966, 1970；Quinn, 1969）。バーノンの議論が登場した時期と同じような時期に，多国籍企業内の優位性の移転に注目する研究が現れだしたのである。

　そこで本章の残りの部分で，優位性の移転に関する議論を行う。以下ではまず，「何を移転すべきか」について説明する。次に，「どのように優位性を移転するか」について，知識移転の観点から説明する。

〈1〉何を海外に移転するか

　まず考えなければならないのが，何を海外に移転するかである。海外直接投資論の議論から考えれば，移転すべきものは海外のライバルとの競争に有利になるような経営資源（ヒト・モノ・カネ・情報）である。しかし，多国籍企業が移転しようとしている経営資源が，現地で優位性とならないケースも見られる。多国籍企業が持つ経営資源の中には，母国では競争上メリットを持つが，海外では競争上メリットを持たないものが存在するのである。

　例えば日本企業を対象にした研究では，日本的経営といわれる経営慣行が，海外に移転すべき優位性かそうでないかの議論が行われてきた。日本的経営とは，いわゆる「終身雇用」「年功賃金」「企業別組合」「集団的意思決定」といった，日本企業に顕著だった経営慣行である（コラム3参照）。

　この経営慣行には，組織としての効率や生産性を上げる要因が存在していた。「終身雇用」や「年功賃金」が導入されている場合，従業員は同じ企業で働き続けることにメリットがあるため，採用された企業で能力を高めた後も，転職せずに企業に貢献してくれる。「企業別労働組合」が導入されている場合，労使関係が安定的になり，労使が協調して会社の発展を考えるようになる。「集団的意思決定」が導入されている場合，組織の一人ひとりが組織の意思決定に加わるため，意思決定に時間はかかるが実行は早い。

　こうしたメリットがあったため，日本企業の中には，これらの経営慣行を海外でも行おうとする企業も現れた。しかし，1980年代にアジアと米国の日系海外子会社を調査したところ，日本的経営の取り組みがそのまま導入されているケースの方が少ないことが明らかになっている（山口，2006）。例えばアジアの場合，終身雇用制度を45.1％が不採用，12.5％が大幅修正で採用しており，そのまま導入しているのは僅か9.8％だった。年功序列的な賃金制度を見ても，アジアは現地式が59％，日本式の修正が34％を占め，米国は72％が現地式だった。意思決定に関しては，アジアは日本式が66％と多くを占めていたが，米国はトップダウンが26％，米国式と日本式の混合が74％で，混合型の中では，ベースを米国式にしているものが79％を占めていた。日本的経営は，日本企業の海外子会社にそのまま入っているケースはむしろ少数だったのである。

このように日本的経営が移転できなかったのは，日本的経営が文化的土壌の異なる国では機能しなかったためであると言われている。日本的経営は日本という文化的土壌で育ったものであり，日本の「人々が互いに深く関わり合っている文化」にはフィットするが，それ以外の国にはフィットしないのである。そのため，日本的経営を強引に導入すれば，強みを生むどころか，弱みとなってしまう可能性がある。すなわち，日本的経営は海外では「優位性」ではなかったのである。

母国で強みを持つ経営資源は，海外でも強みを生む優位性と安易に考えがちである。しかし，様々な違いのある海外において，本国の強みがそのまま優位性になるとは限らない[3]。前章で議論したとおり，企業の強みは「location-bound」であることが多々あるのである。そのため，本国のやり方の全てを「適用」するのではなく，現地に合わせて「適応」するのが一般的である。安保哲夫を中心とした調査グループによる研究結果によると，日本企業の米国工場の運営は，日本的な部分（適用）と米国的な部分（適応）のハイブリッドになっているという（安保ら，1991）[4]。母国の強みのうち，現地で優位を生むと思われるものを見極め，移転することが求められる。

> **コラム3　日本的経営の系譜**
>
> 　日本的経営の系譜については高橋（1997）が詳しい。以下は高橋（1997）を参考に日本的経営の系譜をまとめる。
> 　「日本的経営」は常に日本企業の強みとしてみなされていたわけではない。後世の日本的経営の研究に大きな影響を与えたアベグレン（Abegglen, C.）は当初の研究において，米国企業との決定的な違いとして，日本の工場で見られる「終身コミットメント（雇用主が従業員を解雇や一時解雇しようとしないし，従業員もやめようとしないこと）」を取り上げたが，その生産性に与える効果については批判的だった（Abegglen, 1958）。後にアベグレンはこうした評価を取り下げるが，当初は日本企業の経営慣行に対して批判的だったのである。

---

[3] 新興国市場における日本企業の苦戦もこれと関連する。詳しくは第11章のコラム15を参照。
[4] この研究では，ハイブリッドになっている拠点が多いというだけで，ハイブリッドが望ましいのかどうかについては明らかになっていない。

こうした評価が一転しだすのが 1970 年代である。まずドラッカー（Drucker, P.）が，日本企業の稟議制度による意思決定や，終身雇用や年功制度のメリットを評価した（Drucker, 1971）。その翌年に出版された『OECD 対日労働報告書』では，生涯雇用，年功賃金，企業別労働組合をいわゆる「三種の神器」と呼び，日本の経済成長に貢献したものとして肯定的に評価した。こうした風向きの変化により，アベグレンも 1958 年の新版を出す際に，「日本工場の生産性が悪い」という主張をしていた章を削除し，新たに日本企業の終身雇用制を評価する章を付け加えている（Abegglen, 1973）。

　1980 年代になると，米国企業の停滞と日本企業の躍進を受けて，日本的経営の長所に注目する研究も生まれていった（Ouchi, 1981）。米国企業などの海外企業でも，日本的経営の長所を取り入れようという動きが出てきたのである。日本企業の海外工場に日本的経営がどれくらい入っているかが調査されだしたのも，この時期である。

　しかし 1990 年代にバブルが崩壊すると，終身雇用や年功賃金はその存亡の瀬戸際に立たされていると論じられるようになる。2000 年代になっても，日本的経営が優れているという評価は，国内外問わず下火になっている。近年の視点から見れば，日本的経営を移転しようと思うこと自体がナンセンスに思えるかもしれないが，日本的経営の長所に注目が集まった時代があり，そうした時代にはその移転可能性が検討されていたのである。

〈2〉どのように優位性を海外に移転するか

　移転すべき優位性を特定した後は，どのように優位性を海外に移転するかを考える必要がある。前述のとおり，優位性の中でも移転が難しいのは知識や技術といった無形資産である。特に国際経営の分野では，国境を越えた知識移転の議論が活発である。そこでここでは，優位性の中でも「知識」を取り上げ，知識移転の観点から，どのように優位性を移転するかを考えていく。

　知識移転を行う際に考慮すべきは，「どのようなときに知識移転が難しくなるか」である。知識移転の難しさを決定する要因が明らかになれば，その要因をコントロールすることで，知識移転を円滑に行えるからである。

　知識移転の難しさの決定要因を考える際によく用いられるのが，「情報粘着性」の概念である。情報粘着性（information stickiness）とは「ある単位の情報を，情報の探索者にとって利用可能な形で特定の場所へと移転するために必要となる費用の増分」のことである（von Hippel, 1994）。情報の粘着性が低いということは，その情報を容易に他人に伝えられることを意味し，逆に粘着

性が高いということは，その情報の移転が難しいことを意味する。

　もちろん，知識と情報は異なるものである。例えばコグートとザンダー (Kogut & Zander, 1992) は，知識とは「情報（何を意味するか）」と「ノウハウ（物事をいかに進めるか）」の集合であると説明している。しかし，両者は別のものとはいえ，情報とは知識の一部であり，情報を移転することの難しさの決定要因は，知識移転の難しさの決定要因とある程度共通している。そのため以下では議論を簡単にするために，情報粘着性の決定要因を，知識移転の難しさの要因と捉えて説明を行う。

　情報粘着性の決定要因としてよく挙げられるのは，以下の3つである。

① 知識（情報）の性質

　第一の要因は，移転される情報の性質である。当たり前だが，元々移転しにくいような情報の場合，移転は難しい。例えば，「景色の美しさ」「料理の美味しさ」のような，文字や記号に表現できないような情報の場合，完全にその情報を伝えることは難しい。また，ある特定の文脈に依存した要素を含んだ情報も移転することが難しい。例えば，日本のTV番組の面白かったシーンを外国人に説明しようとしても，何を面白いと思うかは文化的背景に影響されるもののため，その面白さを伝えることは難しいだろう。

　知識に置き換えれば，「形式知か」「暗黙知か」が最も大きな問題となる。形式知とはマニュアルなどで明文化された知識のことであり，暗黙知とはそうではない知識のことである。言うまでもなく暗黙知は移転が難しい。前述の「自転車の乗り方」は，まさに暗黙知であり，マニュアル化が難しい知識であると言えるだろう。また，寿司職人等の職人に長時間の修行が必要なのも，まさにマニュアル化が難しいノウハウがあるからだと言われている。

　そのため，優位性を移転する際には，形式知化できるものは形式知化して，わかりやすく伝えることが重要となる。日本企業の場合，「全てを説明されなくても，状況や空気を察する」ことを重視する組織風土の企業が多く，形式知化が不得意であると度々指摘される。形式知化できるものを暗黙知的に扱っていると思われているのである。

② 知識（情報）の量

　第二の要因は，移転する情報の量である。当たり前ではあるが，移転すべき情報量が多ければ多いほど，移転は難しくなる。特に，ある情報の「システム依存度」が高い場合，情報量は多くなると言われている。ある情報を教えたいとき，その情報だけを移転しても移転先では不完全にしか機能しない場合，一つのことを教えるために，システム全体や他の構成要素との関係についての情報も合わせて移転しなければならないからである。

　例えば授業でWindowsのWordの使い方を教えようとしたときを考えてみて欲しい。このとき，本来伝えるべきはWordの使い方である。しかし，そもそもパソコンを使ったこともない人だった場合は，電源の入れ方や切り方，パソコンの各部の名称，ダブルクリックなどの動作の意味，ローマ字入力のやり方など，もっと基本的なことから説明しなければならない。そういうことを理解していない学生が含まれる授業の場合は，基本的な知識を持った学生にとっては退屈でも，基礎の情報から移転しなければならないのである。

　知識に置き換えても，これは同様である。一度に大量のことを教え込むことは，一つのことを教えるよりも手間がかかる。そのため，どの程度の量で，どのような順番で教えていくかが非常に重要となる。例えば，日本の工場では5S活動が行われている。これは「整理」「整頓」「清掃」「清潔」「躾」の5つの頭文字をとったもので，工場をより綺麗に，より規律のあるものにするために導入される。しかし，海外では一度に導入することが難しいので，「整理」「整頓」「清掃」の3Sのみ徹底させたり，まずは「整理」だけを徹底させたりしている工場もある。

③ 知識（情報）の送り手と受け手の性質と両者の関係

　情報の送り手，情報の受け手，そして両者の関係が，情報の移転の難しさに影響を与える。まず情報の送り手が，移転に不得手だったり，移転に対するモチベーションが低かったりすれば，移転は難しくなる。教え方が下手な大学教員，教育へのモチベーションの低い大学教員の授業において，学生の理解が進まないのはこのためである。

　次に情報の受け手側の問題もある。まず，情報の受け手のモチベーションが

低ければ，当然移転は難しくなる。それに加えて，受け手がそもそも移転される情報を利用するために，必要な関連知識やスキルを持っていない場合，移転は難しくなる。数学の知識もままならない学生に対して，複雑な統計の授業をしても，理解できないのと同じである。このようなとき，受け手側に「吸収能力」がないと言われる（Cohen & Levinthal, 1990）。

　最後に，両者の関係である。まず，情報の送り手側と受け手側が険悪な関係にある場合，当然移転は難しくなる。また，互いに文脈を共有していない場合も，情報の粘着性は高まる。例えば「バブルの時のような状況」「石油ショックの時のような状況」というような表現で状況を伝えようとしても，その時代に生きていない人間にとっては，それが何を意味するのかがピンと来ないだろう。さらに当たり前であるが，両者の間にコミュニケーションチャネルがなければ，情報の移転は不可能になる。

　これらの議論もそのまま知識移転に応用できる。まず，知識の送り手は知識をわかりやすく伝える努力を行うことが重要である。日本企業の製造現場の場合，「マザー工場」が知識の送り手として機能してきた（コラム4参照）。一方，知識の受け手については，最低限の吸収能力をつけさせる必要がある。海外に工場を作ったとき，そもそも「安全とは何か」「品質とは何か」「生産性とは何か」といったことを教えなければ，日本的な現場管理の手法を導入することが難しいことがある。最後に，両者の関係については，移転に従事する組織間の関係を良くしたり，お互いの組織が使っている言葉や目指す目標を合わせたり，複数のコミュニケーションチャネルを用意したりすることで，知識移転を円滑に行えるようになる。移転元と移転先の人材を普段から交流させたり，お互いに出向し合ったりすることで，インフォーマルな人間関係を作ることも有効であると言われている。

　以上見てきた「性質」「量」「移転に従事する組織間の関係」は知識だけでなく，他の多くの優位性の移転の難しさの決定要因に適用可能である。優位性をなるべく伝えやすい形にし，一度に移転する情報の量を減らし，移転に従事する組織間の関係を整えれば，優位性は円滑に移転できるようになる。しかし，そうした施策をとることが難しい場合は，その優位性の移転を諦めるという選

択もありうる。例えば，日本から海外に移転されない生産現場のノウハウ等は，秘密保持の観点からあえて移転していないケースもあるだろうが，暗黙知的なもののため移転容易な形にできなかったり，海外に吸収能力がなかったりするために，移転を諦めたケースもある。

> **コラム4　日本的生産システムとマザー工場**
>
> 日本的（日本型）生産システムとは，日本企業に特徴的な生産体制のことである。具体的には，ジョブローテーション，現場による教育（on the job training：OJT）といった組織管理方法や，工場内における小集団活動（現場でグループを組んで現場の問題点を見つけ，改善する活動），5S活動といった現場の一体感を重視した生産体制のことを指す。
>
> 日本的生産システムは，現場の労働者の参画を促すシステムである。このシステム下では，多くの労働者が企業に強くコミットし，生産性や品質の改善に取り組むようになる。これは，マネジャー層と労働者層がはっきりと分かれ，工場の改善はマネジャー層が担当する傾向にあった欧米企業の工場には見られない光景だった。日本企業の工場の方がより多くの人間が工場の改善を行っているため，低コストで高品質な生産が実現しやすかったのである。
>
> 日本的生産システムは日本的経営とは異なり，優位性として海外に移転された。ジョブローテーション，OJT，工場内における小集団活動，5S活動は，現在多くの日本企業の海外工場で見られている。また，そうした手法は日本企業だけでなく，海外の企業も学んで導入するに至っている。特にトヨタを中心とした日本の自動車産業が作り上げた生産システムは，その後リーン生産システム（Womack, Roos & Jones, 1990）として概念化され，日本以外の様々な国の製造現場で導入が検討されてきた。さらに近年では，医療現場やサービス現場などでも，導入が検討されている。日本的生産システムは日本的経営と違い，より「合理的な」技術体系として受け止められたため，文化的背景を越えて移転されていったのである。
>
> この日本的生産システムの移転に一役買ったのが「マザー工場」である。マザー工場（mother factory）とは，「海外工場への指導・支援を行う工場」のことである。どのような指導を行うのか，どれくらいの期間の支援を行うのかは企業によっても異なり，厳格な定義があるわけではないが，日本企業は海外工場のマザー工場を決める「マザー工場制」をとることで，本国の生産システムを移転していった。
>
> 具体的なマザー工場の役割をまとめたものが図表4.2である。マザー工場は新しい技術が出てくればそれを海外工場に教える。その際には，実際にマザー工場から海外に人を派遣したり，現地からマザー工場に人を受け入れたりすることも多い。また，海外工場の状況を逐一チェックし，何か問題点があれば手助けをすることも行ってい

4.3 優位性の移転

図表 4.2　マザー工場の機能

本社の生産技術の移転
海外工場からマザー工場への経営ノウハウの移転
海外工場からマザー工場への技術の逆移転
マザー工場と海外工場の従業員間コミュニケーション
海外工場にトラブルが発生した場合の対処
海外工場を運営する上で核となる人材の育成
親会社の工場カルチャーの浸透
海外従業員の教育訓練
海外の工場運営における責任の明確化
海外への新製品導入の円滑化
マザー工場が潜在的に抱える問題点の発見

（出所）　山口（2006, p.131）より抜粋。

る。こうした活動を通じて，マザー工場は本国の生産システムの「形式知化」を行いつつ，形式知化できない暗黙知は長期的な指導の中で移転している。さらに，モチベーションの高い送り手として，知識移転に積極的であり続け，その中で指導方法などを磨いてきた。また，受け手の吸収能力向上のための工場運営の基礎や基本的な技能に関する指導も行っている。その結果，日本企業の海外工場は，海外でも優位のある生産を行うことが可能になっていったのである。

演習問題

4.1　全て新しいものは米国で生まれるという前提を抜いても，「先進国で新しいものが生まれ，徐々にこなれてから新興国に移管されていく」というプロダクト・サイクル仮説が当てはまらない産業が存在する。その産業を取り上げ，なぜ当てはまらないのかについて考えなさい。

4.2　自分の好きな日本の非外資系（日本生まれ）の飲食店を思い浮かべなさい。その飲食店が海外でも日本と同じようなオペレーションをするためには，従業員にどのような教育が必要か。好きな国を進出先として選び，現地従業員の育成プランを作成しなさい。

第5章

多国籍企業の組織デザイン

　企業はその戦略に適合した組織デザインを選ばなければならない。では，多国籍企業の場合，どのような戦略と組織デザインが適合しているのか。こうした問題意識に基づき，多国籍企業の戦略と組織デザインの関係を明らかにする研究が1970年代に現れた。本章はこの分野を代表する研究であるストップフォードとウェルズの研究を中心に，多国籍企業の組織デザインに関する議論を取り上げる。多国籍企業の組織デザインに関する知見を深めることが，本章の目的である。

○ KEY WORDS ○

組織デザイン，分業，調整，組織は戦略に従う，
職能別組織，事業部制組織，国際事業部制，
世界的製品別事業部制，地域事業部制，グリッド組織，
グローバル・マトリックス組織，ヘテラーキー，地域統括組織

5.1　組織デザインが意味すること

　企業のニュースに注目すると，多くの企業は数年に一度，組織体制の変更を行っている。組織体制の変更というと，社長などの主要な役職者が交代したことに注目しがちだが，実は「企業内の組織をどのような単位で分割するか，それぞれの組織をどのような関係で結ぶか」といった組織デザイン（organization design）の変更も行われている。

　例えば，図表5.1，図表5.2はトヨタの組織図の概要を，1950年，1971年，1989年，2012年と並べたものである。ここからトヨタが海外展開の進度に応じて，組織デザインを変えてきたことを見てとることができる。

　まず，1950年の時点では，「海外」と名のつく部はなかった。それが1971年になると，部の数が拡大するとともに，「輸出部」という輸出に関わる組織ができ，さらに海外の駐在員事務所が完成している。これは，戦後まもない時期から高度経済成長期を経て，トヨタの輸出が拡大してきた中での変化であると理解できる。

　1989年には部門制がとられ，一部の部門の中には国際的な業務を担当する部が置かれている。総務人事部門には国際人事部，渉外・広報部門には海外渉外広報部，生産技術部門には海外企画部や海生技術部などが存在していた。また，海外を専門的に見る「海外関係部門」という部門も作られ，地域ごとに管理する体制が整いだしていることがうかがえる。

　そして2012年になると，海外展開に合わせた組織作りがより明確になっている。本部制が導入され，生産や技術に関する本部と同等の位置に，北米本部や欧州本部といった，地域本部が誕生している。こうした本部の存在は，海外拠点がそれまでの「部門」からある程度独立して，現地に即した意思決定を行えるような体制を意味している。

　もしトヨタが現在に至っても1979年や1989年の体制のままだったならば，現在のトヨタの成功はなかったかもしれない。1979年の体制では，輸出部の仕事が膨大になり，さらに海外工場を管理する部署もないため，海外事業のコ

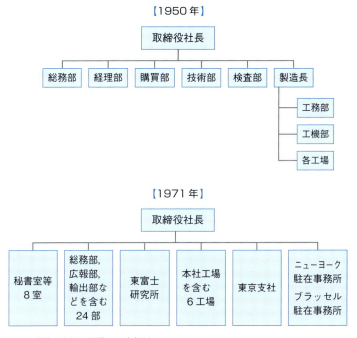

図表5.1 トヨタの組織図の変遷（1）

（注）　主要な組織のみを掲示している。
（出所）　トヨタ社ホームページより筆者作成（2017年4月23日閲覧）。

ントロールが難しくなるだろう。1989年の体制でも，生産技術部門が拡大した海外生産のサポートができなくなっていたかもしれない。非効率な組織デザインではトヨタといえども，今日のような成長を実現できなかったかもしれないのである。

　組織デザインを変更することは経営陣の仕事のため，一介の学生や企業人にとってはイメージしづらいものかもしれない。しかし組織デザインは，企業が円滑に業務を行うための基盤である。特に海外という「隔たり」のある地域に拡大する多国籍企業では，組織を正しくデザインしなければ，企業全体を管理

図表 5.2　トヨタの組織図の変遷 (2)

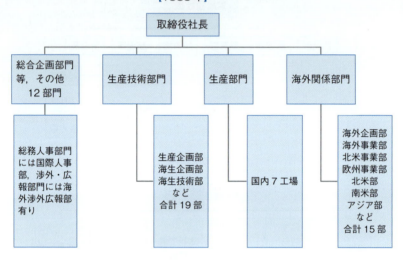

(出所)　トヨタ社ホームページより筆者作成 (2017 年 4 月 23 日閲覧)。

することが難しくなる。多国籍企業では組織デザインがより重要となるのである。

多国籍企業における組織デザインに対する代表的な研究が登場したのは，1970年代であった。1960年代までに，米国企業を中心に，より多くの企業が海外に進出するようになっていった。そのため，企業ごとの海外展開における戦略や組織デザインの変化を，ある程度比較し，類型化することが可能になっていった。そうした時代背景の中，米国の多国籍企業の組織デザインに注目した研究者が，バーノンと同じハーバード大学の研究者であるストップフォード（Stopford, J. M.）とウェルズ（Wells, L. T.）である[1]。

本章では，彼らの研究を中心に説明し，海外進出する際に多国籍企業はどのような組織体制をとるべきなのかについて説明する。そのためにまず，前提となる組織デザインの原則に関する説明から行う[2]。

5.2　組織デザインの原則

〈1〉分業と調整

一般的に，ある程度以上の規模の企業には，営業部，製造部，人事部といった「部」が存在する。企業が「部」を複数設けるのは，組織において分業する中で，生産性が向上するような専門化が目指されるからである。

企業における各「部」は，それぞれ専門的な役割を与えられている。例えば営業部であれば，作られた商品の「営業」に責任を持ち，販売量の拡大や顧客への対応などを担当する。製造部であれば，商品の「製造」に責任を持ち，営業から出てきた需要を満たせるように，さらにコストや品質の要求を満たせるように，製造を行うことが仕事である。それぞれの部署がそれぞれの仕事を持

---

[1] 以下で説明する多国籍企業の組織形態に関する分析は主にストップフォードによって書かれたものである。ウェルズは，彼らの本の後半部において，ジョイントベンチャーによる海外進出に関する分析を行っている。
[2] なお，本章は，中川・林・多田・大木（2015）のうち，筆者が執筆した第4章を参考に再構成したものである。

ち，分業しているのである。

　分業によって各組織の担当する仕事が絞られることで，各組織は効率的に仕事ができるようになる。それは各組織が専門化する中で工夫，努力を積み重ね，熟練し，効率よく業務をこなせるようになるからである。営業と製造では仕事の性質が異なり，それぞれ求められる能力が異なる以上，それぞれの部署がその専門分野を極めてもらうことが，望ましいケースがある。

　しかし分業した各部署を放置すると，各部署が勝手なことを始めてしまう危険性がある。営業部が製造部の作れる数量以上の製品の注文をとってきたら，または製造部が営業部の注文を無視した生産計画を立てたら，お互いの活動が妨げられる。各部署を分業させながらも，組織全体で統一した動きができるように，誰かが調整しなければならないのである。

　この調整を行うための最も簡単なやり方は，階層による調整である。各部署を束ねる部署（上司）が，全社的に最適な方向に進むよう，各部署に命令するのである。その最たる存在が社長である。また，企業の中では，各部署の代表者が話し合う会議が開かれ，その決定が最優先されるという場合もある。その例が取締役が集まる取締役会や，経営幹部が集まる経営会議である。もしくは，各部署を調整するための組織が用意されることもある。企業が改革を行うときなどは，社長直属のスペシャルチームが組まれ，各部署の問題を洗い出して改善を命じるケースもある。

〈2〉「組織は戦略に従う」

　こうした組織デザインが変化する理由について初期に議論したのがチャンドラー（Chandler, A.）である。彼は，「組織（構造）は戦略に従う（structure follows strategy）」という命題を提示し，企業がとる成長戦略によって組織が（遅れて）変わることを明らかにした（Chandler, 1962）。

　チャンドラーは，米国のGM，デュポン，スタンダード石油，シアーズ・ローバックといった企業に関する分析を行った。結果，どの会社も「垂直統合」と「多角化」を同時に追求する戦略へと転換した後に，事業部制組織へと転換していることを発見した。

　事業部制組織が登場するまで，多くの企業でとられていたのは職能別組織で

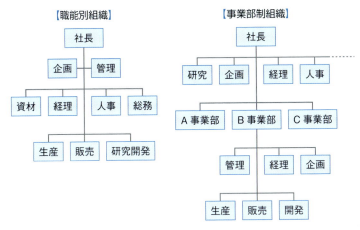

図表 5.3 職能別組織と事業部制組織

(出所) 筆者作成。

あり、両者を比較したのが図表 5.3 である。職能別組織とは、生産や販売など、職能ごとに分かれている組織である。図表 5.1 で示した 1950 年時点のトヨタの組織デザインは、総務部、経理部、購買部、技術部、工務部、検査部などに分かれた職能別組織だった。一方、事業部制組織とは製品ごと、あるいは地域ごとに事業部が作られ、それぞれの事業部の下に職能がある状態である。例えば、2013 年時点の日本ハムの組織は、加工事業と食肉事業に大きく分かれており、加工事業ではハム・ソーセージや調理加工品の製造・販売を、食肉事業では牛・鶏・豚の生産飼育および処理加工を行っている[3]。

　垂直統合や多角化によって、一つの企業で様々なものを製造し、様々なものを販売しだすと、既存の職能別組織では対応が難しくなる。製品の種類が増えれば、製造方法、売り方、顧客が異なる製品も出てくるだろう。例えば日立製作所は発電所の設備・機械から洗濯機などの白物家電も扱っているが、それぞ

---

[3] なお、2017 年時点では、加工事業本部、食肉事業本部の他に、海外の事業を担当する海外事業本部が設立されている。

れの顧客・技術は全く異なっている。このような場合，似たような製品・顧客を扱う事業部を設置し，その中で職能別に組織を分ける方が効率が良いのである。つまり，特定の成長戦略にはそれに見合った組織形態があり，必要に応じて組織を変えなければならないのである。

5.3 多国籍企業の戦略と組織

　チャンドラーが提示した戦略と組織の関係を多国籍企業でも検討するために，米国の多国籍企業に対する体系的な分析を行ったのがストップフォードとウェルズである（Stopford & Wells, 1972）。彼らは多国籍企業の組織形態として4つのフェーズを提示した。

〈1〉フェーズ1：海外進出の初期段階

　まず，海外進出の初期段階に当たるのがフェーズ1である。ここでは，比較的少数の海外子会社が自立している。この段階は，現地市場での地位を守ることを戦略目的に海外生産に取り組んでいるのみで，多国籍企業としてグローバルに成長することが目的ではない。

　そのため，海外子会社は本国の組織と特に統合されず，自立的に事業を行っている。現地の経営幹部は基本的に意思決定の全権を与えられており，本国とは，株や送金という資金面で緩やかに結びついている程度である。そのため，財務担当役員の管轄下に置かれるか，海外事業に関心を持つ社長の直轄事業として扱われることが多い。しかし，海外子会社が親会社に報告を行っても，親会社に影響を与えることはない。

〈2〉フェーズ2：国際事業部の設立

　次に，海外子会社へのコントロールを強め，各海外子会社の業績を向上させることが目的になってくると，フェーズ1より強く組織を統合する必要が出てくる。そうなると，国際事業部が設置されるようになる。これがフェーズ2で

図表5.4 フェーズ2の組織図の例

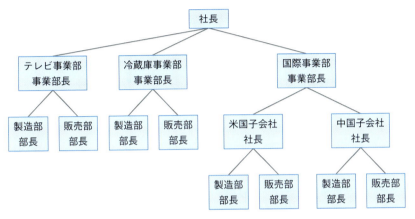

(注) テレビと冷蔵庫を米国と中国で販売している企業の場合。
(出所) 筆者作成。

ある（図表5.4）。本社は国際事業部を通じて，海外のビジネスの戦略策定を行いだし，海外子会社の活動を調整するようになる。

　国際事業部は，海外子会社がそれぞれ独立的に活動した場合よりも業績が上がるように，海外子会社間の調整を行う。具体的には，海外子会社の間でやりとりする製品の価格の調整による税金対策，海外子会社の稼働率の調整，海外子会社の資金調達の調整などである。海外生産している製品の多角化度が低い場合，海外生産している製品の成熟度が高い場合，国際事業部に権限が集中する傾向にある。

　しかし，親会社が海外ビジネスに関わりだしたとはいえ，両者を一体とした取り組みは行われない。さらに海外事業の責任は国際事業部長に委ねられており，その他の本社部門が介入することはほとんどない。そのため，海外子会社はある程度自立性を維持している。しかし，国際事業部が管理しているため，自立性はフェーズ1よりは高くない。例えば2013年時点のドコモは，国際事業部を他の事業部から独立させており，組織の形としてはフェーズ2に当たる。

〈3〉フェーズ3：全社的な戦略計画に対応した組織デザイン

　企業がよりグローバルに拡大し，国内外の事業を一体で考えることが望まれるようになると，本社の中でも高い独立性を持つ国際事業部が制約条件となってくる。国内の製品事業部と国際事業部は一体化していないため，グローバル全体での利益を最大化するような動きが，フェーズ2では行われていないのである。

　このように世界的視点に立った戦略計画が考えられるようになると，フェーズ3に移行する。ここでは，海外組織は社内の他の組織と密接な連携をとるようになる。このフェーズ3の形態には，大きく分けると「世界的製品事業部制（worldwide product division）」「地域事業部制（area division）」の2つがある（図表5.5）[4]。

　世界的製品事業部制とは，社長の下に製品ごとの事業部長がつき，その下に地域ごとの部長がつくような形である。一方，地域事業部制はそれと逆で，社長の下に地域ごとの事業部長がつき，その下に製品ごとの部長がつく。

　こうした組織デザインの違いによって組織運営のやり方は変わってくる。それは，組織デザインによって，「製品の根幹にある技術」と「地域にあるニーズ」のどちらが重視されるかが変わるためである。

① 世界的製品事業部制

　世界的製品事業部制の場合，事業部のトップは製品に責任を持つ事業部長である。そのため，地域本部長や現地の製造・販売部長から，現地ニーズの差を踏まえた提案が出されても，製品の根幹にある技術を重視する立場の製品事業部長は，その提案を軽視することがある。例えば，現地販売部長が「製品の広告費にもっと資金を配分して欲しい」と言っても，事業部全体としては技術開

---

[4] 技術開発や製品開発がどこで行われているかについては，ストップフォードとウェルズの著書の組織図では明記されていない。世界的製品別事業部制の場合，「新製品の海外移転」という記述があるため，各事業部の中で，事業の本拠地がある場所（おもに米国）で行われていると類推される。一方，地域事業部制の場合，本国本社で開発されるのか，各地域事業部内で開発されるのか，また各地域事業部の本拠地が米国にあるのか各地域にあるのかも定かではない。そもそも，成熟製品を扱うことが多く製品開発が重視されない企業において地域別事業部制がとられるため，開発機能に関する説明が曖昧にされていると思われる。

図表5.5 フェーズ3の組織図の例

【① 世界的製品事業部制】

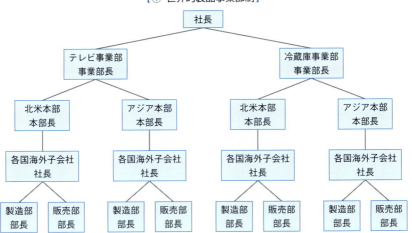

【② 地域事業部制】

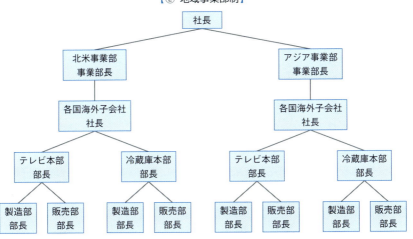

(注1) テレビと冷蔵庫を北米とアジアで販売している企業の場合。
(注2) 地域事業部制では,テレビ本部や冷蔵庫本部が海外子会社の上に来る可能性もある。
(出所) 筆者作成。

発やその新たな技術の国際的な波及の方がより重要なため，却下されることがある。また，海外子会社社長が「うちの国にあった全く新しい新製品を作って欲しい」と言っても，それが今までの技術とあまりにも異なるものだったら，却下される可能性が高い。つまり組織全体として現地ニーズよりも，製品の技術が重視されるのである。

　こうした特徴があるため，世界的製品事業部制をとるのは，海外において製品多角化を進めるという戦略をとるときであると主張されている。本国などで生まれた技術・製品を重視し，その技術・製品を素早く海外に投入し続けるには，製品別に組織を管理し，研究開発の規模の経済性を追求する方が効率的なのである。実際，世界的製品事業部制をとる企業は海外の製品多角化度，売上高に占める研究開発費が高い傾向がある。

　もちろん，世界的製品事業部制をとっているからといって現地ニーズを見ていないわけではない。しかし，技術よりも地域特性を重視はしていない。地域で調整して現地にあった製品を導入するよりも，技術を発達させ，次から次へと新製品を投入することが重要とされているのである。そのため，地域特性の考慮において課題を抱えている。

② **地域事業部制**

　一方，地域事業部制は世界的製品事業部制の逆である。事業部のトップは地域に責任を持つ事業部長であり，その地域で業績を上げることが最大の目的である。そのため，この地域で売上を上げるための取り組みは歓迎される。その地域特有のプロモーション活動への投資も行われるし，各国共通の嗜好が見つかれば，特定の地域内である程度標準化したプロモーション活動も行われうる。また，現地のニーズを捉えた製品であれば，たとえこれまでの技術の方向性とは異なっている製品であっても，積極的に開発への投資が行われる可能性がある。現地ニーズがより重視される組織体制と言えるだろう。

　しかし地域事業部制の場合，技術の活用の面で問題が起きる。製品軸で管理されていないため，企業内で開発された新技術・新製品を次から次へと投入することに重きが置かれておらず，迅速に新技術・新製品を投入することには強みを持っていない。ニーズに合わなければ必ずしも新技術・新製品を投入する

とは限らないからである。実際に地域事業部制をとる企業は，成熟した製品を販売しているケースが多い。結果，新たな技術や製品を導入しない地域が生まれる可能性があり，研究開発において規模の経済を発揮することが難しい。

また，ストップフォードたちの議論では強調されていないが，各地域事業部が各地域に合わせた製品を開発するようになれば，技術の統一性という意味でも問題が生じる。各国がバラバラな技術開発を行えば，他の場所では共有することが難しい技術を開発してしまうかもしれない。そうなれば，多国籍企業としてのメリットを活かすことが難しくなる。

そのため，地域事業部制をとるのは，海外の売上重視の戦略のときであると主張されている。海外での売上を大きくするためには，地域ごとのニーズをつかみ，現地にあったマーケティング活動を行っていくことが重要となる。そのため，現地ニーズがより重視される地域事業部制は，海外売上重視の戦略にフィットしているのである。実際，地域事業部制をとる企業は，海外売上高比率が高く，売上高に占める広告費が高いという特徴があった。

しかし，地域事業部制をとれば，新技術・新製品の管理は難しくなる。本社からの新技術・新製品の投入スピードは地域によってまちまちとなりうる。さらに，各地域が自由に技術管理を行えば，技術の多様性が増すことが考えられる。そうなれば，ニーズの異なる地域間での技術移転などが難しくなり，多国籍企業としての効率性は失われていく。

こうしたフェーズ3の組織についてまとめたものが図表5.6である。

以上のようにストップフォードとウェルズは，多国籍企業は多くの場合，フェーズ1からフェーズ2，その後フェーズ3[5]へと移行すると説明した。後述するが，さらに多国籍企業が発展していくと，フェーズ4というフェーズに発展していくと説明されている。

その上で彼らは，戦略に適合した組織デザインを選ばない企業のパフォーマンスに関しても分析を行った。結果，海外製品多角化が高度にもかかわらず世

---

[5] なお，フェーズ3には，一部事業のみ国際事業部制を残している場合もある。この場合は「混合型」と呼ばれる。なお，その企業が世界的製品事業部制と国際事業部制を並行しているのであれば，世界的製品事業部制で扱われている製品は，海外製品多角化度が高い傾向にある。

図表5.6　フェーズ3の組織の違い

	世界的製品事業部制	地域事業部制
事業部のトップ	製品・技術に責任を持つ事業部長	地域に責任を持つ事業部長
優先される目標	技術のコントロール 規模の経済の発揮	地域の売上最大化 現地ニーズへの適応
適合した戦略	海外での製品多角化	海外での売上の拡大

（出所）　筆者作成。

界的製品事業部制をとらなかった企業は，世界的製品事業部制をとった企業に対して，売上の伸び率，海外投資利益率において劣っていることが判明した。戦略に適合した組織デザインを選ぶことの重要性が，パフォーマンスの面からも一部支持されたのである。

〈4〉フェーズ4：グリッド組織

　フェーズ3には次の段階がある。海外製品多角化を重視した多国籍企業も，海外の売上を重視した多国籍企業も，両者を両立することが最終目標になる。この段階に至ると，フェーズ4とされるグリッド組織（grid organization），またはグローバル・マトリックス（global matrix）方式（Galbraith & Nathanson, 1978）といわれる組織デザインを採用するようになる。

　グリッド組織の典型的な形は，世界的製品事業部と地域事業部が等しく海外事業の経営責任を分かち合う組織である。前述の例において組織図の一部を図示すれば，図表5.7のようになる。米国子会社のテレビ本部部長から見れば，地域事業部のマネジャーと世界的製品事業部のマネジャーの両方に報告責任を持つ形である。また，海外子会社の社長が両方の事業部に報告ラインを持っている場合，一般的には図表5.8のような体制となる。製品事業部からの技術的な要望と，地域事業部からの市場対応の要望を両立させるための体制である。

　しかし，このようなマトリックス組織（matrix organization）の運営は容易ではない。二人の上司がいるため，海外子会社のマネジャーは，一つの意思決

図表5.7　グリッド組織の例

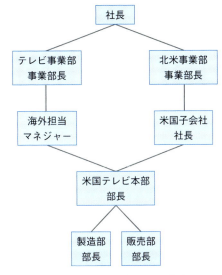

(注)　北米とテレビ事業部のみ抜粋。
(出所)　筆者作成。

図表5.8　製品と地域のマトリックス組織のモデル図

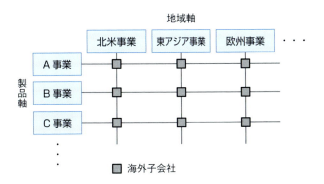

定を行うために，製品事業部長と地域事業部長の二人の許可が必要になる。もし両者の意見が異なった場合は，両者が納得するような形で落とし込まなければならない。こうした説得にかかる手間を「調整コスト」と呼ぶが，二人の上司を相手する分，上司が一人のときよりも調整コストが高くなる。もちろん，調整コスト以上のメリットを期待した組織体制だが，実際にこうした体制を導入すると，意思決定の際の混乱，内部権力の争いなどが生まれるため，失敗に終わることも多い。グローバル・マトリックス組織の失敗例であるABB（Asea Brown Boveri）という企業については，第6章で紹介する。

　ただ，グローバル・マトリックス組織が不可能であると決まったわけではない。例えば日産自動車は2000年以降に機能軸（マーケティング，生産，人事等）と地域軸（アジア，北米等）でマトリックス組織を形成し，各組織に目標を与えたことが，パフォーマンス向上につながったと説明している。今後グローバル・マトリックス組織を実現しようとする企業は，過去の企業の失敗を踏まえ，問題点を補うような運営の仕組みを考えなければならないだろう。

5.4　その後の組織デザインの議論：「ヘテラーキー」と「地域統括組織」

　ストップフォードとウェルズの後も組織デザインに関する議論は活発に行われていった。その中で注目すべき事項として「ヘテラーキー」と「地域統括組織」について紹介する。

〈1〉ヘテラーキー

　ストップフォードとウェルズが議論した事業部制は，いずれにしても上下関係，明確な分業，階層構造を前提としたものであった。こうした階層構造やそれに頼った組織は，英語でハイアラーキー（Hierarchy）と呼ばれる。このハイアラーキーは古代から今日まで続いてきた組織形態であるが，1980年代に台頭しつつある新たな多国籍企業の組織形態は，伝統的なハイアラーキー型と

は乖離している部分があると主張したのが，ヘッドランド（Hedlund, G）である（Hedlund, 1986）。彼はそうした新たな新型組織を概念化し，理念型としてヘテラーキー（Heterarchy）というモデルを提示した。ヘテラーキーの特徴は，以下のように説明されている（Hedlund, 1986）。

① 組織の中心が一つではなく，複数存在する「多中心」である。どこか一つの国のみが企業の中心ではなく，様々な国が競争優位の基盤となる。すなわち，世界中の海外子会社が時には中心的な役割を担うような体制である。

② 海外子会社のマネジャーに戦略的な役割が与えられている。さらに，その戦略的な役割はその海外子会社だけでなく，多国籍企業全体にも及んでいる。世界中に分散したネットワークの中で，全社戦略が策定され，実行される。

③ 多中心でありつつも，それぞれの中心が異なる役割を担う。例えば，研究開発の中心はオランダ，製品全体の統括はドイツ，マーケティングの中心はシンガポール，購買の中心はロンドンというように，各国拠点がそれぞれの役割を担う。それぞれが異なる次元の中心にいるため，どの拠点が支配するということはない。

④ 組織の境界線が時々曖昧になる。海外子会社は，自らのグループ内の取引に縛られず，自由に部品を外部から購買したり，外部の顧客に製品を販売したりできる。また，合弁のような他の企業との協調も行われる。

⑤ 企業文化や経営スタイルといった，非公式かつ規範的なコントロールによる統合が主で，ハイアラーキー的な上下関係やルールによるコントロールは補助的な扱いにある。明確な役割分担，ルール，手続きを決める「官僚的コントロール」では，トップが世界中の拠点の状況を十分に認知できないため，適切な対処が難しい（コラム5参照）。

⑥ 「全体」の情報がそれぞれの「部分」に宿っている。多くの従業員が全体の目標や戦略を理解し，お互いの相互関係を理解している。

⑦ 企業の頭脳となる部分も複数に広がっている。本社だけが頭脳という体制ではない。

⑧ 他の企業や政府などの外部のアクターとしばしば提携する。世界中に展開しているため，これまでつながっていなかった要素を国境を越えて組み合わせて，新たなシナジーを作ることができる。そのため，他の企業や政府などと合弁事業などを行うこともある。

　すなわち，強い上下関係やルールによるコントロールではなく，自由度を持った各拠点がそれぞれ独自の戦略的な役割を担い，企業文化等で組織がコントロールされる状態である。そのため，上司が強くコントロールしなくても，各組織が自律的に企業全体に望ましい行動をとる。ヘテラーキーな企業では，各組織がアイデアを共有し合ったり，各組織の役割が柔軟に変化したりすることで，イノベーションが活発になると考えられている。

　しかし，ヘテラーキーを現実に実現することは難しい。従来のハイアラーキー型の経営とは異なる経営が求められるからである。例えば，ヘテラーキーの実現に必要な従業員の能力として，「新たな要素を探し，それを新たな方法で組み合わせる能力」「アイデアをコミュニケーションし，すぐに実行に移す能力」「複数の外国語能力と複数の文化に対する知識と共感」などが必要とされている。また，本社の役割もハイアラーキーとは異なってくるだろう。本社は海外子会社に命令を出す主体ではなく，ある場面では海外子会社と同列のアクターとなるだろう。その一方，全社を束ねるための規範的コントロールや従業員の教育にある程度関与する存在となるだろう。

　ただし，実際にヘテラーキーが本当に企業のパフォーマンスを向上させるのかは，未だ明らかになっていない。そのため，従来の経営を変えるコストを負担してまでヘテラーキーを導入すべきとは，必ずしも言えないことには留意が必要である。

> **コラム５**　官僚的コントロール vs 規範的コントロール

　組織でルール，マニュアル，手続き，意思決定の担当者などを明確にして，組織をコントロールするのが官僚的コントロールである。「上で決まったことに対して，部下が黙って従うルール」は，官僚的コントロールの一つである。官僚的コントロールは効率性は良いが，的外れな決定をしても修正されにくかったり，部下がモチベーションを落としたりする可能性がある。

　一方，規範的コントロールとは，組織文化や組織の価値，もしくはメンバーの仲間意識などで組織をコントロールすることである。これは，社会化（socialization）とも呼ばれる。「飲みニケーション」と呼ばれるような飲み会を通じてメンバーが仲良くなり，特にルールを作らなくてもあうんの呼吸で仕事ができるようになれば，これは規範的コントロールができている状態と言える。

　多国籍企業の場合，両者は共に重要となる。例えば日本企業が海外子会社に行くと，現地の部下から「もっと指示をしてくれ」と言われることもある。日本では「指示待ち人間は使えない」と言うが，国によっては，上司は命令する立場であるからこそ高い給料をもらっていると考え，命令をしない上司は仕事をしていない上司であると，受け止める国もある。そういう国では，上司はどのような権限を持ち，どこまでは上司が指示するのか，どこまでは部下が勝手に動いて良いのかのルールを明確にすることが求められる。つまり，日本の組織よりも官僚的コントロールを強めなければならないこともあるのである。

　一方，規範的コントロールは，海外拠点に適用するのは難しいことが多い。日本企業の文化や価値を，文化的背景の異なる海外の従業員に伝えるためには，大変な労力が必要だからである。ただし，こうした価値観を共有できると，海外子会社が自律性を保ちながらも，多国籍企業全体として一体感を持つことが容易になると考えられている。

　例えば，医療器具・医薬品のジョンソンエンドジョンソン（J&J）は，世界中の従業員に，「Our Credo（我が信条）」という企業原則を徹底して教え込んでいる。我が信条には，顧客が従業員や株主よりも第一であると書かれている。そのため各国の従業員は，文化的な違いはあっても，顧客第一の考え方は共有して行動できている。J&J は，こうした規範的コントロールによって，組織全体を一つにまとめることに成功しているのである。

〈2〉地域統括組織

　現在，欧州の EU，南米のメルコスール，北中米の NAFTA，東南アジアの ASEAN[6] 等，地域ごとに経済ブロック化する動きが近年加速している。こうした地域経済圏に対応するために，地域統括組織を採用する企業が増えている。

トヨタの場合，2012年の段階では日本，北米，欧州，中国，オーストラリア・アジア，中南米・アフリカ・中近東の6地域に分けて地域本部を設置していた。これを2013年には日本，北米，欧州，中国，東アジア・オセアニア，アジア・中近東，アフリカ，中南米の8つに分けている。新興国市場向けの商品・サービスを強化するために，地域の単位をさらに細分化したのである。このように，地域を束ねる単位も企業の戦略によって変化する。

　また，近年では地域統括会社（地域本社）と呼ばれる，ある特定地域の子会社を束ねる役割を持つ企業が設置されることも多い。地域統括会社には様々な機能を持つものがある。例えば，法人税の節税のために持株会社として設立されるもの[7]から，法務・財務・人材教育などの共通サービスの提供を行うもの，さらには実質的に地域事業部と同じように地域における事業責任を持つものもある。当初は日・欧・米の三極の統括会社が主だったが，近年は新興国を捉えるような地域統括会社が現れている。

　こうなると，本社，地域統括会社，海外子会社の3つがお互いに役割を分担していくことが求められていく。間に入る地域統括部門・地域統括会社の位置づけをどのようにするかは，各社によって異なり，現在試行錯誤中である。グローバル化とリージョナル化が同時に起こっている現状を受け，多国籍企業の組織形態も変化し続けていると言えよう。

---

[6] ASEANとは東南アジア諸国連合のことで，経済・社会・政治・安全保障・文化に関する地域協力を行う機構である。2017年時点で，インドネシア，カンボジア，シンガポール，タイ，フィリピン，ブルネイ，ベトナム，マレーシア，ミャンマー，ラオスが加盟している。
[7] 例えば，連結納税制度を利用した地域統括会社が存在する。連結納税制度とは，親会社と子会社等，グループ会社全体で一つとみなされる企業グループを，課税上も一つのグループとして取り扱う制度である。グループ内で黒字と赤字をまとめることができるため，各子会社がバラバラに納税するよりも，税額が小さくなる可能性がある。そうした優遇制度がある国に持株会社を設置し，ある地域の複数の子会社の株を保有させることができれば，節税効果を狙うことができる。

演習問題

5.1 好きな日本の多国籍企業を選び，その企業が海外進出にあたってどのような組織デザインをとっているのか，なぜそのような組織デザインをとっているのかについて調べなさい。

5.2 文化的背景の違う海外の従業員に自社の価値観や企業文化を理解してもらうためには，どのような方策が有効と考えられるかを考えなさい。

第6章

トランスナショナル型組織

　1970年代以降，多国籍企業はその強みをそのまま現地に当てはめるべきか，それとも現地に適応するべきかという，「標準化」と「適応化」の議論が活発に行われだす。この議論はやがて，両者の同時達成をどのように成し遂げるのかといった議論に発展していく。そうした両者の同時達成を可能にするマネジメントとして提唱されたのが，本章のタイトルとなっている「トランスナショナル型組織」である。このような研究の流れを追うことで，「標準化」と「適応化」の概念，そこから発展して生まれた「トランスナショナル型組織」の概念とその問題点を理解することが，本章の目的である。

○ KEY WORDS ○
標準化，適応化，I-R グリッド（フレームワーク），
グローバル型組織，マルチナショナル型組織，
インターナショナル型組織，組織伝統，トランスナショナル型組織

6.1　本章の位置づけ

　本章では，1970年代から1980年代の時代背景を受けて生まれた議論を説明する。1960年代まで，海外に進出する企業は米国や欧州などの一部の先進国の企業が中心だった。その中で，「なぜ海外直接投資を行うのか」という議論から始まり，「どのようなときに海外直接投資という形態が望ましいのか」「海外に出たときどのような組織デザインが良いのか」といった議論がなされていった。

　しかし徐々に時代背景が変化していく。まず，多国籍企業が持つ本国の強みをそのまま移転するだけでは，うまくいかないということがわかってきた。米国企業が隆盛を極めていた1950年代は，米国企業の強みで他国の市場を席巻できたが，それだけでは現地で勝てない時代になってきた。すなわち，元々持っている強みをそのまま投入する「標準化」で勝負するのか，現地環境に製品などを合わせる「適応化」で勝負するのか，そのバランスを選択すべきであるという議論が，1970年代に現れだしたのである。

　このような標準化・適応化のバランスをとるための議論が行われていく中，1980年代になると日本企業の海外展開が活発化し，日米欧の三極時代へと突入する。この時に，日米欧の多国籍企業を比較してみると，それぞれ標準化・適応化において異なるポジションをとっていることが明らかになる。結果，それぞれの良いとこ取りをした新たな組織，「トランスナショナル型組織」が提唱されていく。すなわち，米国企業や欧州企業だけでなく，日本企業も多国籍化していったことが，新たな概念の登場を後押ししたと言えるのである。

　本章は，上記のような時代背景の変化を念頭に，「標準化」と「適応化」の議論，および日米欧企業の比較から生まれた「トランスナショナル型組織」の概念について説明していく。

6.2 「標準化」と「適応化」

〈1〉海外市場の捉え方

　多国籍企業にとって，海外市場の捉え方には大きく分けて2つある。一つは，全ての国の市場を共通であると見て，できる限りグローバルに標準化された製品・サービスを供給するという標準化（standardization）の考え方である。製品やサービスがグローバルにブランド力を持っているのであれば，この方針が支持されやすい。例えば，コカ・コーラは，どの国でもほとんど同じような製品を供給している。実際，コカ・コーラの原液はどの国でも同じであり，僅かな味の違いはその国でボトリングしている時の原料となっている水などによるものであるという。また，アップル社のiPhoneやiPadなども，国によって仕様を変えることなく製品を販売している。

　もう一つは全ての国の市場をそれぞれ別々と見て，各国にローカライズした製品を投入するという適応化（adaptation）の考え方である。各国ごとの市場の嗜好が大きく違うのであれば，このような考えに基づいて製品を供給することが望ましい。例えば，シャンプーや洗剤といったトイレタリー商品は，各国によってニーズが異なるため，現地に合わせた製品を販売することが望ましいとされている。P&Gは米国では「Downy（ダウニー）」という香りの強い柔軟剤を販売しているが，日本ではP&Gジャパンとしては Downy を扱っていない。代わりに，香りがそこまで強くない「レノア」や柔軟剤入り洗剤の「ボールド」を2000年代に発売した。これは，日本人が強い香りを好まないためであると言われている。ただしその後日本市場も変化し，2012年以降は米国で使われてきた衣類の香り付け専用の「レノアハピネス アロマジュエル」などの製品を投入するようになった（コラム6参照）。

　標準化と適応化はトレードオフになりがちであり，自社の製品やサービスを，海外市場において，どれくらい標準化するか，どれくらいローカライズするかは，重要な意思決定となる。なぜならば，そのような戦略のとり方によって，海外への進出形態や，グローバルな組織体制が変わってくるからである。

まず，標準化された製品・サービスを供給するのであれば，製品開発は各国市場に置く必要はない。各国市場の声を反映した製品をいち早く開発に反映するわけではないため，どこかで集中的に開発を行う方が効率的である。生産もいち早く製品開発に対応する必要がないため，製品開発の近くに置かれる必要はなくなる。そのため，高品質・低コストで生産できる国で集約的に生産することも可能になる。サービス業の場合，もちろん最終的なサービスは現地で提供せざるを得ないが，共通化できる部分は集約できる。例えば，外資系ファーストフード店のポテトフライには，特定の国で大量生産されて冷凍されたポテトが使われている。

　しかし，現地に適応して多種多様な製品を用意する必要があれば，その逆となる。まず，各国に適応した製品を投入する必要があるのであれば，各国のニーズを迅速に捉えるために，各国拠点で開発した方が良い可能性がある。実際，自動車メーカーであるホンダが開発拠点を米国に作ったのは，米国市場の情報をいち早く捉えた製品を開発するためだった。そうなると，市場のニーズを捉えた製品をいち早く導入するという観点から，生産拠点が開発拠点の近くに置かれる可能性がある。そうなれば，生産に優位性を持つ国に生産活動を集約することは難しい可能性がある。

> **コラム6**　現地化した商品・サービスの例
>
> 　現地化した製品について，2000年以降に見られたいくつかの例を紹介する。
> ・インド向けの「カギ」付冷蔵庫
> 　2000年代初頭，インドでは冷蔵庫は富裕層が持つものであった。富裕層はメイドを雇っているため，メイドが冷蔵庫の中身を勝手に持ち出す可能性があった。そのため，鍵をつけた冷蔵庫が発売された。
> ・東南アジア向けの「ウォーターディスペンサー」付冷蔵庫
> 　東南アジアでは水道水を直接飲むことができない国が多い。そのため，冷蔵庫の内部に飲用水を入れれば，扉を開けずに冷たい水をコップに入れることができるウォーターディスペンサーをつけた冷蔵庫が発売されている。
> ・中国向けの派手な色のエアコン
> 　日本ではエアコンは白色で，天井の片隅に設置されるのが一般的である。しかし中国では，エアコンを持つのは富裕層の証という考え方があったため，金色などの派手

な色で,さらに部屋の目立つ場所に置くような縦型のエアコンが発売されている。
・**タイのやよい軒**
　タイのやよい軒では,日本では販売されていないラーメンが販売されている。これはタイ人の嗜好に合わせたためである。また,定食の付け合せがキムチであるのも,現地に合わせたためである。

〈2〉I–Rグリッド

　このような標準化と適応化の問題について,単純な製品・サービスの性質だけでなく,より広範囲な戦略の観点から整理するためのフレームワークがプラハラード(Prahalad, C. K.)とドーズ(Doz, Y.)が提唱したI–Rグリッド(I–Rフレームワーク)である(図表6.1)[1]。I–Rグリッドは,グローバルな統合(I:Integration)の必要性と,ローカルへの適応(R:Responsiveness to local)の必要性の二軸から構成される。前者の「グローバル統合(global inte-

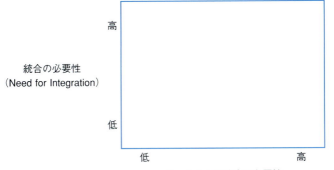

図表6.1　I–Rグリッド

(出所)　Prahalad & Doz(1987, p.24)を筆者一部改変。

1　近年ではIを縦軸に,Rを横軸にした二軸のグラフで示されることも多い。

gration)」が標準化を意味し，後者の「ローカル適応（local responsiveness）」が適応化を意味する。

　I–Rグリッドによって，産業間，企業間，機能間，タスク間のI–R上のポジショニングの違いを分析できる。例えば，一般に食品産業は電子部品産業よりもローカル適応が求められ，グローバル統合の必要性が低い。さらに同一産業内でも，1980年代のトヨタ自動車は，フィアットやフォードに比べると，製品面や組織体制面で，ローカル適応よりもグローバル統合を目指してきたと言われている。また，同じ企業内でも販売活動やマーケティング活動は，研究開発活動よりもローカル適応的な活動になりやすい。さらに，同じ活動の中でも，その中のタスクによってさらにI–Rが変わってくる。例えばマーケティング活動でも，製品政策はグローバル統合的で，販売促進活動はローカル適応的になるだろう。

　一般的に，各産業には相対的に最適なI–Rのレベルがあり，それに適した体制を持った企業が有利であると言われてきた。例えばローカル適応が求められる製品を製造・販売するのであれば，Rを重視しない組織体制をとっている企業は，各国のニーズを捉えることができず，グローバル市場において勝ち抜くことはできない。また，標準品を低コストで売り切ることが求められる産業ならば，Iを重視しない組織体制をとっている企業は，規模の経済性等の効率性を達成できず，グローバル市場において勝ち抜くことはできない。ゆえに，産業特性等を考慮しながら，各社はI–R上のポジショニングを考える必要がある。

　ただし，産業に最適なI–Rのレベルは変化しうるため，そのような変化に対応しなければならない。特に，I–Rを同時に達成することが求められる方向に産業が変化した場合は，企業はIとRを同時に高いレベルで実現できるような体制を構築しなければならない。そのような体制について議論したのがバートレット（Bartlett, C. A.）とゴシャールであり，IとRを高いレベルで同時達成できる組織こそが「トランスナショナル型組織」である。

6.3 バートレットとゴシャールの研究：トランスナショナル型組織

〈1〉グローバル／マルチナショナル／インターナショナル組織

　バートレットとゴシャールはハーバード大学の研究者であり，バーノン，ストップフォードと続くハーバード大学の多国籍企業研究チームの集大成とも言える成果を出した研究者である。彼らが1989年に出版した著書 *Managing across borders* はその後の研究に大きな影響を与えた。

　彼らは，日本，欧州，米国から「家庭用電気器具（家電）」「日用雑貨」「通信機」産業に属する企業をそれぞれ1社ずつ，合計9社のデータを集め，それぞれの企業の海外展開を分析した。分析に使った企業の一覧が図表6.2である。これらの企業を分析すると，日本企業，欧州企業，米国企業それぞれにマネジメント上の共通点があることがわかり，それらをグローバル（global）型組織，マルチナショナル（multinational）型組織，インターナショナル（international）型組織というマネジメントに類型した。その具体的内容は以下のとおりである。

図表6.2　バートレットとゴシャール（1989）の対象企業

	米　国	欧　州	日　本
家　電	GE	フィリップス	松　下
日用雑貨	P&G	ユニリーバ	花　王
通信機	ITT	エリクソン	NEC

（出所）　Bartlett & Ghoshal（1989, 邦訳 p.19）より抜粋。

① グローバル型組織

　グローバル型組織は，日本企業に多く見られる形態である。この組織では，資源や能力の多くは本国に集中され，その成果が世界規模で活用される。海外子会社は親会社の戦略を実行するだけの存在になる。規模の経済の追求，イノベーションの集中による効率性は追求できるが，現地の市場ニーズへの対応や，各国拠点からの学習面で不利になる。

　例えば松下電器産業（現パナソニック）はグローバル型組織の典型例である。松下電器産業は戦後に輸出から拡大していった企業で，海外進出には乗り気ではなかった。それは「高品質で低価格の商品を豊富に供給して社会に貢献する」という創立者の経営理念と現地生産はそぐわなかったからである。それでも，現地の要求に応えて1961年にタイに製造工場を作ったが，その際に基本的な決定権は全て日本に置くことにした。海外工場は，親会社に言われた通りの機械を使い，指示通りの手順で，日本からの材料を用いて作ることが求められた。

② マルチナショナル型組織

　マルチナショナル型組織は，欧州企業に多く見られる形態である。この組織では，資産や能力は海外子会社に分散し，各国拠点は自立している。現地ニーズの対応には適しているが，グローバル統合での効率の追求，拠点間での学習には不利になる。

　例えばユニリーバはマルチナショナル型組織の典型例である。ユニリーバが海外進出した当初，創業者であるウィリアム・リーバは細かく海外子会社を管理し，自分の指示のもとに動かそうとした。実際に海外に送るのは彼に忠誠を誓ったイギリス人だった。しかし，経営が拡大すると，彼自身の老化もあり，的外れな決定が増えてきた。

　そこで1925年に彼が死去すると，現地拠点により自治権を与えることになった。それは，リーバ社長体制時からの反省と，現地市場のライバル企業（例えば米国のP&G）との競争から，現地では現地で意思決定をしなければならなくなってきたからである。さらに，第二次世界大戦が起きると，各国拠点と連絡をとることも難しくなり，ますます現地の自主性が強くなった。

③ インターナショナル型組織

インターナショナル型組織は，米国企業に多く見られる形態である。この組織では，コアとなる能力を本国に集中させるが，その他は海外子会社に分散させる。海外子会社は親会社の能力を現地に適応させ，活用する。親会社の知識や能力をうまく移転できるが，グローバル型よりも効率は悪く，マルチナショナル型よりもローカル適応の能力は低い。また，本国のものを現地に合わせるときに各国拠点で学習できるというメリットもある。

この典型例はP&Gである。P&Gはそもそも第二次世界大戦が終わるまで，海外進出に積極的ではなく，海外に出ても，本国のやり方をそのままやらせていた。これは，本社のあるシンシナティが貿易の盛んな都市ではないこと，米国に植民地が少なかったこと，米国国内市場が大きかったことに由来する。しかし，第二次世界大戦が終わると，他の米国企業と同様に，海外市場を狙いだす。その際には，現地にある程度権限を持たせたが，製品開発の自由度は低くしていた。現地子会社は製品の修正とマーケティングは行えるが，技術革新は行えないと，役割を明確にしていたのである。これは，海外に進出した時は既に大企業だったため，本国本社がコアの役割を担う方が良いと考えられたからである。

以上の3つの組織形態はいずれも長所と短所を保有する組織体制であるが，その長所がフィットするような環境では，特定の組織体制の企業が有利になると説明した。

日用雑貨の場合，現地に根ざすべき産業のため，適応に強みのあるマルチナショナル型組織が強い。よって，日用雑貨では，欧州企業のユニリーバが最も有利な状況にある。

次に，家電産業は，研究開発やマーケティングの規模の経済性の重要性が高く，消費者志向の均質化が見られる産業である。そのため，効率の追求に強いグローバル型組織が強く，日本企業の松下電器産業が強い。

最後に，通信機産業は，バーノンのプロダクト・サイクル仮説が最も当てはまる産業で，米国の研究所から米国，先進国，途上国と広まっていくような産業である。そのため，知識を移転して適応させることが求められるため，イン

ターナショナル型組織であるエリクソン（欧州企業[2]）が強い。

このように，どの国の企業がどの産業で強いかが，こうした類型から説明することができるのである（**コラム7**参照）。

コラム7　企業の組織伝統

　本文を読んでいて，なぜ日本企業がグローバル型組織というように，国によって組織の類型が決まるのが，疑問に思った読者もいるのではないだろうか。その理由についても，バートレットとゴシャールは著書の中で説明をしている。

　第一に，欧米日の各国の文化が，各企業の組織形態に影響を与えている。欧州企業は，信頼できる部下を選んで海外へ派遣するという考え方でマネジメントを行っていた。「貴族」や「上流階層」をイメージしたらわかるように，親族等，自らのグループに所属していることが重要で，その人間であれば，現地での経営は現地のスタッフ任せるという考え方で運営していた。このような考え方を「同族資本主義」と呼ぶ。そのため，本国社長は海外に年に1回訪問したり，書簡をやりとりしたりはするが，現地は現地に任せる傾向にあった。

　一方，米国は人類平等の社会として生まれた国のため，欧州のように少数の社会経済的階級へ富と権力が集中することはなかった。イギリスの同族支配の大企業のようなエリート主義や家族的干渉主義が認められない実力主義社会であり，会社の所有者から事業運営の権限を与えられる「専門経営者」という階層が発達した。この経営文化は「経営者資本主義[3]」と評することができる。そうなると，海外においても，ある特定の分野の権限を委譲する一方で，組織機構を整え，四半期ごとの報告などでしっかりとコントロールできる仕組みを作ることになった。

　最後に日本は集団を重視する「集団資本主義」である。そのため，日本人以外をこの中に組み入れるのが難しかった。そこで，意思決定やコントロールの機能を中央に残して，日本のシステムを理解している人間，すなわち日本人を現地に派遣するというマネジメント体制がとられたのである。

　第二に欧米日の組織としての歴史の違いも，各企業の組織形態に影響を与えている。欧州企業は第二次世界大戦前から海外に進出していた。彼らの海外子会社は，戦争前

---

2 通信機産業におけるインターナショナル型組織が米国企業でないことが，彼らの議論において不完全な部分である。

3 ただしこの主張はバートレットとゴシャールによるものである。高橋（2016）によれば，経営者企業が中心となった資本主義経済は，第二次世界大戦後の日本に最も当てはまるとされており，そうであれば「経営者資本主義」という点において，米国と日本は変わらないことになる。ここでは，経営者資本主義が組織伝統というよりも，「実力主義」による権限の委任とコントロールを重視する文化が，組織伝統と理解するのが妥当である。

の保護主義の時代に，自ら各国での対応を考えなければならない経験を積んでいる。そのため，伝統的に現地の自主性を重視するようになっていった。

　米国企業は，第二次世界大戦後の進出が盛んである。当時は米国の一人勝ちで，各国市場に対応しなければならないという意識は小さかった。また，世界の市場の需要も均質化していた。米国の技術（管理技術も含め）が優れており，それを移転して，現地に適応することがベストだったのである。

　最後に日本企業は，1960 年代くらいから海外進出が始まった。その後，関税の撤廃，交通・電信の発達により，世界がよりグローバルになり，需要もより均質化した。そのような中で，日本企業は海外進出に出遅れたため，欧米がやっているような細かいマーケティングスキルなどはなかった。そのため，「グローバルな規格品を作って，現地で作る」という中央集権的なやり方で，日本のものを持っていくやり方をせざるを得なかったのである。

　以上のように，各国の企業がどの組織類型に当てはまるかは，文化や歴史に根ざしている。そのため他の組織形態に移ることは容易ではない。その企業の歴史（指導者，国の文化），そこから形成された哲学，価値観が組織伝統（administrative heritage）となって，変化を妨げてしまうのである。

　この点は今日の日本企業を理解する上でも重要である。「日本企業は世界から取り残されている」「日本中心である」ということをいくら批判したところで，組織伝統がある以上，容易には変えられない。そのような批判をするよりも，どのようにすれば組織伝統を打ち破れるのかを議論する方が建設的であろう。

〈2〉トランスナショナル型組織

　しかし，やがて時代は変化していく。これまで効率が求められていた家電産業でも適応が求められるようになるなど，どの産業も効率，適応，学習（知識の移転）が求められるようになっていったのである。そこで考えられたのが，これら 3 つの良いとこ取りをした組織であるトランスナショナル（transnational）型組織である。

　トランスナショナル型組織において，資産や能力は各国に分散し，各国拠点は専門化されている。そのためそれぞれの拠点は適応できるだけの能力を持っている。しかしその一方で，各拠点は相互依存的で，それぞれ統合されている。そのため，各国拠点は他の拠点から生まれた知識を共有することができ，効率を上げることもできる。さらに他の拠点から生まれた知識を吸収し，自ら活用する中で，新たな知識を生み出していくこともできる。すなわち，適応化しながらも，他の拠点と共通化できるものは共通化しつつ，学習をしてイノベーシ

図表6.3 各組織のモデル

【グローバル型組織モデル】

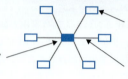

グローバルな経営志向
親会社の経営陣は、海外事業を、画一されたグローバル市場へのパイプラインとみなしている。

集権化されたハブ構造
多くの戦略的な資産、資源、権限、意思決定は中央に集められている。

運営レベルでのコントロール
親会社が意思決定、資源、情報を強力に統制する。

【マルチナショナル型組織モデル】

マルチナショナルな経営志向
親会社の経営陣は、海外事業を独立した事業の集合体とみなしている。

分権化された連合
多くの意思決定の権限および経営資源は分散している。

人的なコントロール
親会社と子会社は、インフォーマルなつながりを元にした、単純な財務的な統制でつながっている。

【インターナショナル型組織モデル】

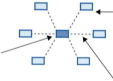

インターナショナルな経営志向
親会社の経営陣は、海外事業を本国事業の付属物とみなしている。

調整された連合
多くの意思決定の権限および経営資源を海外子会社に分散させているが、親会社の統制下に置かれている。

管理によるコントロール
公式的(フォーマル)なマネジメントの計画や統制システムによって、親会社と子会社が密接につながっている。

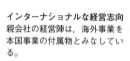

【トランスナショナル型組織モデル】

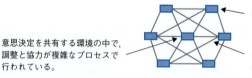

意思決定を共有する環境の中で、調整と協力が複雑なプロセスで行われている。

専門的な経営資源と能力が分散している。

それぞれのユニットの間を部品、製品、資源、人、情報が大量に流れる。

(注) 各四角は拠点を表しており、青く塗りつぶされているほど、権限や資源を持っていることを意味している。また、四角をつなぐ線が実線か点線かどうかはコントロールやコミュニケーションといった関係の強さを意味している。

(出所) Bartlett & Ghoshal (1989, 邦訳 pp.68-70, p.120) より、筆者作成。

図表6.4 I-Rグリッド上の位置づけ

（出所）Bartlett & Ghoshal（1989）より筆者作成。

ョンも起こしていくという，良いとこ取りの組織である。

グローバル型組織，マルチナショナル型組織，インターナショナル型組織，トランスナショナル型組織のモデルを図示したものが図表6.3である。また，I-Rグリッド上にこれらの組織を配置したものが，図表6.4である。

6.4　トランスナショナル型組織のその後

このようにトランスナショナル型組織の概念が打ち出されたが，これはあくまでも理念形，すなわち，現実を踏まえたものではなくて「発想」に基づくものであった。そのため，現実の企業に当てはまる企業がないことへの批判がなされた。そのような中，トランスナショナル型組織に限りなく近い企業として，バートレットとゴシャールが後に紹介したのがABB（Asea Brown Boveri）である。以下では，浅川（2003）の記述を元に，ABBの事例を説明する。

ABBはスイスの企業とスウェーデンの企業が1988年に合併してできた企業である。主な事業は，発電，送電，配電，プロセスオートメーション，ロボティクスなどである。この企業では，製品事業部と地域事業部を合わせたグローバル・マトリックス組織を導入することで，技術的な統合と地域適応を同時達成してきたため，トランスナショナル型組織の実現例として紹介された。

　ABBの個々のマネジャーは，製品事業部（発電プラント事業部，輸送用機器事業部等）と地域事業部（欧州，米州，アジア・太平洋）の両方に上司を持っている。そのため，常にグローバル統合とローカル適応のトレードオフを前提に，問題解決を行うことが求められた。

　こうした体制を維持するために，ABBは組織的なサポートを行っていた。まず，社内に情報ネットワークを導入することで，世界のどこにいても，社内情報にアクセスできるようにした。

　次に，グローバル・マトリックスの重要性を社員全員が理解できるように，企業理念を浸透させようとした。特に1990年代に社長だったパーシー・バーネビックは，1年のうち200日以上を出張に費やし，グローバル・マトリックスの重要性を対外・対内に説いて回った。リーダー自らが企業全体の一体感を醸成しようとしたのである（**コラム8**参照）。

　さらに，人材教育にも力を入れた。ABBのマネジャーは，常にグローバル統合とローカル適応の両立という矛盾する問題を解決しなければならない。そのためには高度な能力構築が必要不可欠だったのである。新入社員も「矛盾する問題」を承知で入ってくるため，こうした問題を嫌がるよりも，むしろチャレンジングな仕事として捉える傾向が強かったという。

　このようにABBという企業が現れ，トランスナショナル型組織は多国籍企業が目指すべき現実的なモデルとして受け入れられるようになってきた。しかし，ABBのグローバル・マトリックス組織は，2000年にABBが赤字になると，2001年に再編されることになる。グローバル・マトリックスの維持に膨大な費用がかかること，中国などの国で二人の上司を抱える組織形態が理解されなかったことが主な原因であるという。その後，トランスナショナル型と評される決定的な企業は現れていないため，トランスナショナル型組織は本当に目指すべき理想像かどうか，曖昧なままになっている。こうしたトランスナシ

ョナル型組織の問題を受けて，2000年代に新たに「メタナショナル企業」という概念が誕生する。これについては，第9章で議論する。

コラム8　「ゆるキャラ」による一体感の醸成

　多国籍企業にとって，海外子会社を含めた一体感の醸成は，規範的コントロールの強化のために重要な課題である。様々な方法がある中で，「ゆるキャラ」を使ったユニークな事例があるので，紹介しよう。

　島津製作所は1875年に島津源蔵氏によって設立された，分析計測機器，医用機器，航空機器，産業機器などを扱う精密機械メーカーである。2002年にノーベル化学賞を受賞した田中耕一氏が所属している企業として有名である。2017年の時点で，海外に50のグループ会社（約100の拠点）を保有しているグローバル企業であるが，この企業が創立140周年を祝うためのイベントとして企画したのが「ゆるキャラが世界の島津グループを回る」というプロジェクトであった。

　この企画はまず，140周年企画のイベントのアイデアを世界中の社員から募集することから始まった。世界中から138のアイデアが届けられる中，ドイツの販売拠点の社員が「日本の和紙を使った巻物を世界中に回して，各国の社員がサインをする」というアイデアを提案した。このアイデアに共感した本社の広報室は，このアイデアを元に「世界中にサイン帳を回して全ての社員にサインをしてもらう。その際に創業者の初代島津源蔵氏をモチーフにした『GEN-san』のぬいぐるみも同伴して，創業者が世界に広がった拠点を見て回る」という企画を構想した。

　広報室ではGEN-sanのデザインを決め，実際にどのようなルートで，どのような輸送手段でサイン帳とGEN-sanを運ぶかなどを考えた。結果，GEN-sanのデザインは図表6.5のような大きさ50センチ程度の「ゆるキャラ」になった。ルートとしては，日本国内で2ルート，中国ルート，東南アジアルート，オーストラリア＆東アジアルート，中近東アフリカルート，欧州ロシアルート，北米ルート，南米ルートの9つを整備した。輸送方法としては，GEN-sanとサイン帳が入るようなバッグを準備し，それぞれの国の輸送事情に合わせて輸送した。場合によっては出張者に運んでもらうこともあったという。

　各拠点はGEN-sanを受け取ったならば，到着した旨を本社に伝えた上で，サイン帳に全社員（非正規も含む）が名前を書き，GEN-sanと一緒に集合写真を1枚撮ることが求められた。撮った写真は本社に送り，本社がそれを社内の特設Webページにアップロードした。その特設Webページは世界地図をベースに，どこに島津グループの拠点があるかが確認でき，そこをクリックしていくと，現地で撮られた写真が見られるような仕組みになっている。そうして写真を撮り終えたならば，各拠点の担当者は次の拠点にGEN-sanとサイン帳を送り届ける。

　こうしたイベントを行うにあたって，本社広報室は，「本当にこのような取り組み

が受け入れられるのか」と不安だった。しかし実際に行ってみると，このイベントは大いに盛り上がった。まず，GEN-san の輸送は間違いなく行われ，行方不明になる GEN-san はいなかった。さらに各拠点の社員は，GEN-san との集合写真だけでなく，GEN-san が社員の仕事を見守っているような写真や，現地のレストランや観光名所を GEN-san が満喫しているような写真を自主的に送ってきた。GEN-san を可愛がり，仕事の外にも連れ出す社員が続出したのである。結果，GEN-san グッズを欲しがる社員まで現れ，小型の人形のノベルティを作って本社で販売したところ，初日2時間で売り切れて，第3弾まで増産したという。現在，140周年イベントが終わった後でも，各種セミナーやイベントにおいて GEN-san 人形は PR 活動に用いられている。

　こうした活動の効果は，海外の社員がゆるキャラを通じて会社への愛着を深めただけでない。本社側も，海外の社員が同じものを愛し，それを歓迎してくれたことによって，海外の社員が自分たちと同じであるということを再認識するに至っている。島津グループは様々な事業を抱えている企業であり，海外に販売代理店も多数存在している。そのため，本社広報室でも，海外の社員がどのようなことを考えているのかはもちろん，どこの場所に拠点があるのかを全ては把握できていなかった。しかしこうした取り組みによって，どこの拠点にどのような人がいるかを改めて把握することができた。さらに現地社員の企業への愛着を確認したことで，本社が彼らに親近感を持つに至っている。実際に日本の従業員は，送られてきた写真から相手の顔を知り，親近感を持ってメール等のコミュニケーションができたり，写真を見て出張先への理解を高めてから出張に向かうことができたりするといったメリットを享受している。現地社員が本社に親近感を持つ効果だけではなく，本社が現地社員に親近感を持つ効果もあったことは，特筆すべき点である。

図表 6.5　島津製作所のゆるキャラ GEN-san

（注）　初代島津源蔵（左）と各国で撮影された GEN-san 人形（中：フランス，右：イギリス）

演習問題

6.1　日本に進出している外資系企業を同一産業から2つ以上取り上げ，その企業のポジションをI–Rグリッドにプロットしなさい。その上で，企業のパフォーマンスとI–Rのポジションに関連があるかどうかを考えなさい。なおIかRかは，どれくらい本国と共通の製品・サービスを投入しているかと，どれだけ日本（または日本を含む複数国）の市場に合わせた製品・サービスを投入しているかから測定しなさい。

6.2　「本国本社が強い」という日本企業の組織伝統を打破するために，日本企業はどのようなことを行うべきか，検討しなさい。

第7章

国際的な活動の配置と調整

　1980年代になると，国際化を前提とした上で，企業がどのように競争優位を持つかの議論が行われるようになった。その一つが，企業が行う諸活動を国際的にどのように配置するか，そしてそれらの活動をどう調整するかの議論である。本章は国際的な活動の配置と調整について，その概念と意義について説明する。国際的な活動の配置と調整について理解した上で，国際的な活動の配置と調整が多国籍企業の成功・失敗に結びつくことを理解することが，本章の目的である。

○ KEY WORDS ○

活動の配置，活動の調整，バリューチェーン，クラスター，
立地優位性，リショアリング，インダストリアル・コモンズ

7.1　国際的な活動の配置と調整への注目

　1980年代に入ると，企業の国際化が活発になり，企業はなぜ国際化するのかではなく，国際化を前提とした上で，企業がどのように競争優位を持つかの議論が行われようになった。その中で，特定の国に自らの一部の活動を集約し，効率性を追求するような企業も増えてきた。特に，アジアや中南米といった安価な労働賃金の国に生産活動を移転し，場合によっては本国の生産活動を縮小する動きが見られたのである。こうした動きを受けて，「どの国にどの活動を配置するか」と「それらの活動をどのように調整するか」に関する研究が行われだした。

　本章はまず，こうした国際的な活動の配置と調整に関する代表的な議論を取り上げる。その上で，国際的な活動の配置と調整が産業の成功・失敗を分けたケースを紹介する。最後に，近年の国際的な活動の配置の議論を紹介する。

7.2　ポーターの配置と調整の議論

〈1〉バリューチェーンに見る国際的な活動の配置と調整

　どの拠点にどの活動を配置するか，そしてそれらの活動をどのように調整するかの決定について，総体的な議論を行ったのは，ハーバード大学の研究者のポーター（Porter, M. E.）である（Porter, 1986）。ポーターといえば，「5つの競争要因」などで知られる戦略論の研究者として有名であるが，国際経営でもその貢献は大きい。

　ポーターは国際経営の議論をする前から，図表7.1のようなバリューチェーンの概念を提示していた。バリューチェーン（value chain，価値連鎖）とは，競争優位の源泉となる活動を診断するための分析フレームワークである[1]。図表7.1の下の5つの活動を主活動，上の4つの活動を，主活動をサポートす

図表 7.1 バリューチェーン

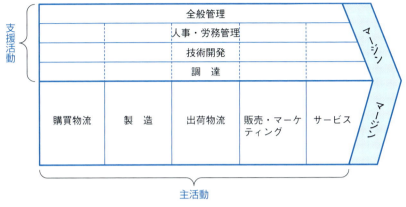

(出所) Porter（1986, 邦訳 p.26）より抜粋。

る支援活動とし，これらによって企業に利益がもたらされると議論した。

このバリューチェーンを国際経営に応用すると，各企業の国際的な活動の配置を整理することができる。例えば，元々日本でパーソナル・コンピュータ（PC）の製造販売をしていたが，その後海外での PC の製造販売に乗り出した日本企業の PC 事業を想定してみよう。

この事業がターゲットとしている市場は，北米，欧州，日本・中国を含めた東アジア，東南アジアである。この事業では，購買物流拠点を日本とシンガポールに，開発拠点を技術力のある日本と米国に，製造工場を人件費の安い中国とタイに，出荷物流拠点と販売・マーケティングの中心機能を日本，米国，ドイツ，中国，シンガポールに置いている。サービス活動については，各国で行っている。また，調達や全般管理は日本の本社が管理し，人事労務管理は各国拠点に任せている。この場合，バリューチェーンの国際配置は図表 7.2 のよ

---

[1] ポーター（Porter, 1986）によると，どんな業界の企業でもその活動は，大きく9グループに分けることができるという。

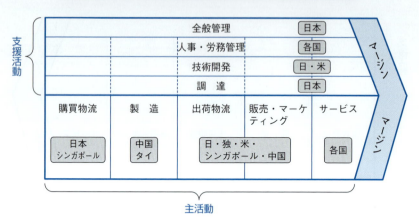

図表7.2　バリューチェーンの国際配置（日系PC企業の例）

（出所）　Porter（1986）を元に筆者作成。

うに表せる。

　このようにバリューチェーン上の活動を各国にどのように配置するかが，配置（configuration）の決定である。その上で，各国で行われる同種類の活動をお互いにどれくらい調整するか（例えば中国とタイで，同じ製造工程や部品を使わせるか，各国の自由にさせるか）が，調整（coordination）の決定である[2]。

〈2〉配置と調整の選択
① 配 置 の 選 択
　では，実際の企業が選択する配置と調整にはどのような選択の幅があるのか。まず，配置の選択肢は，どこか一か所で活動を行う「集中」から，各国ごとで活動を行う「分散」まである。例えば日本の自動車メーカーの場合，販売・マーケティングやサービスは市場に適応するために，ほぼ各国に配置している。その一方，生産は人件費の安い国や市場の大きな国にある程度絞りながら，分散させて配置している。技術開発については，少数の重要な国，技術力のある

国にしか配置されず，特定の分野の開発については，日本で集中的に行われていることが多い。なお，全ての活動が分散する極端なケースでは，各国拠点がそれぞれ完全なバリューチェーンを持つこともある。

　活動の配置に影響を与える要素は多様であるが，ここでは4つ挙げる。まず，労働コスト，天然資源のコスト，土地代，電気代といった，各国の要素コストが挙げられる。労働集約的な製造などの活動は，労働コストの安い国に配置される可能性が高い。

　次に，各国の教育レベルや科学技術力である。特に，開発等の高度な活動の配置に影響を与える。現在，日本企業の多くがIT関連の研究開発のために米国の西海岸のシリコンバレーに研究所を配置しているのは，そこに優れた大学や研究機関があり，優秀な人材が集まるためである。

　三つ目に，法律や税金といった各国の制度も，配置を決定する要因となる。日本の自動車産業が北米で生産活動を本格的に行ったのは，日米間の貿易不均衡の是正を求める米国政府への対応のためだった。

　四つ目に産業特性である。例えば，規模の経済が働くかどうか，必要な市場との距離，必要な開発と製造の距離等である。規模の経済が働くのであればどこかで集中的に生産した方が良いし，牛乳のように市場との距離が近くないと腐ってしまう製品であれば市場の近くで生産しなければならないし，第4章で説明したバーノンのプロダクト・サイクル仮説の初期段階のように，開発と製造が近い必要があるのであれば，安易に開発から離れたところに生産を配置することは望ましくない。

---

2 ポーター（Porter, 1986）の議論の中では，「どこで何を作るか」という生産品目の決定は配置に関する問題とみなされているようである。ポーターは「コンポーネントおよび最終製品の工場の立地」を配置問題と定義している（Porter, 1986, p.26, Table1.2）。よって，部品と最終製品をどこで作るかについては，配置に関わる問題と見ているのは間違いない。ただし，「最終製品のうち何をどこで作るか」については，配置に関する問題なのか調整に関する問題なのか明記されていない。Porter（1986）のTable1.2では，製造の調整問題の中に「分散した工場それぞれにどんな生産のタスクを割り当てるか」が含まれており，このタスクに「どの最終製品を作るか」が含まれる可能性もある。しかし，販売・マーケティング活動の配置問題として「製品ラインの選定（すなわちどこで何を売るか）」が挙げられているため，どこで何を作るかも配置問題として考えるのが妥当であろう。実際，その後の議論でも，調整問題としてはそれぞれの活動のやり方の調整や，各国の活動間の連携のあり方が議論されているので，生産品目の決定は配置の問題であると考えて良いだろう。

② 調整の選択

　一方，調整の選択肢は，「ゼロ」から「多く」まで，配置よりも多様にある。例えば工場で製造をするときも，各工場が完全な権限を持って製造工程や部品も自由に決められる場合もあれば，全ての工場において情報システム，製造工程，部品が厳しく調整されることもある。例えばファスナーの世界的企業であるYKKは海外工場でも，日本で生産した部材を使用し，かつ日本国内で開発し内製している製造機械を使うようにしていた。同様に，販売・マーケティング活動でも，価格の決定，物の売り方，広告のやり方などがどれくらい統制されているかが変化する。例えば2008年のソニーベトナムは，ソニーの高品質なブランドイメージが正しく伝わるように，ベトナムの直営店で徹底したブランド管理を行っていた。

　実際に，どこまで現地に任せるかは企業によりけりである。図表7.3は，筆者が2016年に東南アジア地域の日系製造子会社に対して質問票調査を行った結果の一部である[3]。生産に関する意思決定が現地でどこまで行われているのかを尋ねたところ，生産計画に関する意思決定は現地で自由に行われている企業が多かったが，品質管理基準の決定，生産の一部を下請けに出す決定，新たな生産ライン・方法・設備の導入に関する意思決定は，本社からのコントロールを受けている海外子会社が多かった。特定活動を細かく見たときでも，何をどこまで調整するかは企業によって異なっているのである。

③ 国際戦略を分類するフレームワーク

　さらにポーターは，活動の配置が集中か分散か，調整のレベルが高いか低いかで国際戦略を分類するフレームワークを提示した。図表7.4がそのフレームワークである。

---

[3] この調査は，平成28年度の文部科学省の科学研究費補助金のプロジェクトの一環として行われた，「在東南アジア日系企業の製造法人に関するアンケート調査」の結果である。この調査は「海外製造子会社の強化のためのマネジメント」を明らかにすることを目的に，インドネシア，カンボジア，シンガポール，タイ，フィリピン，ブルネイ，ベトナム，マレーシア，ミャンマー，ラオスにある日本企業の製造子会社1715社にアンケート用紙を送付した。本書では，2016年中に届いた314社の分析結果を，第7章，第8章，第12章，第13章で用いている。

図表 7.3　製造に関する海外子会社の意思決定権

	四半期ごとの生産計画の決定	品質管理基準の決定	生産の一部を下請けに出す決定	新たな生産ライン・方法・設備の導入の決定
もっぱら本社が決めている	2.6%	6.5%	7.0%	8.9%
本社が決めているが海外子会社の意見も考慮される	6.6%	14.4%	12.5%	23.0%
本社と海外子会社が平等に決めている	9.2%	20.3%	24.0%	35.7%
海外子会社が決めているが本社の意見も考慮される	30.8%	30.1%	36.9%	24.6%
もっぱら海外子会社が決めている	50.8%	28.8%	19.5%	7.9%
企業数	305	306	287	305

（出所）　筆者作成。

図表 7.4　国際戦略を分類するフレームワーク

活動の調整	分散型	集中型
高	海外投資額が大きく，各国子会社間で強い調整を行う	単純なグローバル戦略
低	多国籍企業，または一つの国だけで操業するドメスティック企業による国を中心とした戦略	マーケティングを分権化した輸出中心戦略

――活動の配置――

（出所）　Porter（1986, 邦訳 p.34）より抜粋。

右上の「単純なグローバル戦略」とは，特定の活動を一拠点に集中しつつ，各国の買い手の近くで行う必要のある活動を標準化という手段で強く調整するアプローチである。この戦略は，どの活動を集中させるか，分散の必要がある活動をどの程度高度に調整するかで，多くの種類がある。例えば，アップルは，開発は米国，生産は中国に生産委託した上で，各国で同じようなショップを持ち，同じような販売やアフターサービスを行っている。

右下の「マーケティングを分権化した輸出中心戦略」は，活動の配置は集中させるが，マーケティングだけ分権化し，調整の程度を低くする輸出中心のアプローチである。例えば1970年代のトヨタ自動車では，日本で作られた自動車を輸出し，販売会社であるトヨタ自動車販売の現地拠点と現地のディーラーが独自の工夫をして販売を行う，という海外展開が多かった。

左下の「多国籍企業，または一つの国だけで操業するドメスティック企業による国を中心とした戦略」は，各国拠点に活動が分散し，さらにその間の調整も行われないものである。これは，バートレットとゴシャールが主張した「マルチナショナル型組織」であり（第6章），欧州企業に見られるやり方である。日本企業でも例えば飲食店などは，海外に合弁で企業を作るも，現地のことは基本的に現地パートナーに任せ，ほとんど調整をしていない企業も多い。

左上の「海外投資額が大きく，各国子会社間で強い調整を行う」という戦略は，各活動を分散させる一方，活動の調整も行うアプローチである。ポーターは，今後の多くの企業はこの左上の戦略に向かうと考えた。左下の戦略は，今後調整がより重要に，かつ容易になるため左上に行くことが予想され，右上の戦略は集中が不要，もしくは不可能になるため，左上に行くことが予想されるとしたのである。

この予言は半分当たり，半分外れていると言えるだろう。日本企業で見れば，かつて海外で生産しか行っていなかった企業も，現在では開発活動なども海外で行うようになっており，より分散に向かっている。さらに分散した上で，各国拠点は自由にやるというよりも，お互いに情報を交換し合い，時には本社が支援することで，競争力をつけようとしている（コラム9参照）。しかし，アップルが右上の戦略で成功したり，生産活動を「生産委託会社」に委託するという形で集中配置する企業が増えていたり，海外進出にパートナーを使って後

は任せるという，調整をあまりしない企業も存在していたりするため，全てにおいて左上の戦略が求められているわけではない。

コラム9　異なる活動間の調整

　ポーターは同一活動間の調整について議論したが，異なる活動間の調整も重要である。例えば，開発と販売・マーケティングの連携は，顧客のニーズを捉えた製品を作る際には欠かせない。開発と生産の調整は，新製品の立ち上げをスムーズに行うためには欠かせない。生産と販売の調整は，無駄な在庫や品切れを起こさないために欠かせない。これらは同一国内でも容易ではないが，物理的に離れれば，ますます難しくなる。

　例えば，開発部門と生産部門の調整を考えてみよう。生産部門は開発部門が設計したものを量産することが仕事だが，時には生産部門が開発部門に意見を言うことも重要である。開発部門が設計したものがあまりにも作りにくいものでコストが上がってしまう場合，生産部門から「作りやすいものにしてくれ」と依頼をすることによって，作りやすい設計に変更することもある。このような設計変更ができるかによって，製品の立ち上げスピードや量産時の単位製造コストは大きく違ってくる。

　国内の同じ建物の中に開発部隊と生産部隊がいるとき，こうしたやりとりは容易に行える。生産部隊のドンが開発に「こんなものを作れるか」と怒鳴り込んでくる。開発部隊が「この設計は絶対に譲れない。これを作るのがあなたたちの仕事ではないか」と生産側を説得する。それに対して，「熱意は伝わった。そこまで大事ならば，俺たちが絶対に作ってやる」と生産部隊がモチベーションを上げる。このようなやりとりは，1980年代くらいまでの日本の製造現場では数多く見られていた。開発部門も生産部門を尊重し，生産部門も開発部門を尊重するというような関係を築けていたのである。

　しかし，生産活動だけが海外に行ってしまうと，こうした関係性を維持するのは難しくなる。立ち上げ時に開発部隊が海外に行ったとしても，日常的にやりとりをしているわけではないため，両者のコミュニケーションの頻度は下がってしまう。そうこうしているうちに，開発部門が生産部門の苦労を理解しなくなり，作りにくい製品を開発してしまうかもしれない。その場合，もし現地が「その製品を作れない」と言ったら，「海外生産部隊には実力がないから作れない」と自分たちの設計が悪いとは考えなくなってしまう可能性がある。一方の海外の生産部門も，「作れ」と言われたものをただ愚直に作るだけの場になってしまい，しかるべきフィードバックを出さなくなってしまうかもしれない。最悪の場合，「開発部門は生産活動をわかっていない」と敵愾心が育ってしまうかもしれない。こうなってしまえば，製品の生産を迅速に立ち上げて，市場にいち早く投入することは難しくなる。

　このようにバリューチェーンの各活動は，異なる活動間でも調整が求められるもの

が多々ある。異なる活動間の調整の重要性も理解した上で活動の配置を考えなければ，大きな失敗につながる可能性があることを理解しておくべきであろう。

7.3　活動の配置・調整と企業の成功・失敗

では，活動の配置・調整が企業の成功・失敗につながった実例を見ていこう。

〈1〉デル・コンピュータ

デル・コンピュータは，1984年にPCメーカーとして誕生した。IBM，コンパック，ヒューレット・パッカードといった老舗企業がいた中，独自のビジネスモデルを導入することで，2000年代には出荷台数トップに躍り出た企業である。

彼らの特徴的なビジネスモデルは，PCに初めて「BTO（Build to Order）」を導入したことである。決められたPCを買うのではなくて，自ら画面のサイズや，CPUの種類，ハードディスクドライブ（HDD）の容量の大きさなどをカスタマイズしたPCを購入できるビジネスモデルである。よってデルのPCは，顧客からの注文が来てから生産されることになる。

このデルのビジネスモデルは，国際的な活動の配置によって下支えされていた。まず，デルは各国市場で独自の宣伝を行い，注文はインターネットで受け付けている。その情報を元に，マレーシアや中国といった労働コストの安いところで集約的にPCが組み立てられる。2016年の段階で，日本市場向けのPCは中国のアモイで生産されている。なお，それぞれの工場は基本的には同じような生産工程でグローバルに「調整」されている[4]。また，生産に使う部品も，東南アジアや中国などから画一的なものを手に入れている。

こうして箱詰めされたPCは顧客に輸送される。その後，現地市場で何かあったときには，各国のアフターサービスが対応する。各国に対応したテレフォ

---

[4] DELL社ホームページ，http://www.dell.com/learn/jp/ja/jpcorp1/corp-comm/guide-ccc より（2017年3月31日閲覧）。

ンセンターがあり，それらが故障などのトラブルに対応している。

このようにデルは，分散が必要な活動は分散させ，コストが重要になる生産は集中させることで，価格競争力を上げながら，同時に顧客満足度を上げようとしてきたのである。

〈2〉ＨＤＤ産業

HDD 産業では，いつ，どこに製造拠点を出すかが，企業の競争優位に如実に効いた産業だった。結論から言えば，早いタイミングから東南アジアに製造拠点を移転した米国企業が覇権を握り，出遅れた日系企業が衰退していった産業であった。

HDD 産業は，非常に競争の激しい産業である。まず，その基本的な機能である容量や書き込みスピードは幾何級数的に上昇してきた。例えば，2000 年中盤に店頭に並んでいた外付け用 HDD の容量の単位は GB（ギガバイト）だったが，2017 年時点で店頭に並んでいる HDD には TB（テラバイト）のものが増えている。しかしその一方で，パソコンの一部品であるため，価格競争も激しい産業である。例えば 1990 年に三井物産から発売された 2.5 インチ HDD，Prairie220（20MB）は 120,000 円だったが，1995 年に IBM から発売された 2.5 インチ HDD，DPRA-20810（810MB）は 84,000 円だった。さらに 2012 年 5 月にバッファロー社から発売された 2.5 インチ HDD「HD-IN1.0TS（1TB）」は，2012 年 8 月時点で 15,000 円程度で販売されていた。すなわち，HDD 産業では，機能を上昇させながら価格競争をするという，厳しい競争が行われてきたのである。

こうした激しい競争環境に耐えきれなかった多くの企業が撤退していった。1980 年代に最大 80 社以上の企業が参入していたが，撤退・売却する企業が続出し，2000 年代には 10 社以下，2016 年には 3 社程度にまで参入企業が減ってしまった。図表 7.5 が主な企業の HDD の 2006 年までの生産量であり，シーゲート，ウェスタンディジタルといった米国企業と，東芝，日立といった日本企業で大きな差がついていることがわかる。なお，2006 年時点で世界第 2 位のシェアだった HGST は 2012 年にウェスタンディジタルに買収され，2017 年時点ではシーゲート，ウェスタンディジタル，東芝の 3 社しか業界には残って

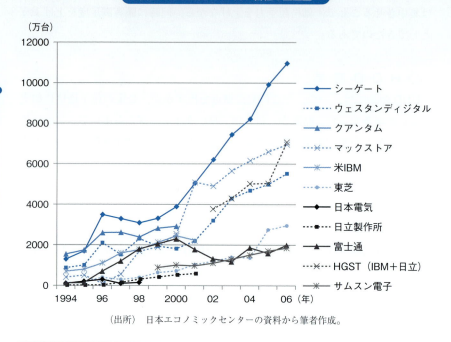

図表 7.5　HDD メーカー各社の生産量

（出所）日本エコノミックセンターの資料から筆者作成。

いない。現在でも，米国企業が優勢な地位を占めている。

　この産業において，日本企業と米国企業の大きな違いは，その海外進出の時期にある。米国企業は，1980 年代前半からシンガポールに進出し，量産活動を行いだした。さらにシンガポールの人件費に上昇の気配が見られると，1980 年代中盤から 1990 年代初頭にかけては，タイやマレーシアに量産工場を設立した。しかし一方，シンガポール拠点は撤退せず，高性能の HDD の生産地として位置づける一方，他国の海外工場を指導したり，工程開発を行ったりする「コア」な拠点として進化させていった。

　特にシンガポール拠点の役割を重視したのが，業界で長く No.1 の地位にあり，今も有力企業の一つであるシーゲートである。シーゲートはシンガポールで技術者や管理者，オペレーターを育成し，彼らに東南アジアの低コストオペ

レーションを支えさせた。実際，マレーシアやタイの工場で新製品の生産を立ち上げるときは，シンガポールの人材が支援などを行っていたという。各国拠点の活動内容を調整し，シンガポール拠点の役割を単純な量産から，高付加価値のHDDの生産や他拠点の支援に変更することで，シンガポールをコアとした生産ネットワークを形成したのである[5]。

　さらに，こうした米国企業の動きに合わせて，ミネベア（現ミネビアミツミ）や日本電産といった日本の部品サプライヤーも1980年代には東南アジアに進出した。この誘致にはシーゲートをはじめとした米系HDDメーカーの積極的な働きかけがあった。結果，東南アジアでHDDを生産するのに必要な部品も揃えることができるようになり，東南アジアにHDDの生産に関するクラスター（cluster）が形成された。クラスターとは「特定分野における関連企業，専門性の高い供給業者，サービス提供者，関連業界に属する企業，関連機関（大学や業界団体，自治体など）が地理的に集中している状態」のことであり，その中で活動する企業は，その分野に関する人材，技術，情報などを他の場所よりも容易に手に入れられるというメリットを享受できる。早くから東南アジアに進出し，このクラスターの形成に寄与した米国企業は，1980年代から大きな生産コスト上のメリットを得ることができた。さらに1990年代後半には中国にも進出し，中国まで含めた「生産クラスター」でコストメリットを享受した。

　一方，日本企業の海外進出は遅れた。図表7.6のとおり，1989年のNECのフィリピン進出，1991年の富士通のタイ進出以降は進出がなく，1995年になって日立や東芝といった企業も本格的に海外に生産拠点を設立するようになった。しかし多くの企業が進出先に選んだのはフィリピンだった。フィリピンは，タイ，シンガポール，マレーシア，中国のクラスターから離れているため，クラスターに入ることによるコスト等のメリットを享受できなかった。唯一タイに進出した富士通にしても，進出こそは1991年だが本格的な量産は90年代

7.3 活動の配置・調整と企業の成功・失敗

---

[5] このようにシンガポール拠点の役割を高度化できた背景には，シンガポール政府の協力もあった。シンガポール政府は外資企業への通常の優遇に加え，HDDメーカーを対象としたような産業特殊的なインセンティブを設けていた。また1984年には，シンガポール政府主導の下，磁気記録技術センターがシンガポール国立大学内に設立され，HDD産業に携わる人材を輩出できるような体制を構築した。

図表 7.6　主要な HDD メーカーの東南アジアへの生産拠点の初進出時期

年＼企業	シーゲート	IBM	WD	富士通	東芝	日立	NEC
1983	シンガポール						
1984	タイ	日本					
1988			シンガポール				
1989	マレーシア	タイ					フィリピン
1991				タイ*			
1994			マレーシア				
1995		シンガポール		フィリピン	フィリピン	フィリピン	
1996				ベトナム			
2002			タイ				

（注）　富士通は 1988 年に法人を設立し，1991 年から 3.5 インチの HDD の生産を試みるがうまくいかず，本格的な量産は 90 年代後半から行いだした。
（出所）　McKendrick, Doner & Haggard（2000）および天野（2005）より筆者作成。

後半で，米国企業に比べて 10 年近くの遅れをとっていた。そのため，現地のオペレーションの経験を早くから積んでいる米国企業に，コスト競争力の面で差をつけられてしまっていた。

　このように日本企業が進出に躊躇したのには 2 つの理由があった。まず，日本企業の HDD 事業は，元々 PC 部門の一部門で，企業が使うような高性能 PC 用 HDD に特化していたため，米国企業ほど大量生産でのコストダウンの必要性を感じていなかったことである。二つ目は，同じく PC 部門の一部門だったため，HDD 専業メーカーであるシーゲートのような思い切った投資判断ができなかったことである。

　一方，遅れた上にフィリピンが選ばれた理由は定かではない。しかし類推するとまず，当時日本企業の家電事業といったその他の事業の進出先としてフィリピンが選ばれていたため，HDD でもフィリピンが進出先に選ばれた可能性がある。さらに，日本企業が海外進出を決めたのは円高による日本の人件費高

騰を回避するためであり，クラスターを利用するという戦略的な発想がなかったため，クラスターが形成されていた地域に注目しなかった可能性もある。

以上のように，米国企業は生産活動をいち早く海外に配置することで，日本企業に対する優位性を保つことができた。また，ただ配置するだけでなく各国生産拠点の役割を調整し，シンガポールを高付加価値なHDDを生産する拠点として残しつつ，東南アジア地域のローコスト・オペレーションをサポートさせたことも，彼らの優位の一因だった。

7.4 新しい活動配置・調整の議論

最後に，より近年に現れた活動配置・調整の新たな議論を紹介しよう。

まず，コスト等の立地優位性に基づいた活動配置の危険性を主張した議論である。大木（2014）は，コストに基づいて国内工場での量産活動を停止し，海外工場に量産活動を集約した結果，海外工場の生産性が上がらなくなるという現象が起こりうることを明らかにした。これは，国内工場の量産に関する知識に依存して海外工場がパフォーマンスを向上させてきたにもかかわらず，国内の量産活動をなくしてしまったために，自らではパフォーマンスを向上できなくなってしまったために起きたことであった。ここから大木（2014）は，単純な立地優位性だけではなく，各国拠点の知識の依存関係に注目した上で，活動の配置を考えるべきであることを主張している。

また近年では，海外に出した生産を本国，または別の国に移すという動向が盛んになっている。これをリショアリング（reshoring），本国に戻す場合を特にバックショアリング（back shoring）と呼ぶ。途上国などの賃金が上がってきた結果，品質や納期などを考えた場合，必ずしも海外ではなくて，本国で作ることが支持されることがある。実際日本国内でも「国内回帰」という表現で，国内工場にさらなる投資がなされる現象が説明されている。

これはもちろん，国内の雇用維持の側面もあるが，イノベーションの観点からも支持されうる。イノベーションを維持していくためには，研究開発やエン

ジニアリングだけでなく，製造能力も加えた**インダストリアル・コモンズ**（industrial commons, 産業の共有資源）が必要であると言われている（Pisano & Shih, 2009）。生産拠点がなければ，次のイノベーションが生まれない可能性があるのである。そのため，リショアリングやバックショアリングといった現象を扱った研究が，2010年以降国際経営の学術分野では盛んに行われている[6]。

さらに様々な天災や人災を受けて，いかにリスクに強い体制をとるかも今一度重要視されている。一極集中では，どうしてもリスクに弱くなってしまうため，リスクをヘッジするような配置が求められている。また，たとえ配置はある程度集中していても，何か災害があったときに速やかに復旧できるように，または代替生産ができるように各国拠点の生産活動を調整する体制についての議論も始まっている。例えば，奥（2013）や大木・奥（2016）は，天災なども含めた様々な変動に合わせて，柔軟に各拠点の生産量を増減できる体制として**グローバルスウィング**（global swing）という概念を打ち出している。ここでは，その時の状況に合わせ，各国拠点の生産を他社よりも速やかに拡大・縮小することで，競争優位を得る考えが紹介されている。

いずれにしても，要素コストや市場の大きさだけで活動の配置は決まるものではなく，様々な要因を考慮して，考えなければならない時代になっていると言えよう。

演習問題

7.1 本章で取り上げたHDD産業のように，特定の産業の企業を複数取り上げ，開発拠点と工場の立地がどのように異なっているかを調べた上で，それが企業の業績に影響を与えている可能性があるかを考察しなさい。

7.2 2016年以降に国内工場に投資をしている日本企業を新聞記事などから探し，その企業がなぜ国内に投資をしているのかについて考察しなさい。

---

[6] 例えば学術論文や研究書等を検索できるGoogle scholarで「reshoring」をキーワードに検索すると，2010年までの研究は約388件，2011年までだと約461件，2012年までだと約605件，2013年までだと約844件，2014年までだと約1240件と，2010年以降に急激に増えていることが観察できる（2017年8月28日検索）。

第8章

海外子会社論

　1980年代に入ると，海外子会社への注目が高まる。これまで多国籍企業の優位性の受け皿と思われていた海外子会社が，優位性を生み出す主体として見直されるようになったのである。本章はこうして現れた海外子会社の類型の議論，役割の決定要因に関する議論，そして，強い海外子会社構築のマネジメントに関する議論を扱う。海外子会社の多様性を理解した上で，強い海外子会社を構築するために考えるべき事項を学ぶことが，本章の目的である。

○ KEY WORDS ○
戦略的リーダー，貢献者，実行者，ブラックホール，
海外子会社の役割の決定，戦略的イニシアチブ，
グローバル・マンデート，センターオブエクセレンス

8.1　海外子会社の時代

　これまで見てきたとおり，1970年代までの国際経営の議論では，多国籍企業は元々培ってきた優位性を，海外子会社に移転していくと考えられていた。この考え方では，海外子会社は，本社が持っている優位性の受け皿に過ぎず，重要な役割を担うとは考えられてこなかった。

　しかし，1980年代に入ると，国際経営では海外子会社への注目が集まる。その背景としてはまず，海外子会社での売上が増加し，そのプレゼンスが増したことが挙げられる。さらに，海外子会社から生まれる「知識」や「イノベーション」が，多国籍企業全体の優位性を生むケースが現れ始めたことも挙げられる。海外子会社はもはや優位性の受け皿ではなく，新たな優位性を生む能動的な主体として捉えられるようになっていったのである。

　そこで本章では，1980年代中盤から始まった海外子会社に関する議論を追っていく。

8.2　海外子会社の類型

　海外子会社が重要な役割を担うようになってきたことを受けて，まずは海外子会社を類型する試みが行われた。「トランスナショナル型組織」の概念を出したバートレットとゴシャールは，海外子会社を，その能力とリソースの高低，現地環境の戦略的重要性の高低で類型するフレームワーク（図表8.1）を提示した（Bartlett & Ghoshal, 1986）。各セルの類型を順に見ていこう。

〈1〉戦略的リーダー

　戦略的リーダー（strategic leader）とは，企業にとって戦略的に重要なロケーションに位置し，その上で保持しているリソースや能力が高い海外子会社を

図表8.1　バートレットとゴシャールによる海外子会社の類型

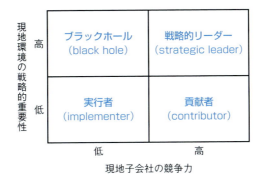

（出所）　Bartlett & Ghoshal（1986, p.90）より筆者作成。

指す。戦略的に重要なロケーションとは，市場の大きな国や，重要な資源や知識を得られる国などを指す。こうした国に立地した上で，他社または自社の他拠点と比較して優位性を持つオペレーションを行っていたり，知識を保有したりする海外子会社が，戦略的リーダーである。

例えば，イトーヨーカドーが中国の成都に設立した「成都イトーヨーカ堂有限公司」はこの類型に当たる。膨大な人口を抱える中国は戦略的に重要な市場である。イトーヨーカドーは1997年に成都，1998年に北京に店舗を開設してきたが，成都のイトーヨーカドーのいくつかの店舗は，世界中の全てのイトーヨーカドーの中でトップクラスの売上を誇る店舗として知られている。彼らは，日本のイトーヨーカドーの商品管理，接客，様々なシステムなどを移転することで，レベルの高い店舗運営を実現した（邊見, 2008）。

例えば，取引先を開拓する際には，女性バイヤーを伴って，自分が着たいと思う商品を選択させた。またその際には，販売の責任者も同行させて，販売担当に仕入れた商品を売り切る責任感を喚起せしめ，バイヤーとのチームワーク向上を実現した。また，「店中店（テナント）」の選別についても，売上・粗利・効率などの評価基準を明確化して，テナントの入退店を頻繁にした。

ただし，成都のイトーヨーカドーの店舗で行われていることの全てが本国と同じなわけではない。そもそも成都のイトーヨーカドーの最初の店舗は，日本のイトーヨーカドーのようなスーパーマーケットではなく，日本とは異なる百貨店に近いような業態での進出だった。そのため，現地でも独自のノウハウを蓄積し，競争力のあるオペレーションを実現しているのである。

〈2〉貢献者

貢献者（contributor）とは，企業にとって戦略的には重要ではない市場にいるが，優れた経営資源と能力を持っている海外子会社のことである。この海外子会社は，本社からの注目が薄くなりがちにもかかわらず，世界的なイノベーションを生む可能性を秘めた海外子会社である。そのため，本社は，意識して貢献者に注目することが望ましい。

例えば，1970年代のネスレの日本法人（以下，ネスレジャパン）の事例（浅川，2003）はこれに当たると解釈できる。ネスレは1937年にインスタントコーヒーを開発し，米国市場などで成功を収めていったが，本格的に日本で販売を開始したのは1960年代に入ってからだった。この当時，ネスレジャパンは，本社が考えた製品コンセプトの製品を，日本でそのまま販売するだけであった。また，日本のコーヒー市場も欧米よりも相対的に小さく，戦略的重要性も大きくはなかったと推察される。よって1960年代のネスレジャパンは後述する「実行者」であったと言える。

しかし1973年にネスレジャパンは独自の製品を販売するようになる。夏場蒸し暑い日本ならではのニーズを捉えて，アイス用のインスタントコーヒーを開発し，1972年にテスト販売，1973年に全国販売をした。これが成功すると，アイス用のインスタントコーヒーは，やがて米国，イギリス，さらにネスレの本社があるスイスでも販売されるようになった。1972年の時点で1960年代から大幅に日本のコーヒー市場が拡大したとは言えず，日本市場の戦略的重要性が急激に変化したとは言えない[1]。よって，さほど重要ではない市場の拠点から，新たなイノベーションが生み出されたのである。

また，トヨタの社内で「能力が高い」と思われている海外工場がどこに立地しているか，という例も興味深い。各工場で生産された製品が社内の品質基準

を満たしているかのチェックを行うと，最も評価が高い海外工場はタイ，トルコ，台湾の工場で，市場の大きい北米や中国の工場ではないという（折橋，2008）。実際に現在のタイ工場は，タイ以外の国にも製品を輸出する工場であり，かつ他のASEAN地域の工場を支援する役割を担っている。市場としては必ずしも重要ではなかった拠点が高い能力を持ち，その能力を元に多国籍企業の中で重要な役割を担うことがある。

〈3〉実 行 者

　実行者（implementer）とは，戦略的に重要でない市場において，現地のオペレーションに必要なだけの能力のみを兼ね備えている海外子会社である。決して能力が低いわけではなく，効率面では戦略的リーダーにも引けを取らないことが多い。

　1980年代までの日本企業の海外子会社には，実行者が多く見られた。例えばパナソニック（当時は松下電器産業）がタイに進出した時，本社の指示に従いながら，日本と同レベルの製品を生産することが求められた。当時の松下電器産業にとって海外市場は重要ではなかったものの，現地では本社が求めるオペレーションを実現していた。

　ただし戦略的に重要でない位置にいる実行者だからこそ，本社の介入なしに自由なことができて，貢献者となる可能性もある。海外子会社に自由を与えると，本社が思ってもいなかったような新たなイノベーションを生む可能性がある。重要な市場にある海外子会社は，本社としても目を離せないため，自由を与えることは難しいことがある。その点，戦略的に重要でない市場にいる実行者は，本社から見て優先順位の低い海外子会社であり，本社からの必要な支援が後回しにされる一方，自らの裁量で成長できる余地が残されている。こうし

---

1 実際にネスレジャパンの売上高を見ると，1969年は284億円に対して，1972年は467億円だった。その成長率は高いが，この金額はその後のネスレジャパンの成長から見ると小さい。ネスレジャパンは1980年には1681億円，1985年に2280億円，その後一旦落ち込むものの，2000年には2936億円にまで成長した。このことを踏まえれば，当時の日本市場がネスレ全体から見て戦略的重要性が高かったとは言えないだろう。逆に現在のネスレジャパンは，日本のコーヒー消費額が2016年の時点でEU，米国，ブラジルに次ぐ第四位であることを踏まえても，戦略的リーダーと評価して良いかもしれない。

た現地の裁量と海外子会社の成長の関係については，後述する。

〈4〉ブラックホール

ブラックホール（black hole）とは，戦略的に重要なロケーションに位置しているにもかかわらず，その子会社の能力がそれに匹敵していない海外子会社のことである。重要な環境にもかかわらず現地におけるポジショニングも高くないため，優れた能力・資源を持てるように，テコ入れをしなければならない海外子会社である。

ブラックホールはうまくいっていない海外子会社であり，なかなか表には出てこないため，具体例を挙げることは難しい。一つ例を挙げるのであれば，日本のタイヤメーカーであるブリヂストンが買収した，北米のファイアストン社の北米拠点が挙げられる。第1章で述べたように，ブリヂストンは1988年に当時世界第2位のタイヤメーカーであったファイアストンを買収した。しかし当時のファイアストンは赤字企業であり，その傘下にあった北米拠点の業績も当然良くないまま，ブリヂストンの子会社となった。そこでブリヂストンは生産から販売まで抜本的な改革を行い，ブラックホールになっていた北米拠点を，拠点の重要性に見合った実力を持つ戦略的リーダーに変革していった。

8.3 海外子会社の役割の決定

海外子会社の類型が意味するところは，海外子会社によってその与えられた役割が異なるということである。そこで次に議論されたのは，海外子会社の役割がどのように決定されていくのかである。この点について包括的なフレームワークを提示したのがバーキンショー（Birkinshaw, J.）とフッド（Hood, N.）である（Birkinshaw & Hood, 1998）。図表8.2がそのフレームワークである。ここでは，海外子会社の役割を「海外子会社が活動し，かつ権限を持っている特定の事業の内容」から捉え，海外子会社が扱う事業内容がどのような影響によって変化するかを明らかにしている。

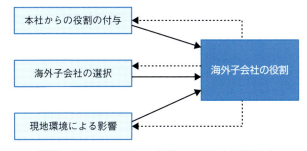

(出所) Birkinshaw & Hood（1998, p.775）より筆者作成。

　第一に海外子会社の役割は，まず本社から付与される。1970年代までの多国籍企業観では，本社からの役割の付与，すなわち本国マネジャーによる海外子会社の役割決定の側面が強調されてきた。例えば自動車産業において，どの製品をどの拠点が作るかは重要な意思決定なので，現地子会社が勝手に決めるのではなく，多くの場合は本社が決定している。

　第二に，海外子会社の役割は海外子会社の選択によっても決まる。これは当たり前のように見えるが，1970年代まで主流だった本社中心の多国籍企業観からすれば，注目すべき観点だった。その中でも特に，海外子会社が独自の「戦略的イニシアチブ」を発揮することの重要性が強調されている。戦略的イニシアチブ（strategic initiative）とは「企業が自社の経営資源を利用，もしくは拡大するために独自に先んじて新たなことを始めること」を指す（Birkinshaw, 1997）。実際に，戦略的イニシアチブを発揮した海外子会社は，本社からの注目を集め，社内への影響力を拡大できることも明らかとなっている（Ambos, Andersson & Birkinshaw, 2010）。

　海外子会社がイニシアチブをとって自らの役割を変えた事例は少なくない。例えば，日本IBMは米国IBMの子会社だが，ThinkPadと呼ばれるノートPCや3.5インチHDDを，本社からの指示なしで開発・製造した。日本IBMのThinkPadや3.5インチHDDは，その後日本だけでなく，全世界に展開され

た。

　海外子会社の役割の決定要因の三つ目は現地環境による影響である。現地環境によって，海外子会社の役割はある程度決定される。例えば教育や科学水準がまだ高くない国では，現地子会社の役割は必然的に単純な機能に制限されるだろう。現地環境が本社および現地マネジャーの役割決定に影響を与えると理解しても良い。

　また，新興国の海外子会社にとって，労働賃金の上昇は役割変化のきっかけになりうる。例えば中国の人件費は1998年から2011年にかけて4～5倍程度に上昇している。タイの賃金も2001年から2012年の間に約2倍に上昇している。このような状況になると，量産活動を主な事業としていた海外製造子会社は，その競争力を失う可能性が出てくる。そうすると，生産性向上により力を入れたり，より高付加価値なものの生産に力を入れたり，開発などの高付加価値な活動に注力したりする動きが出てくる。実際にHDD産業のシーゲートのシンガポール子会社は，人件費の上昇を受けて，単純な量産活動から，高付加価値な製品の製造，海外支援活動，工程開発へと役割を変化させていった。

8.4　強い海外子会社構築へ向けて

〈1〉強い海外子会社への注目

　上記のような議論から，海外子会社の役割は本社が最初に決めておしまいではなく，現地での決定も含めて動態的に変化していくものであるということが明らかになった。そうなると，多国籍企業全体に対して影響を与えるような「強い」海外子会社への注目が集まるようになった。ここではその例として，「グローバル・マンデート」と「センターオブエクセレンス（COE）」の議論を取り上げる。

　グローバル・マンデート（global mandate）とは「世界規模の製品開発・マーケティングに関する権限」のことである（「マンデート」とは「委任された権限」を意味する）。グローバル・マンデートを持つ海外子会社とは，海外子

会社にもかかわらず世界中に投入される製品の開発を行っている海外子会社を指す。そのような海外子会社がどのようなものであるかに関する研究が，1992年に発表された（Roth & Morrison, 1992）。

　主な結論は3つである。まず，海外子会社で扱っている製品のうち，本国でも作られているものの割合が多い海外子会社ほど，グローバル・マンデートを持っていない傾向がある。次に，社内の相互依存関係に関するマネジメント能力が高い海外子会社ほど，グローバル・マンデートを持っていない傾向にある（仮説に反した結果）。最後に，戦略変化に関するマネジメント能力（例：ミッションやゴールを共有している，意思決定が政治的でないなど）がある海外子会社ほど，グローバル・マンデートを持っている傾向にあることが示された。

　一方センターオブエクセレンス（center of exellence：COE）とは，元々はグローバル・マンデートと同様に，「世界的な活動に付加価値を提供できる戦略的重要性の高い海外子会社」と定義されていた。しかし，海外子会社の中の一部の機能（例えば製造）だけが，世界レベルの貢献をしていることもある。そこで，「企業から価値創造の重要な源泉であると明確に認識されている諸能力のセットを保有した社内ユニットであり，かつその諸能力は社内他部門へ移転したり活用したりできる」と定義されている（Frost, Birkinshaw & Ensign, 2002）。

　実際に研究のCOE，開発のCOE，製造のCOEに分けた調査によると，いずれのCOEにおいても，COEとみなされている拠点は，外部環境（顧客，競合，サプライヤー等）の影響を強く受けており，親会社からの投資が大きい拠点であることが明らかになった。また，全てのCOEの競争力やイノベーションといったパフォーマンスは，非COEよりも優れていることが明らかになった。

　日本企業の場合，あらゆるCOEが日本に存在していることが前提だった。日本のマザー工場等は，製造のCOEの典型例である。しかし近年になると，日本国内だけにCOEがあるとは限らなくなっている。製造については，そもそも国内工場を閉鎖する企業も少なくないし，ソフトウェアなどの開発の中心地は米国，場合によってはインドに移されているケースもある。日本企業でも海外にCOEが存在するようになってきたのである。

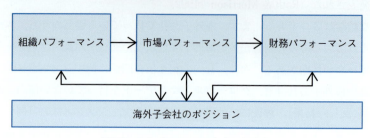

(出所) 大木(2013, p.732)を一部改訂。

〈2〉強い海外子会社を作るには？

　以上のように強い海外子会社に関する研究が行われると，研究の関心は強い海外子会社をどのように構築するかに移っていった。しかし，「強い海外子会社はこのような特徴がある」ということは言えても，「こういうやり方をすると海外子会社は強くなる」という因果関係を証明するのは，経年的なデータを用いなければ難しく，現在も議論が活発に行われているところである。

　その中で考えなければならないのは，まず「強い」の基準である。既存研究から，海外子会社の強さは4つに分類できる（大木，2013）。まず，売上高，利益率，ROI などの財務指標から評価した財務パフォーマンスである。次に，市場シェア，顧客満足度など，市場側から見たときの企業のパフォーマンスから評価した市場パフォーマンスである。三つ目が，オペレーションの生産性や品質，製品の開発力，従業員の満足度や能力等，組織の活動やその成果を評価する指標から評価した組織パフォーマンスである。四つ目が，その海外子会社が社内でどれくらい影響力を持っているか，知識を移転できているか，役割を担っているか，権限を持っているかといった海外子会社のポジションである。これらは相互に関係し合う関係であり，図表8.3のように整理できる。

　こうした強さに関係を持つ主な要因は，「親会社要因」「子会社要因」「全社要因」「現地環境要因」「産業要因」の5つに分類することができる。さらに「親会社要因」「子会社要因」「全社要因」については，それぞれのプロファイ

図表8.4 パフォーマンスと関係を持つ5要因

	親会社要因	子会社要因	全社要因	現地環境要因	産業要因
プロファイル	・親会社の国籍 ・親会社の規模 ・親会社の保有する海外子会社数 ・親会社の生産性 ・親会社の利益率 ・親会社の製品多角化程度	・規模 ・役割 ・R&D intensity ・advertising intensity ・進出形態 ・親会社の株式保有率 ・設立年数 ・国際化度 ・多角化度 ・親会社とのビジネスの類似度	・海外進出経験 ・海外売上高	・市場環境 ・現地競争環境 ・制度的環境 ・リビングコスト ・政治的リスク ・教育水準 ・制度的距離 ・文化的距離 ・サプライヤーのレベル ・現地の経済指標	・標準産業分類による分類 ・製造業かサービス業かによる分類 ・製造活動か販売活動かによる分類
マネジメント	・親会社からの知識移転 ・現地への権限委譲 ・親会社からの海外派遣社員とその能力 ・現地社長の国籍 ・親会社の株式保有率 ・親会社からのアテンション	・海外子会社の戦略 ・人事システム ・知識のマネジメント ・現地組織のモチベーション，スキル，コミュニケーション，文化 ・自律性（権限） ・他拠点へのパワー ・イニシアチブ	・親会社も含めた自社内拠点間関係のマネジメント ・全社的な組織構造・人事システム		

（出所）　大木（2013, p.729）を一部改訂。

ルとマネジメントの2つに分けることができる。具体的な項目例については図表8.4にまとめた。

　この中で日本企業にとって特に注目すべきは，親会社と海外子会社のどちら

が権限を持つかである。日本企業は伝統的に親会社が強い傾向にあったが，海外子会社がイニシアチブを発揮することも重要であるとされている。よって，日本企業としては，海外子会社がイニシアチブを発揮できるように仕向けていくことが課題となるだろう。そのためには，現地への権限委譲や，現地人材の登用などが課題となっていくだろう。

しかしその一方で，現地に権限を与えれば必ずうまくいくとは限らない。親会社が手放さなかったためにうまくいかない海外子会社もある一方，本国が放置してしまったためにパフォーマンスが上がらない海外子会社もある。例えば，海外子会社に権限を与えた結果，親会社からの注目が薄れ，工場のテコ入れなどに必要な支援などがもらえなくなることもある。また，新たな海外会社の立ち上げ時には親会社からの支援がある程度必要だが，この支援を早く打ち切ってしまえば，その子会社は立ちいかなくなってしまうだろう。

よって，多国籍企業としては，本社と現地のバランスを考えることが重要であろう。もちろん，本社が介入し続けてうまくいく海外子会社も，現地を放っておいてもうまくいく海外子会社もあるかもしれない。しかし，必要に応じて介入と手放しを繰り返すことが可能な体制をとることができれば，柔軟性を保てるため望ましいと言えよう（コラム 10 参照）。

コラム 10　危機を乗り越えて強くなったタイトヨタ

　危機を乗り越えて強くなった海外子会社として，タイトヨタの事例を，折橋（2008）に基づきながら紹介する。

　トヨタは，1950 年からタイへの輸出を行っていた。1960 年前後になると，タイでノックダウン生産（日本で基本的な部品をすべて作り，現地で組み立てるだけの生産）の工場を設立し，タイ市場を本格的に狙いだした。1990 年代になるとタイの自動車市場が急激に拡大し，年間販売台数は 1990 年の年間 30 万台から 1996 年に年間 60 万台へと拡大した。こうした動きを受けて，トヨタはもちろん，ホンダ，日産，三菱もタイ拠点の生産能力を拡充した。

　しかし，1997 年にアジア通貨危機が起き，タイの通貨のバーツが暴落する。不動産バブルの崩壊や企業の倒産などが相次ぎ，タイ国内は不況に陥った。国内自動車市場は急速に冷え込み，年間販売台数は年間 14 万台まで落ち込んだ。増産体制を整えてきたタイトヨタは，オーストラリアなどへの輸出拠点にならなければ生き残れなか

った。しかし，タイトヨタは，先進国の目にかなうような品質の製品を製造した経験がなかった。そのため，高品質のものづくりのために，製造能力を鍛え直さなければならなかった。

そこで彼らは短期と長期の対応をした。短期的には，第一に，従業員はクビにせず，余剰なタイの従業員のうちチームリーダー（現場のリーダー）クラスを日本へ研修のために派遣した。同様に，技術員やマネジャーも年間3〜4名派遣し，教育を行った。第二に，債務超過解消のためのタイトヨタへの増資を行い，現地の部品メーカーへの支援も行った。第三に，タイからオーストラリア向けのピックアップトラックを2万台輸出することを決定した。

より長期的には，オーストラリアの消費者の目にかなう製品を作るための能力構築を行った。第一に，現場の能力の強化のために，日本のトヨタ式の問題解決方法を現場に徹底した。第二に安定した品質での生産を行うために，日本の工場から余ったロボットを導入した。こうした活動の結果，タイの製造品質が向上し，製造品質面では台湾，トルコと並んでNo.1の拠点にまで成長した。

さらに2001年には，IMV（Innovative International Multi-Purpose Vehicle）と呼ばれる小型ピックアップ車をタイから90か国以上（アジア，オセアニア，中東，欧州）に輸出するプロジェクトが始まった。その際にも，トヨタウェイの徹底，人事制度の改善，改善活動や技能教育の徹底といった取り組みを通じて，製造現場をより高いレベルに仕上げていった。結果，近年のタイトヨタは東南アジア地域の工場の先生として，他の工場への教育や支援を行うに至っている。また，一部製品の開発機能も移管されている。

このようにタイトヨタは，現地環境の変化に応じて，本社がその役割を変化させ，適切な支援を受けることで，「強い」工場を持つ海外子会社へと成長を遂げていった。もちろん，本社だけではなく，この成長の背景にはタイトヨタの現地従業員の粘り強い努力が存在している。現地環境の変化に応じて，本社と現地が一丸となって強い海外子会社を作り上げていった好事例と言えるだろう。

演 習 問 題

8.1　日本で成功している外資系企業（外資系企業の海外子会社）を取り上げ，どのレベルのパフォーマンスにおいて成功しているのかを明確にした上で，その成功要因は何かについて，本章で学んだ概念を使いながら説明しなさい。

8.2　戦略的イニシアチブを発揮できる海外子会社とそうでない海外子会社にはどのような差があるかについて考えなさい。その上で，戦略的イニシアチブを発揮する海外子会社はどのようにすれば生まれるのかを考えなさい。

第9章

グローバル・イノベーション論

　1990年代に入ると，海外子会社の役割の高度化に呼応する形で，国境をまたがるイノベーションをどのようにマネジメントするかが議論の対象となっていく。本章はそうした議論の中から，グローバル・イノベーションの類型，海外子会社にイノベーションを起こさせるためのマネジメント，各国のイノベーションの共有に必要なマネジメント，そして近年議論されている新たな経営の形である「メタナショナル経営」を説明する。こうした事項を学び，グローバル・イノベーションに関する知見を深めることが，本章の目的である。

○ KEY WORDS ○
グローバル・イノベーション，
センター・フォー・グローバル型イノベーション，
ローカル・フォー・ローカル型イノベーション，
ローカル・フォー・グローバル型イノベーション，
グローバル・フォー・グローバル型イノベーション，
リバース・イノベーション，NIH症候群，メタナショナル経営

9.1　国境をまたがるイノベーションへの注目

　本章では多国籍企業におけるイノベーションを取り上げる。これまで議論してきたとおり，伝統的な多国籍企業観では，イノベーションを行う主体は本国本社だった。しかし，多国籍企業が様々な国に拠点を設立し，いくつかの海外子会社が高度な役割を担うようになると，多国籍企業内で複数の国にまたがってイノベーションに関する活動が行われるようになっていく。新たな技術が様々な国で生まれ，その技術が様々な国で適用されることが当たり前になってきたのである。すると，こうした現象を明らかにしようとする研究が増えていった。本章が扱うのはそうして現れた比較的近年の議論である。

　本章では様々な国にまたがるグローバル規模のイノベーションを，**グローバル・イノベーション**（global innovation）と定義する。**イノベーション**（innovation）は日本では「技術革新」と訳されるが，本来は技術だけに限定されていない。イノベーションを初期に議論したシュンペーター（Schumpeter, J. A.）は元々**新結合**という言葉を使っており，「新しい商品の開発」「生産方法の開発」だけでなく，「新しい市場の開拓」「新しい原料などの供給源の獲得」「新しい組織の実現」もイノベーションに含めている（シュムペーター，1977）。

　グローバル・イノベーションの議論は，海外子会社の役割が高度化していった現実の動きに呼応して活発化し，現在も活発に行われている分野である。本章ではグローバル・イノベーションについて，その類型から，近年議論されている新たなマネジメントの議論まで，包括的に説明していく。

9.2　グローバル・イノベーションの類型

　グローバル・イノベーションは，①センター・フォー・グローバル（center for global）型イノベーション，②ローカル・フォー・ローカル（local for local）型イノベーション，③ローカル・フォー・グローバル（local for global）型イノベーション，④グローバル・フォー・グローバル（global for global）型イノベーションの4つに分類することができる（Ghoshal & Bartlett, 1988；Nohria & Ghoshal, 1997）。

〈1〉センター・フォー・グローバル型イノベーション

センター・フォー・グローバル型イノベーションは，本国がイノベーションを主導し，それを海外に適用するパターンである。本国がイノベーションの機会を察知し，それを実現し，海外はそのイノベーションを利用する。イノベーションの発生源は一か所だが，それがグローバルに波及しているため，グローバル・イノベーションの一種とみなせる。

センター・フォー・グローバル型イノベーションは，第6章で説明した，バートレットとゴシャール（Bartlett & Ghoshal, 1989）が主張する「グローバル型組織」の多国籍企業でとられるイノベーションのパターンである。かつての日本企業の多くは，基礎研究，製品開発，工程開発といった機能を全て国内に持ち，そこで生まれた技術や製品をほぼそのままの形で海外に波及させていた。なお，現在では海外子会社に開発機能を持たせている日本企業が増えているが，中には現地への言語対応のためのソフトウェアの書き換えなど，小さい部分しか任されていない海外子会社も存在する。こうした海外子会社しかない場合，この多国籍企業は未だにセンター・フォー・グローバル型イノベーションに依存していると言える。

一般的に，センター・フォー・グローバル型イノベーションは最も初歩的なグローバル・イノベーションの段階であると言われる。しかし，必ずしもそれが悪いとは限らない。iPod，iPhone，iPadを開発した際のアップルのように，開発は米国で集約的に行うも，そこに世界中の優秀な人材を集めてしまうことで，競争力のある製品を作ることに成功している企業もある。

〈2〉ローカル・フォー・ローカル型イノベーション

ローカル・フォー・ローカル型イノベーションは，海外子会社が現地においてイノベーションの機会を察知し，実現してそれを現地で利用するパターンで

ある。このイノベーションに本国本社はほとんど関わらず、現地の海外子会社が自律的に現地に必要なイノベーションを実現する。第6章で説明した、バートレットとゴシャール（Bartlett & Ghoshal, 1989）が主張する「マルチナショナル型組織」の多国籍企業でとられるイノベーションのパターンである。

ローカル・フォー・ローカル型イノベーションのわかりやすい例は日本マクドナルドである。マクドナルドは米国企業であり、日本マクドナルドはその海外子会社に過ぎない。しかし、月見バーガー、てりやきバーガーなど、日本市場のニーズを捉えた日本独自の製品を多数開発している。また、食品提供のスピード、店員の応答態度の丁寧さなどは、2016年の時点で世界でも類を見ないレベルである。海外でマクドナルドを利用してみればその差は歴然である。

しかし日本マクドナルドのイノベーションが他国に波及しているかというとそうではない。商品については一部のものは海外でも転用されていることもあるが、多くはない。また、日本マクドナルドのオペレーションのノウハウが海外に移転されていれば、海外のマクドナルドのオペレーションのレベルはもっと上がっているだろう。あくまでもローカルのためのイノベーションにとどまっている。

〈3〉ローカル・フォー・グローバル型イノベーション

以上の2つのイノベーションは、海外子会社がイノベーションを生む主体であるかどうかで大きく異なっていた。さらに、海外子会社がイノベーションを生むのであれば、そのイノベーションが現地だけでなく、グローバルにも活用される可能性がある。海外子会社で生まれた新たな技術や知識が、他の国にも適用されることで、グローバル全体にも利益をもたらしうる。このようなパターンを、ローカル・フォー・グローバル型イノベーションと呼ぶ。海外子会社からのイノベーションの波及を仮定している点で、これまでのイノベーションとは異なる。

この例については、前章まででもネスレジャパンのインスタントアイスコーヒー、日本IBMのThinkPadや3.5インチHDD等を取り上げてきた。さらに近年では新興国現地のニーズを捉えて開発された製品が、先進国市場に逆流してくる可能性が示唆されている（コラム11参照）。

コラム 11　リバース・イノベーション

　リバース・イノベーション（reverse innovation）とは，ハーバードの研究者であるゴビンダラジャン（Govindarajan, V.）らが提唱している概念であり（Govindarajan & Trimble, 2012），「途上国で最初に採用されたイノベーション」のことである。そうしたイノベーションは，重力に逆らって川上（先進国）へと逆流していくことがある[1]。新興国で生まれたイノベーションは，機能・品質が不足していても，十分に安いことが多いため，時間が経ってそのイノベーションの機能や品質がある程度のレベルにまで達すれば，先進国に逆流する可能性があるのである。

　こうしたリバース・イノベーションの例として，彼らはGEヘルスケア（GEのヘルスケア部門）がインド市場に投入した心電計の事例を取り上げている。心電計は心電図検査などによって心臓疾患などを明らかにする機械である。2000年初頭インド市場には，GEがターゲットとしていた3000ドル～1万ドルのハイエンドの心電計があまり使われていなかった。競合のBLPヘルスケアが60～70％のシェアを持っていると推察される中，彼らがハイエンド市場に参入すれば，最終的にはグローバルシェアさえも奪われるかもしれない。そのような危機感から，GEはインド市場に対応した安価な心電計を，インドで開発することにした。

　結果2007年に発売されたのがMAC400と呼ばれる製品だった。この製品は従来の製品から，モニター，デジタルメモリ，標準サイズのキーボード，大きなプリンターを省くことによって，800ドルの価格を実現した。この装置ならば，これまで1回5～20ドルかかっていた心電図検査料金を，1回1～2ドルにしても元手が取れるため，医者としても導入しやすい。また，コストを下げただけでなく，携帯性やメンテナンスのしやすさなどを追求した。これは，患者が医者のところに出向けなかったり，メンテナンスの業者が近くにいなかったりする田舎でも使いやすい製品にするためである。こうした工夫によって，MAC400はインドにおいてヒット商品となった。

　さらに，MAC400はインド特有の制約条件とニーズに合わせて設計された製品にもかかわらず，すぐに他国先進国でも評価された。MAC400の売上高構成において欧州がすぐに半分を占めるようになり，やがて先進国を含む194か国（特にフランスが好調）で販売されるに至った。近年ではMAC400をベースに，より廉価にしたMACインド（400ドル）が2010年に，ややハイエンドにしたMAC600（1200ドル）が2011年に，インドで販売された。また，MAC800（2000ドル，発売年不明）という中国の第二，第三の都市と農村地帯を狙ったハイエンド製品も販売されたが，この製品は2011年までに米国でも販売されている。

---

[1] リバース・イノベーションという言葉の響きから，先進国への逆流までも含んだ概念に思えるが，Govindarajan & Trimble（2012）では，新興国で生まれたイノベーションがリバース・イノベーションであると明確に定義されている。実際に，彼らがリバース・イノベーションとして紹介している事例の中には，先進国まで逆流していないものもある。

なぜリバース・イノベーションに先進国企業が注目しなければならないかというと，リバース・イノベーションを放っておくと，リバース・イノベーションを起こした新興国企業が台頭し，先進国市場にまで進出する可能性があるからである。先進国企業が，既存製品・サービスとのカニバリゼーション（共食い）を恐れず，積極的にリバース・イノベーションを取り込むことで，新興国企業に台頭の余地を与えないことが重要なのである。

〈4〉グローバル・フォー・グローバル型イノベーション

　グローバル・フォー・グローバル型イノベーションは，より多くの海外子会社がグローバルに貢献するイノベーションを生み出し，本社と多くの海外子会社がお互いにイノベーションを共有し合っているようなパターンである。各拠点は自国の環境に対応したイノベーションだけでなく，他国の状況も見ながら，自らが貢献できそうならばその都度イノベーションに貢献していく。これは，第6章で説明した「トランスナショナル型組織」の多国籍企業においてとられるイノベーションのパターンであると考えられる。

　この具体例として，P&Gの液体洗剤の開発事例が挙げられている（Nohria & Ghoshal, 1997）。当時P&Gの液体洗剤は欧州において苦戦を強いられていた。欧州には米国にはない使用環境があり，さらに酵素，漂白剤，リン酸といった成分を米国の基準よりも多く使用することが許可されていたため，それらに合わせている現地競合の粉状の製品が強かったからである。その中でP&Gの欧州チームは7年間の開発期間を経て，漂白剤に変わる新たな成分と，酵素を液体の中でも安定させる技術を構築した。

　一方その頃，米国の研究者は泥汚れを沈殿させない新たな成分を開発し，より泥汚れに強い液体洗剤を開発した。さらに同時期に，日本の研究者とP&Gの国際技術共同グループ（International Technology Coordination Group）が，日本の冷たい水でも効果的に働く，油汚れに強い界面活性剤を開発した。

　以上の日米欧の開発はローカル・フォー・ローカル型イノベーションに過ぎない。しかし欧州のR&Dのトップがグローバル全体の研究開発のトップになると，各国の成果を共有するように方針を転換した。日米欧の研究者はお互いの成果を共有し合い，製品開発に活用した。結果，米国ではTide，日本ではCheer，欧州ではArielといった液体洗剤が販売された。

P&Gの事例では，各国市場に投入する製品は各国拠点が最終的に開発したため，各国拠点は他国で求められるイノベーションに貢献はしたものの，直接生み出してはいない。しかし概念上は，日本市場の洗剤を欧州のチームが開発する，米国市場の洗剤を日本のチームが開発するというように，その時のある国のニーズに最も適した技術を持った組織が，国境を越えてイノベーションを生み出すこともありうる。市場のある国に研究開発部門がある場合は，その部門との協業になるのが現実的だろうが，より適材適所で柔軟な体制も考えられる。

　しかしこうしたイノベーションは，多くの企業にとってはまだ一般的ではない。こうしたイノベーションを行うためには，各国拠点がお互いの成果を共有するための，活発なコミュニケーションが必要となる。そうしたコミュニケーションを活発化するためには，各国拠点の従業員の交流を促す施策等が必要になる。

　以上の4つの類型から，グローバル・イノベーションの段階を分ける大きなポイントは，「海外子会社がイノベーションの主体になること」と「イノベーションが現地だけでなくグローバル全体にも波及すること」であることがわかる。そこで以下では，これらの論理を見ていく。

9.3　海外子会社がイノベーションの主体となるには？

###〈1〉R&D機能を海外子会社に持たせる理由，持たせない理由

　海外子会社がイノベーションの主体となるかどうかに影響を与えるそもそもの要因は，R&D（Research & Development，研究開発）機能を海外子会社に持たすべきかどうかの判断である。もちろん，生産や販売でもイノベーションは起きるが，製品レベルや技術レベルの大きなイノベーションはR&D機能がなければなかなか起きない。そこでR&D機能に焦点を当てながら，R&D機能を海外子会社に持たせる理由と持たせない理由について，主なものを取り上

げる。

① R&D機能を持たせる理由

　海外子会社にR&D機能を持たせる理由の一つ目はマーケット志向の論理である。特定の国の市場に根ざした製品・サービスを作るのであれば，現地市場の声を近くで聞いた方が良いという考え方である。迅速な適応化が必要な産業（例えば食料品）などでは，こうした理由から現地子会社がR&D機能を持つことが多い。

　第二の理由はサプライ志向の論理である。特定の分野の有数な研究者がある国にしかいないため，その国でR&D活動を行うのが望ましいケースがある。優秀なIT研究者を取り入れるために，米国の西海岸のシリコンバレーに研究所を設ける企業は多数ある。

　第三の理由は戦略志向の論理である。これは，どこの国にどのような知識があるかはわからないが，世界中にある程度のR&D拠点を作ることで，現地の知識を吸収し，それをイノベーションにつなげていこうとする考え方である。本章で後述するメタナショナル経営の企業が海外にR&D拠点を作る場合は，こうした論理に基づいている可能性がある。

　第四の理由は，組織の論理である。本国から言われたものを生産したり，販売したりするよりも，自ら開発したものを生産，販売する方が，海外子会社の従業員のモチベーションが上がることがある。また，現地にR&D機能から一貫して揃っている方が，現地の技術者やエンジニアを惹きつけやすい。あるタイの日系化学メーカーは，タイでは導入が少ない高価な計測器等をいくつも導入することで，技術者のモチベーションを向上させていた。

　第五の理由は，対進出先（ホスト国）政府の論理である。多くの新興国政府は，安価な労働力をベースに外資系企業の投資を呼び込むが，自国の産業の発展を考え，徐々に高度な活動を自国で行えることを希望することがある。実際にタイでは，2015年に自国の産業の高度化を狙って，R&D活動をタイ国内で行う外資系企業を税制上優遇する制度を導入している。

② R&D 機能を持たせない理由

　逆に，海外子会社に R&D 機能を持たせたくない理由もある。まず，第一の理由は規模の経済である。これは，複数の拠点に研究所を分散させるよりも，一か所に集中した方が規模の経済が働くという考え方である。これは，マーケット志向の論理が働かないような産業の場合，優先される可能性が高い。

　第二の理由はコミュニケーションとコーディネーションのコストである。R&D 機能の性質上，研究者が活発に議論することが，新たなイノベーションにつながる可能性がある。しかし言語や文化的背景の違う研究者との議論は，同じ国内の研究者との議論よりも難しい側面がある。また，各国の R&D 拠点で協業をしようとしても，時差の問題から同じタイミングで会議などをすることが難しいという問題もある[2]。

　第三の理由は，機密知識の保護である。一般的に日本国内よりも，海外の方がジョブホッピングが盛んである。そのため，重要な機密知識を持ち出されたら困ると考え，海外に R&D 機能を出さないことがある。実際，機密知識の保護を気にする企業は多く，オフィスにプライベートのデジタルカメラなどを持ち込ませない企業も存在する。

　第四の理由は，対ホスト国政府に対するバーゲニングパワーである。R&D 機能を持たせる理由の第五の理由と相反するようにも見えるが，現地にはない新たな技術を保持している企業だからこそ，ホスト国に対して有利な条件を引き出せる可能性もある。「条件が良ければいつか R&D 機能を出す」というカードを持って，交渉することが可能になるのである。

　第五の理由は，R&D 機能の優位性の移転の難しさである。新興国など，現地での研究開発活動が活発でない場合，本国から R&D のノウハウを教える必要がある。しかし，R&D 活動は生産活動よりもマニュアル化することが難しいため，本国のノウハウを移転することが難しい。また，現地の研究者のレベルによっても，移転可能性が左右される。海外に R&D 拠点を立ち上げる際に大幅なコストがかかることが見越される場合は，二の足を踏んでしまう可能性がある。

---

[2] ただし時差は一方でメリットをもたらすこともある。時差を利用する形で拠点間の仕事の引継ぎを行えば，開発業務を 24 時間継続して行うことができる。

図表 9.1　R&D 機能を海外子会社に持たせる理由と持たせない理由

R&D 機能を海外子会社に持たせる理由	R&D 機能を海外子会社に持たせない理由
①マーケット志向の論理 ②サプライ志向の論理 ③戦略志向の論理 ④組織志向の論理 ⑤対ホスト国政府の論理	①規模の経済 ②コミュニケーションとコーディネーションのコスト ③機密知識の保護 ④ホスト国政府に対するバーゲニングパワー ⑤R&D 機能の優位性の移転の難しさ

(出所)　筆者作成。

　海外子会社にR&D機能を持たせる理由と持たせない理由を一覧にまとめたものが図表9.1である。ここから，産業特性，企業の戦略などが関わって，R&D機能を海外に出すかどうかが決まることがわかる。ただし，実際にR&D機能を海外子会社に持たせるにしても，簡単には持たせられない場合がある。次にこの問題を見ていこう。

〈2〉海外子会社にR&D機能をどのように持たせるのか

　前述のとおり，R&D機能を本国から移転しようとしても，ノウハウの形式知化が難しいこと，受け手の研究者のレベルに左右されることから，容易ではない。こうした問題を避けるための単純な方法は，ある程度のレベルの研究者が確保できる国にR&D機能を持たせ，現地流のやり方で自由にやらせることである。国ごとの多様性を重視するのであれば，このようなやり方も有効である。ただしこの場合は，自由にやらせる中で，どう統制するかも考えなければならない。

　しかし研究者のレベルがそこまで高くない新興国の場合はそうはいかない。まず，R&Dのノウハウを徹底的に形式知化するか，暗黙知が伝わるように濃密なコミュニケーションを行うかして，本国側のノウハウを移転し，現地のR&D能力を高めなければならない場合がある。また，現地の研究者の吸収能力を上げるために，基礎的な部分から丁寧に指導しなければならない場合もある。

実際にこのようなやり方で新興国にR&D機能を持たせたのが，トヨタである。トヨタはタイでソルーナという現地向けのセダンを開発し，1996年から販売した。ソルーナの開発にあたって，トヨタはタイトヨタの技術部長であるニンナート氏を開発リーダーに指名した。このプロジェクトは日本のトヨタからの豊富なバックアップがあったものの，タイトヨタの人間も関わりながら進められた。プロジェクトのために働いた人数は日本人も含めてのべ1000人であり，日本人とタイ人が常時300人くらい，顔を合わせている状態だったという。すなわち，フェイストゥフェイスの濃密なコミュニケーションを通じて，プロジェクトを進めていったのである。

　こうしたプロジェクトを通じて，タイ人は日本人の考え方への理解を深めていった。日本の開発ノウハウなどを徐々に吸収していったのである。また一方，日本人もタイ人スタッフの考え方を理解するようになった。仕事を介してお互いの理解が深まり，結果として両者のモチベーションは向上したという。その後タイトヨタは順調にR&Dの能力を高め，2001年にはグローバル車であるハイラックスの開発機能の一部を任されることになった。

　なお，海外R&D拠点の設立やマネジメントに関する詳細な議論は第13章で扱う。

9.4　各国のイノベーションの共有を促進するには？

　グローバル・イノベーションの段階における次の大きなステップは，各国がイノベーションを共有できる体制を作ることであった。第4章で議論したとおり，たとえ同じ多国籍企業内であっても，知識は容易には移転できないことがある。物理的距離や文化的距離が離れている多国籍企業では，各国に蓄積された知識を社内で広く共有することは特に難しいと言えるだろう。

　では，どうやって各国拠点の知識の移転を活発化させるのか。第4章で議論したとおり，考えるべきことは，知識の質，量，および送り手と受け手の性質

と関係である。まず，そもそも何をどれくらい移転するかを考え，形式知化できるものは形式知化した上で移転する必要がある。送り手はわかりやすく伝えるように努力し，受け手はモチベーションと最低限の吸収能力を持つ。その上で両者の間に豊富なコミュニケーションチャネルを持つことが求められる。

グローバル・イノベーションにおいて特にマネジメントすべきは，受け手のモチベーションとコミュニケーションチャネルである。まず，各国拠点はNIH (Not invented here) 症候群に陥らないようにしなければならない。NIH症候群とは，自社で作られた知識以外は受け入れたくないと思ってしまう組織的な傾向のことである。本社は，各国拠点がNIH症候群に陥らないように，他国拠点とのコラボレーションを評価項目に入れるなどの工夫をすべきである。

次に，コミュニケーションチャネルである。グプタ（Gupta, A. K.）とゴビンダラジャン（Gupta & Govindarajan, 2000）によると，多国籍企業内での知識移転のためのチャネルが備わっているほど，親会社と海外子会社間，および海外子会社間の知識移転が促進されるという。特に，各国間をつなぐ組織（他国の組織に入り込むリエゾン人材や，国を越えて結成されるタスクチームなど）を整備すること，他国の人材との協働経験を積ませること，他国の人材と一緒に教育プログラムを受けさせるなどは，拠点間の知識移転を促進する可能性が示唆されている。

日本企業の場合，本社を中心とした情報網は存在しているが，本社からの一方的な知識移転が多いとされてきた。しかし近年は，海外子会社の情報を本社が集約し，他の海外子会社に展開していく企業も増えている。ただし，海外子会社同士が自律的に情報交換をしているケースはまだ多くない。そうしたケースでも，海外子会社の日本人同士がインフォーマルな人間関係を元に情報交換をしているケースが多く，組織として仕組みづくりができていないこともある。

9.5 メタナショナル経営

〈1〉メタナショナル経営とは何か

最後に，2000年以降に現れた，新たなグローバル・イノベーションの概念について説明をする。

バートレットとゴシャール（Bartlett & Ghoshal, 1989）がトランスナショナル型組織という概念を出して以降，グローバル・イノベーションの一つの理想形は「トランスナショナル型組織」による「グローバル・フォー・グローバル」的なイノベーションだった。しかし，トランスナショナル型組織には以下のような問題があった。

問題点1：厳密に当てはまる企業が見当たらない。ABBもトランスナショナルとは言い難くなった。

問題点2：海外子会社がそれぞれ差別化された形で企業全体に貢献することの重要性が説かれているが，海外子会社の多くはイノベーション以外の要因で設立され，そのような資源を持ち合わせていない拠点の方が多い。

問題点3：アライアンス（提携）やM&Aなど，経営資源の外部依存の議論が薄い。

こうした問題点を受けて，2000年代から新たな理想的な組織形態が議論されるようになってきた。その一つがドーズ等が提唱している「メタナショナル経営」である（Doz, Santos & Williamson, 2001）。

メタナショナル経営（metanational management）とは，自国の優位性に立脚した戦略を超えて，世界中から知識を入手し，活用して競争優位を築き上げるマネジメントを指す。この経営を行うことで，たとえその企業の母国がその企業のビジネスに向いていなくても，すなわち「born in the wrong place（間違った場所に生まれた）」企業でも，生き残ることができるとドーズたちは主張している。また，メタナショナル企業は実在しているため，選択可能な戦略

アプローチである点が，トランスナショナル型組織とは異なるとも指摘している。

メタナショナル企業の例として，ドーズたちはフィンランドのノキアを挙げている。ノキアは，携帯電話部門でサムスン，LGなどと世界トップシェアを争ってきた企業である。2012年に同部門でシェア2位に転落すると，2013年にマイクロソフトに携帯電話事業を売却したが，2000年代は概ね好調であった優良企業である。

ノキアは元々フィンランドの小さな会社であり，携帯電話に必要な技術・市場ノウハウを持っていなかった。このような企業が世界的な大企業になれたのは，積極的に海外に進出し，海外で知識を得て，それを組み合わせたからであった。ノキアはイギリスでR&D活動，米国で最先端技術＆マーケティング技術，日本から小型化技術，データ利用能力，顧客満足志向などを学習した。さらに全世界にネットワークを構築し，海外から得られた知識をグローバルに共有する体制を作った。そうして得られた情報を，各国顧客のニーズの多様性の把握，競争者の動向の把握，市場分析に役立て，競争優位を得ていたという。

〈2〉メタナショナル経営のプロセス

メタナショナル経営のプロセスは，「察知（sensing）」「流動化（mobilizing）」「事業化（operationalizing）」に分けることができる。

まず，察知は，各国拠点で現地特有の知識資源のアクセスを行う段階である。この段階では，新たな技術や市場を予知する能力や，新たな技術や市場に関する知識を入手するための能力が必要とされる。具体的には，外部環境に関する知識を蓄積したり，そうした情報をとってくる情報ブローカーを抱えたりする必要がある。

次の段階は流動化である。ここは，世界中で得られた知識資源を結合する段階である。この段階において，多様な知識は様々な場所に移管され，結合され，新たなアイデアが生まれていく。そのため，入手した知識を他国に移転する能力と，新たな知識をイノベーションに向けて融合する能力が求められる。具体的には，世界中の知識資源を多国籍企業内で結合するためのノウハウや，社内での知識結合を促す情報ブローカーが必要とされる。

最後の段階は事業化である。流動化を経て結合された知的資源を，多国籍企業内の各拠点で実際に活用していく段階である。この段階では，新しく誕生したイノベーションを日常のオペレーションの中にうまく落とし込んで活用の体制を作っていく能力と，そのイノベーションを実際にうまく活用する能力が求められる。

　例えば，大学の授業にスマートフォンというイノベーションを導入するのであれば，まず授業の中でどのようにスマートフォンを利用するかを考える。これが，「落とし込む」能力である。その中で，例えば各自の理解度を確かめるために使うと決定したのであれば，授業中に学生の集中力を損なわない的確なタイミングで，しかもバグなどで操作不能にならないように，その機能を使うことになる。これが「うまく活用する」能力である。

　いずれにしても，結合された知的資源を使いこなすための「組織能力」を向上させなければならない。

〈3〉メタナショナル経営の課題

　ただしメタナショナル経営を実現するにあたって，いくつかの課題はある（浅川，2006）。

　まず，立地の選択と分散の最適化である。知識を得るためにどこまで広範囲にサーチするかを決めなければならない。広範囲にしすぎれば，統合が難しくなるが，狭すぎれば必要な知識を取得できない可能性がある。

　次に知識の複雑性と移動性の問題である。知識自体が複雑だと，なかなか移転・共有できない。知識の性質がメタナショナル経営を阻害する要因となりうるのである。

　三つ目に知識のルートである。メールベースが良いのか，直接フェイストゥフェイスで行うのが良いのかといった，コミュニケーションチャネルの選択を考えなければならない。また，知識を一旦本国に集めてから分散させるのか，それとも世界中の拠点同士が自由にコミュニケーションチャネルを持つのかを考えなければならない。

　四つ目に吸収能力である。各国の吸収能力をどのように高めるかを考えなくてはならない。また，各国拠点がNIH症候群に陥らないためのマネジメント

も考えなければならないだろう。

このように，比較的新しいメタナショナル経営でも，検討しなければならない課題は少なからず残っている。グローバル・イノベーションをどのようにマネジメントすべきかについては，今後も現実の動きに合わせて，活発に議論されていくだろう。

演習問題

9.1 好きな産業から複数の企業を選択し，海外R&D拠点の数を比較せよ。もし企業間に差があるのであれば，なぜその差が生まれたのかについて，その企業の歴史や公開されている情報を元に推察しなさい。

9.2 メタナショナル経営の「察知」「流動化」「事業化」のそれぞれを主導する人材として，どのような能力や性格を持った人間が望ましいと思うかを考えなさい。また，自らはどの段階に参加したいと思うかについて，その理由を含めて考えなさい。

第 10 章

国際パートナーシップ

　現在の多国籍企業にとって，全ての活動を自社だけで行うのはもはや現実的ではない。新興国も含めた他国のパートナーと組み，自社の競争力を補うことが頻繁に行われている。本章はこうした近年のトレンドを踏まえ，国境を越えたパートナーシップ，「国際パートナーシップ」を取り上げる。パートナーシップの種類，国際パートナーシップのメリット・デメリット，国際パートナーシップの具体的な形態を理解した上で，戦略的に国際パートナーシップを利用するために必要な事項を学ぶことが，本章の目的である。

○ KEY WORDS ○

国際パートナーシップ，業務提携，資本業務提携，合弁，OEM，ODM，アウトソーシング，合併・買収，オープンイノベーション

10.1　活発化する国際パートナーシップ

　海外直接投資論では，多国籍企業は不利な立場にもかかわらず，なぜ海外に自ら子会社を設立し，その経営を行うのかが議論されていた。その後，多国籍企業が不利な立場であるという前提が感じにくくなるほど，多国籍企業の海外子会社は各国でプレゼンスを高めていった。

　しかしその逆の動きも起きている。前章のメタナショナル経営の議論の中で触れたように，多国籍企業が外部に優位性を求める時代へと変化しているのである。その一つの流れとして，「強い」はずの大企業が，全ての活動を自社で行うのではなく，提携（アライアンス）や合弁（ジョイントベンチャー，JV）といったパートナーシップを利用して，海外展開をするようになってきている。

　特に 2000 年以降，先進国企業とのパートナーシップを活用して，成長する新興国企業の存在が目立っている。その最たる例が，台湾企業の鴻海精密工業である。鴻海（ホンハイ）は，2017 年の時点でシャープを含めて自社ブランドを複数抱えているが，元々は先進国のエレクトロニクス企業の生産委託から始まった企業である。中国等の安価な労働力を活用して，先進国メーカーが開発した PC，携帯電話等の製品の生産だけを請け負い，その工賃を得るというビジネスを始めたのである。こうした生産委託に特化した企業のことを，OEM（original equipment manufacturer），電子機器業界では EMS（electric manufacturing service）企業と呼ぶ。

　先進国企業は固定費を軽くするために，鴻海に次々と生産委託を始めた。アップルやヒューレット・パッカードをはじめ，世界中の多くの電機メーカーが鴻海に生産を委託してきた。その結果，鴻海は 2014 年に日本円で 15 兆円もの売上規模を誇るまでに成長している。これは，ソニーやパナソニックの売上を足した金額とほぼ同額である。

　もちろん，国際的なパートナーシップは古くから行われてきた。しかし新興国企業とのパートナーシップの積極的な活用や，開発活動に関するパートナーシップの活用は，2000 年以降に注目が集まっている。そこで本章は，国際パ

ートナーシップ（international partnership）に関する議論を取り上げる。なお本章では，国際パートナーシップを利用して海外進出を行う側の立場に立った議論を主に行う。鴻海のような国際パートナーシップを活用することによって成長してきた新興国企業の議論については演習問題で扱うにとどめる。

10.2 パートナーシップの種類

　まず，国際パートナーシップの議論に移る前に，一般的なパートナーシップの類型として，業務提携，資本業務提携，合弁の3つについて説明しておく。
　まず業務提携とは，パートナー（協力相手の企業や組織）と特定の製品・サービスの開発・製造・販売などのいずれかの活動を共同で行う際に，互いに株式を持ち合ったり，その共同事業を管理するための独立組織を作ったりしないやり方である。ある特定のブランドや特許の使用権や，特定の製品の販売権を与えるライセンス契約などもこれに当たる。また前述のOEMや，大企業が中小企業に業務の一部を下請けする場合もこれに当たる。
　次に資本業務提携（単に資本提携と呼ぶこともある）とは，パートナーが契約関係を補強するため，一方，またはお互いにパートナーの所有権を持ち合うやり方である。例えばルノーと日産は1999年にルノーが日産に出資する形で，資本業務提携を行っている。そのルノー・日産が2016年に三菱自動車に行ったのも，資本業務提携である。
　最後の合弁とは提携したパートナーが共同で投資を行い，新たに独立した企業を設立することである。例えば非中国系の自動車メーカーが中国に進出する際には，合弁での海外進出が義務付けられている。そのためトヨタは第一汽車のグループ会社との合弁会社を成都と天津に，広州汽車との合弁会社を広州に設立している。

10.3　国際パートナーシップのメリットとデメリット

次に国際パートナーシップの主なメリットとデメリットを確認する。

メリットの一つ目は，海外進出のコストが小さくなることである。特に，進出先での事業経験のあるパートナーがいれば，投資額が少なくなるだけでなく，彼らの経営資源を転用することで立ち上げ時間を節約できる。医薬品業界の場合，安全や品質などの基準を満たして，現地政府などから承認を得ている工場しか医薬品を生産できない。そのため，海外生産を行う際には，新しい工場を現地で立てて一から承認を得るよりも，既に承認を得ている現地パートナーの現地工場を利用する方が，時間を節約できることが多い。

メリットの二つ目は，足りない資源の補完である。現地市場に精通した企業に販売を委託したり，安価な生産に優れたOEMに生産を委託したりするのはその一例である。例えばスターバックスは1995年にサザビーリーグ（当時はサザビー）という日本の小売企業と合弁で日本市場に進出した。これは，バッグなどの小売や飲食店の運営を行っていたサザビーが持つ日本市場に関するノウハウを利用するためであった。

メリットの三つ目は，足りない資源の補完の延長上にある，パートナーからの学習である。単純な業務提携では難しいが，資本業務提携や合弁など，協業の機会が豊富なパートナーシップでは，学習が可能となる。例えばルノーと日産自動車は，各々提携を通じて，ルノーは日産のものづくりの能力，日産はルノーの戦略やマネジメント能力を学習し合ったと言われている（ヘラー・藤本，2006）。またあるエアコンメーカーは，新興国企業と合弁会社を立ち上げたことで，新興国企業の「安く部品を買う」ノウハウを学習したという。

一方，パートナーシップはデメリットもある。まずパートナー企業が裏切る可能性が常に存在する。特に単なる業務提携の場合は，事前の契約を綿密にしなければ，機会主義的な行動を防げない。例えば海外の生産業者に生産を委託したが，納期になっても納品せず，催促したら追加料金を請求された，という

ようなケースである。また，資本業務提携や合弁契約を結んでも，相手がこちらの要求するような資源を提供しなかったり，こちらの技術を盗もうとしたりする可能性はゼロではない。

また，どちらも騙す気がなくても問題は生じうる。第二のデメリットは利益配分の問題である。いずれの提携の形でも，最終的な製品から得られた利益を，誰がどれくらい利益として取るのかに関する議論が起きる。当初利益配分を決定しても，契約更新のタイミング，またはどちらか一方がパワーを持ち出したときには，改めて利益配分が協議されることがある。その結果当初よりも利益が見込めなくなる可能性もある。

三つ目のデメリットは，活動間の調整の問題である。多国籍企業として活動の調整が難しくなる。例えば工場間の生産品目や生産量を変更したくても，パートナー側の事情によって自由に変更できないことがある。また，異なる活動間の調整も難しくなる。完全な自社工場であれば製品開発と生産現場が早期から連携し，迅速な立ち上げを行うことが目指されるが，生産にパートナー企業が関わっていると，機密保持の関係から，またはコミュニケーションのズレから，緊密に連携がとれないことがある。また，販売を現地企業に委託している場合，開発部門に市場の生の声が入ってこないこともある。

四つ目のデメリットは学習機会の非対称性による技術流出である。資本業務提携や合弁では，協働を通じてお互い学び合うことが望ましい。しかし，一方から学ぶものが何もない場合，一方的に片方にノウハウが流れることになる。または，一方の強みは簡単に学習できて，一方の強みの学習は難しいというように，学習にかかる時間に大きな差がある場合も，同様である。そうなれば，片方がノウハウを吸収しきったタイミングで，パートナーシップ関係を打ち切る可能性がある。

以上のメリットとデメリットは同一国内でのパートナーシップでも大きくは変わらない。ただし，国際パートナーシップの方が，企業間の異質性が高くなる傾向にあるため，海外パートナー企業が持つ優位性を自社で用意することは難しく，パートナー企業を活用することのメリットが大きくなる傾向にある。その一方，お互いの文化的背景や経済的背景が異なるため，パートナー企業に

裏切られるリスクや，利益配分や連携などの議論が複雑化するといったデメリットも大きくなる傾向にある。すなわち，国際パートナーシップの方が，成功すれば得られるものは大きいが，失敗すれば大きな失敗につながるという，ハイリスク・ハイリターンな意思決定になる可能性があると言えよう。

10.4 国際パートナーシップの形態

次に，具体的な国際パートナーシップの形態について見ていく。ここでは，販売・マーケティング，生産，研究開発といった多国籍企業の主要な活動における，主要な国際パートナーシップの形態を見ていく。

〈1〉販売・マーケティングにおける国際パートナーシップ

販売・マーケティングにおける国際パートナーシップは，現地の市場を深く理解している現地企業との間で結ばれることが多い。実際にこうしたパートナーシップをとっている企業の例としては，サザビーリーグとの合弁による日本への進出を目指したスターバックスコーヒーや，タイの有力外食企業FUJIとの合弁によってタイへの進出を果たしたカレーチェーンの壱番屋（CoCo壱番屋）などが挙げられる。FUJIと壱番屋の合弁事業では，FUJIが株式のマジョリティを握り，現地の店舗運営やフランチャイジー探しなどを主導して行っている。また別の例では，セブン-イレブンが1978年に台湾に進出した時は，台湾企業の統一超商に委託して，現地の運営を任せている。その後セブン-イレブンは2009年に上海に進出する際にも，統一超商をパートナーとして選んでいる。

こうした委託関係では，委託元が現地市場のノウハウを吸収できるかどうかが重要な観点となる。もし，現地市場のノウハウを吸収できず，自社の製品・サービスのノウハウだけをパートナー企業に取られてしまえば，パートナー企業が独立する可能性がある。しかし，現実にはその逆も起きている。例えば前述のスターバックスコーヒーの場合，2014年にスターバックス本社が日本の

合弁会社を完全子会社にした。これらが切り替わった真の理由はわからないが，少なくともパートナー企業なしでもやっていけるとの算段による決定であったことは間違いない。スターバックスコーヒーは既に日本市場では一定の評価を得ているブランドであり，現地パートナーの力を借りなくても売りやすい側面はある。現地パートナーから見れば，自らの努力によって現地市場における委託元企業の商品の知名度を上げたことが，自らを不要とする結果につながるというジレンマを内包していると言えよう。

〈2〉生産における国際パートナーシップ

　生産におけるパートナーシップは，迅速な海外生産の立ち上げのため，あるいは自社で工場を持つことのコストやリスクを回避するために行われる。そのため，現地で工場運営の経験がある企業や，国際的に見て生産活動に優位を持つ国に立地する企業とパートナーシップを結ぶことが多い。例えば1988年に日本IBMは3.5インチHDDの海外生産の委託先として，タイのサハユニオンという企業を選んだ。サハユニオンはタイの有力な財閥グループであり，HDDの生産に関するノウハウはないものの，他の事業での生産経験はあった。また，当時のタイには第7章で見たようなHDDの生産クラスターが形成されつつあり，人件費もシンガポールよりも安かったため，HDDの生産地として世界的に見ても優位性を持っていた。そのため，サハユニオンがパートナーに選ばれた。結果日本IBMは，単独で出たときよりも安価なコストで，かつ迅速に進出できるというメリットを享受できた。なお，この両者の関係は良好であり，IBMのHDD事業が日立に買収された後も生産委託は継続され，パートナーシップは20年以上続いた。

　生産におけるパートナーシップにおいて委託元が気をつけなければならないのは，パートナーへの依存度が増すことである。例えば生産委託先に多くの生産を丸投げしてしまい，自社に生産のノウハウがなくなれば，生産にかかるコストがわからなくなってしまい，委託先に足元を見られてしまう可能性がある。特に委託先が鴻海のように大きくなり，委託元を選べるようになってしまったとき，自社生産に切り替えられない委託元は，委託料の増額を強いられることがある。資本業務提携や合弁による生産でも，パートナーとの協業事業のみが

生産を行うような状態になれば，パートナー企業が交渉してくる可能性も高い。

　また，生産委託先が生産委託から徐々に高度化していく可能性がある。例えばパソコンやPCのOEMを行う台湾・中国企業の中には，単純な生産を請け負うだけではなくて，委託元の仕様要求に応じて，委託元のブランド製品の設計から生産までを手がけるODM（Original Design Manufacturing）というビジネスに進出している企業も多い。ここまで来ると，設計機能を持ち出すため，委託先が自社ブランドの製品を投入することも可能になってくる。例えば台湾のPCメーカーであるASUSは，ODMを経て自社ブランドの製品を投入できるまで成長した企業である。また，台湾の自転車メーカーであるジャイアントは，元々は自転車のOEMからスタートし，今では世界有数のブランド自転車メーカーへと変貌を遂げている。

〈3〉研究開発における国際パートナーシップ

　研究開発における国際パートナーシップは，研究開発業務の下流における国際パートナーシップか，上流における国際パートナーシップかで分かれる。

① 研究開発業務の下流

　研究開発業務の下流における国際パートナーシップとは，研究開発の中でもイノベーションを生み出す部分ではなく，比較的容易で人手が必要な部分におけるパートナーシップである。その典型例はソフトウェアのアウトソーシングである。ソフトウェア設計に基づいて，実際に入力業務をしたり，バグ取りをしたりする作業を，海外にアウトソーシングするのである。比較的簡単で，人手がかかる作業のため，賃金の安くて優秀なソフトウェアエンジニアが多数いるインドや中国，近年ではベトナムなどの企業に委託されることが多い。

　比較的簡単な業務とはいえ，開発を円滑に進めていくためには，委託元と委託先の間でスムーズに仕事の引継ぎが行われなければならない。事前の設計段階で委託先に任せる仕事が全て明記されている場合や，設計図の変更がない場合は問題ない。しかしそうではない場合，両者の間で細かく連携をとる必要がある。そのため，地理的，文化的に離れた二国間のやりとりを支えるブリッジ人材が必要となる。

こうしたブリッジ人材は委託元が用意することも，委託先が用意することもある。例えば組込みソフトウェアと呼ばれる，家電や自動車に組み込まれるソフトウェアの開発活動の一部を，日本企業は中国の大連でアウトソーシングしている。日本企業の場合，事前の設計で全て固めず，実際の製品との状況を見ながら，ソフトウェアの設計を変えていくことが多々ある。そのため，委託先は日本側とコミュニケーションをとることが求められる。そのため，大連地域では日本企業の協力の下，日本企業向けのソフトウェアのアウトソーシングに適した人材育成が産学連携で行われている（小林，2012）。彼らはソフトウェアの知識や日本語なども学ぶが，日本企業的な仕事のやり方を学ぶことも重視されている。

　ただしここでも，委託先が簡単な下流業務から，徐々に高度なことができるようになっていく可能性がある。インドのソフトウェア産業は，簡単なプログラミングの受注から発展し，インフォシスやウィプロといった世界的に競争力のある企業も生んでいる。また，「簡単な仕事」から新たな発見がある可能性もある。例えば言われた通りに図面を描くという単純作業でも，それを実際に行うことで設計上の問題を見つけることもあれば，どうしてそういう図面になっているかを考えながら作業をすることで，自らの設計力を養うことができる可能性がある。

② 研究開発業務の上流

　研究開発業務の上流とは，実際の製品の設計業務や基礎的な研究開発などを指す。前述のODMなど，研究開発業務の上流の委託の動きも現れている。しかし近年特に注目されているのは，製品開発よりもより上流の基礎的な研究開発の成果を外部から吸収することを狙ったパートナーシップである。例えば製薬業界では，新薬創造につながる新たな化合物などの発見が難しくなっているため，創薬ベンチャーや研究所とパートナーシップを結んで研究開発を行っている。既に新たな発見をした企業を買収し，自らの傘下に組み込むケースも多い。

　IT企業でも同様の状況は見られる。ITを含めたベンチャー企業の成功のパターンとしては，株式上場をして，創業者が持っている株式に値をつけて儲け

るか[1]，ある程度の段階で何らかの企業の買収されることで資金を回収するかの2つがある。近年は新たな技術を開発したベンチャー企業に対して，大企業が買収まで含めたパートナーシップを申し出るケースが増えている。米国内のケースではあるが，1997年にマイクロソフトが買収したホットメールや，2006年にグーグルが買収したユーチューブなどはその典型例である。ベンチャー企業を生んだ起業家は，その企業を株式上場して儲けることよりも，買収されて富を得て，また新しいことにチャレンジすることに興味があることが多い。そのため，買収を好意的に受け取るケースも多い。

このように，全ての技術・知識を自社で生み出すのではなく，他社と協力したり，他社から技術・知識を売買したりすることで，イノベーションを起こすことをオープンイノベーション（open innovation）と呼ぶ（Chesbrough, 2003）。外部から有望なイノベーションをとり入れたり，逆に内部から出てきたが自社では使いこなせないイノベーションを外部に売却したりすることで，企業としての優位を得るのである。複数の技術標準ができて無駄な競争が起きることを防ぐために，特定の業界に関係する複数の企業が相談して業界標準となる技術を決めるコンソーシアム型標準（consortium standard）[2]も，オープンイノベーションの一種と言える。

ただし研究開発の上流のアウトソーシングでは，どのように有望な企業を探索するかが大きな問題となる。また，社会的にインパクトのある技術の場合，その成果をどのように分け合うかも問題となる。しかし，そうした問題を避けるために買収をすると，今度は買収後のマネジメントの問題が出てくる場合がある（コラム12参照）。

---

[1] これをIPO（initial public offering），日本語で新規公開株と呼ぶ。
[2] その他の標準としては，標準化団体が決める「デジュリ・スタンダード（de jure standard）」，市場競争の結果標準が決まる「デファクト・スタンダード（de facto standard）」が挙げられる。前者の例としては，日本工業規格と呼ばれるJIS規格，後者の例としては1980年代に行われたVHSとベータのビデオテープの規格争いが有名である（結果，VHSが標準となった）。

コラム 12　国境を越えた合併・買収の難しさ

　合併とは「二つ以上の会社が一つになること」，買収とは「ある企業が別の企業を買うこと」を意味する。一般的には二つを合わせてM&A（Merger & Acquisition）と表現することが多い。なお，買収と資本業務提携の差は，相手企業に対してどれくらい資本を注入しているかの差である。一般的に，議決権のある株式の 1/3 以上を保有すれば合併などの重要決議の阻止が可能であり，1/2 以上を保有すると取締役の選任など通常の株式会社の議案を決定でき，2/3 以上を保有すれば，合併や定款の変更に関する重要な決議も可能になる。そのため，買収であれば少なくとも 1/3 以上の株式を保有することになるが，資本業務提携はこれより少ない割合の株式しか保有されない。

　M&A は異なる企業が一つになるため，様々な難しさを抱えている。その上，国境を越えた外国企業との M&A，すなわちクロスボーダー M&A はさらに難しい。特に日本企業のクロスボーダー M&A は，うまくいっている事例が少ないと言う実務家が多い。筆者が 2016 年に東南アジア地域の日系製造子会社に対して行った質問票調査（第 7 章参照）でも，買収して傘下に入った海外子会社のパフォーマンス（ライバルと比較した時の成長率やシェアなど）の自己評価は，非買収の海外子会社よりも低い傾向が見られた。

　クロスボーダー M&A において気をつけなければならないのは，まず買収するに値する企業を見つけることである。国際的な買収では，相手の情報を把握することが難しいことが多い。例えば，建築材料・住宅設備機器メーカーである LIXIL グループは，2014 年 1 月に浴室やキッチンの水洗金具メーカーのドイツのグローエという企業を買収した。グローエに直接問題はなかったが，この企業の傘下である中国のジョウユウという会社が，不正会計処理を行っていたこと，巨額の債務を持っていることが発覚し，破産してしまった。その結果，LIXIL 本体が大きな損失を被ることになった。買収先の海外子会社の状況まで把握することは難しく，この結果を事前に予測するのは困難だったかもしれないが，こうしたことが起こる可能性も警戒しなければならないのである。

　さらに気をつけなければならないのは，M&A 後のマネジメントである。特に複数の会社が一つになった後の統合作業，「ポスト・マージャー・インテグレーション」に苦労する企業は多数存在する。例えば IBM の HDD 部門を買収した日立製作所は，買収後の統合作業に当初の計画よりも長い時間を要していた。自社の元の部門よりも規模の大きな部門を買収した結果，実質的なオペレーションは旧 IBM 系の人材に頼らざるを得ず，日立主導の改革が難しかったからである。

　日本企業の場合，伝統のある先進国企業を買収した際に，本社側が強く出ることができず，うまく統合できないケースも多い。これは，単純な語学力の結果であることも少なくない。買収をしたならば相手の強みや文化を最大限尊重しつつも，自社の強みや文化を毅然とした態度で伝え，遵守させることが必要であろう。これらには，経

> 営陣の関与が不可欠である。経営陣が進むべき方向を明確に示し、買収された企業も含めてそこにコミットさせるリーダーシップが必要とされるだろう。

10.5　何を国際パートナーシップで補うのか

　最後に、自社の抱える諸活動のうち、何を内部に入れて、何を国際パートナーシップで補うのかについて考える。「内部化に比べて取引コストが安い場合、パートナーシップが選択される」という内部化理論のロジックだけで終わるのではなく、企業が競争優位を維持するために必要な国際パートナーシップの戦略的運用を考えていこう。

　まず考えるべきは、ある活動がその業界で競争優位を得るために必要な活動なのかである。もしそうであって、実際に自社がその活動において高い競争力を持ち、実際に競争優位の源泉になっているのであれば、可能な限りパートナーシップには依存しないで、自社で抱え込む形で海外進出を行う形が望ましい。ただし、海外進出にあたってパートナー企業のノウハウや経営資源が必要な場合、パートナーシップを選択しなければならないケースもある。その場合でも、この活動のコアとなるノウハウは流出しないように気をつけなければならない。お互いにノウハウを見せ合う必要があるならば、相手が自社の強みを学習する前に相手の強みを学習することを心がけなければならない。

　一方、ある活動がその業界で競争優位を得るために必要な活動でも、その活動の競争力を自社が持っていない場合もある。このとき、自社はその活動に関する競争力を補わなくてはならない。よって、買収も含めて自前で何とかするか、パートナー企業に依存するしかない。しかし、パートナー企業に依存しているだけでは足元を見られるので、パートナー企業から学習する努力をしなければならない。パートナー企業の力を借りながら、自社の能力を高めていくというのが現実的な方策になるだろう。例えば、韓国のサムスンは、1960年代後半に三洋電機やNECといった企業と技術提携を結び、ブラウン管テレビ製造に関するノウハウを吸収したことをきっかけに、徐々に自前でブラウン管テ

レビやその部品を生産・開発できるようになった[3]。

もし，ある活動がその業界で競争優位を得るために必要な活動でないのであれば，パートナーに委託することが望ましい。PCや携帯電話などの電化製品でOEMが台頭したのは，これらの業界で生産の優劣は競争優位につながりづらく，むしろ生産を抱えている方がコスト高で競争優位を阻害すると判断されたからである。

もし競争優位につながらない活動を現在持っているのであれば，その活動を必要な企業に売却しても良い。例えば，ソニーは2010年にスロバキアにある液晶テレビ製造工場の運営会社の株式の持分の90%を，鴻海に譲渡した。両者が合理的な意思決定をしているのであれば，ソニーにとってスロバキアでの製造活動は競争優位を生むものではなかったが，鴻海からすればスロバキアに製造活動拠点を持つことが，自社の競争優位につながると考えられたと解釈できる。ただし，これはソニーの工場が買収に値するものだったことが前提で，あまりにもひどい工場であれば鴻海も買収しなかっただろう。よって，売却できるためには，その活動がある程度のレベルであることが求められるだろう。

上記のように国際パートナーシップの運用方針の整理はできる。しかし，ここにバリューチェーン全体の視点と動態的な視点を加えると判断が難しくなる。

まず，特定の活動が競争優位の源泉を生まなくても，バリューチェーン全体としては必要な活動であることがある。例えば，新製品の量産を迅速に立ち上げるためには，多国籍企業として自社で生産拠点を保有する方が良いかもしれない。単体で見たときに付加価値を生んでいない活動でも，他の活動の付加価値を支えている可能性があるのである。

また，動態的な視点で見れば，特定の活動がその業界で競争優位を得るために必要な活動なのかは，容易に変化しうる。PCも携帯電話も，その初期は価格競争も激しくなく，開発された製品を安定的に生産できる工場は競争優位の源泉だった。これが段々と変化し，現在では生産活動を一切持たず，デザインやブランディングに強みを持つアップルが大きなシェアを取るに至っている。よってあるタイミングで強みであると思い自前で抱え込んでいた活動が不要に

---

[3] この韓国企業のキャッチアッププロセスについては，曺・尹（2005）が詳しい。

なったり，逆に今まで不要と思われていた活動が急に重要になったりする可能性がある。

このように，国際パートナーシップの運用は，包括的かつ長期的な視点から行われなければならない。少なくとも，ソフトウェアや生産活動のアウトソーシングに多く見られる，「コストカットできるから」という単純な理由だけで国際パートナーシップを選択することは危険である。しかし，短期的な利益だけを追求する経営者はそうした意思決定を行う可能性がある。国際パートナーシップに関する意思決定が企業の長期的価値を損なわないかどうかについて，経営陣，従業員，株主は慎重に検討すべきであろう。

> ### コラム 13　ボーングローバル企業のパートナーシップ・マネジメント

本章では十分に扱わなかったが，パートナー企業と良好な関係を作るための努力も重要である。ここでは第3章で紹介した，ボーングローバル企業である Reflex 社のマネジメントを紹介しよう。

Reflex 社の東南アジアのオペレーションは，シンガポール，タイ，フィリピン，マレーシアで行われている。これらの拠点には，久田信行氏が設立したシンガポール社が各拠点に資本を入れているが，久田氏がオペレーションを見ているのはタイのみであり，それ以外の拠点の運営は現地の共同出資パートナーに任せている。従来の親会社・海外子会社のような強固な資本関係があるわけではなく，また基本的に各拠点は自らの市場だけを相手にしていれば良いため，お互いにコミュニケーションをとることは少ない。そのため放っておけばパートナー企業としての一体感は薄れやすい状況にあると言える。

そうした状況の中，久田氏は各国拠点同士がコミュニケーションできるような仕組みを作っている。そのための取り組みが，年間3度の各拠点の General Manager（各国拠点の責任者レベル）が一堂に会する「GM ミーティング」である。ミーティング自体は普通の取り組みだが，その運営方法に工夫がある。まず，ミーティングの開催場所をシンガポール，タイ，フィリピンの持ち回りで変えている。その開催場所に選ばれた拠点は，スタッフ一同となって他国のゲストをもてなす。例えば，工場の案内ルートや現場体験のアトラクションの整備，プレゼンテーションの運営体制の整備，さらには飲み物を出すタイミングの工夫などを行う。さらにミーティングが終われば，ゲストに対して満足度調査を2日間で行い，1週間で結果をまとめている。こういう取り組みを行うことで，スタッフ一丸となって他国の仲間のためになることをするという意識を植え付ける一方，次に外部のお客が来た時に良いもてなしをするための練習になっている。

また，GMミーティングで話し合う内容を工夫している。久田氏は単に数字を議論するだけの場ではなく，共に意見を持って集まる場であることを望んでいる。そのために，あたかも学会のように，ミーティングの大きなテーマを久田氏が提示し，それに合わせて各GMは現状の自社の状況に関するプレゼンテーションを用意してくる。例えば，2017年7月にシンガポールで開かれるミーティングでは「Review with new eyes」をテーマに掲げている。これは，各GMが今まで取り組んできたことを，新しい視点から再度見直して報告することを求めている。例えばあるGMは過去に「投資戦略」「工場がない中でのコア」「マーケティングの標準化と適応化」等といったテーマをミーティングでプレゼンテーションしたことがあり，これらを見直すことになる。

　さらに久田氏はGMミーティングを単なる報告の場だけではなく，改善の場であると強く認識させている。そのため，GMミーティングの報告が終わった後は，そこでの議論に基づいて実際にアクションプランを作らせて実行させている。また，前のミーティングで話したことを確認するための時間を40分とり，その結果を確認している。

　以上，Reflex社の東南アジアグループでは，グループトップ同士のミーティングをグループの一体感を出すためのイベントとして様々な工夫をしていた。強固な資本関係で結ばれていないパートナー同士だからこそ，通常の大企業で見られる報告だけのミーティングとは異なる取り組みがなされていたと言えよう。

演習問題

10.1 日本市場に進出している外資系企業を調べ，日本企業とのパートナーシップによる進出をしている企業を見つけなさい。次に，その企業がどのような日本企業を選択し，どのようなパートナーシップの形態をとっているかについて明らかにしなさい。最後に，なぜその日本企業を選び，そのようなパートナーシップをとっているか，その理由について考えなさい。

10.2 国際パートナーシップを解消した企業について調べ，その解消が双方それぞれにとって妥当なものだったかどうかを考察しなさい。

10.3 好きな新興国企業を選び，その企業がどのような先進国企業とパートナーシップを結んできたかを調べなさい。その上で，先進国企業とのパートナーシップが，その企業の成長に与えた影響について考察しなさい。

第 II 部

実 践 編

　第II部では実践的な議論を行うため，企業が持つ各機能の国際化に焦点を当てていく。第11章から第14章では，マーケティング，生産，研究開発，サプライチェーンという，顧客につながる一連の活動の国際化について説明する。そして最後の第15章では，これらの活動全てに関わるテーマとして，国際人的資源管理について考える。

第11章

国際マーケティング

　本章ではマーケティングの国際化について説明する。一般的なマーケティングの定義やプロセスから始め，国際ならではのマーケティング上の課題，および国際マーケティングのプロセスを理解することが，本章の目的である。特に日本企業は海外へのマーケティングが弱いと評されることもある。そのため，今後一層の強化が求められうる活動であることを意識して，学習にのぞんで欲しい。

○ KEY WORDS ○
マーケティング，マーケティング・リサーチ，
セグメンテーション，ターゲティング，ポジショニング，
インプリメンテーション，コントロール，
マーケティング・ミックス，原産国効果，標準化，適応化，
新興国市場戦略

11.1 マーケティングの定義

　世の中の製品・サービスを見ると，モノは良いけど売れないものもあれば，モノは大して良くないけど売れている商品がある。例えば日本企業の電化製品は，モノは良いのに，海外市場では苦戦を強いられていると言われることも多い。日本人としては日本企業の電化製品は信頼性もあり，良いものであると思っているかもしれないが，海外では韓国企業の電化製品や現地企業の電化製品の方が売れていることが多々ある。このようなとき，日本企業は技術力を持っているがマーケティングに問題がある，といった表現がされることもある。

　マーケティング（marketing）の定義には様々あるが，第一人者であるコトラー（Kotler, P.）は，「個人やグループが製品や価値をつくり出し，それを他者と交換することによって必要としているものや欲しいものを獲得するという社会的かつ経営的なプロセス」と定義している（Kotler, 2001）[1]。自らのニーズや欲求があったとき，人は対価を払ってそれを満たすものと交換する。そうした交換のプロセスをマネジメントしていくのが，マーケティングである。販売者から見れば，顧客のニーズをつかみ，製品を作り，価格を設定し，プロモーションを行って，市場に製品を供給していく一連の活動が，マーケティングとなる。

　以下ではまず前半部分で，国内を対象にした一般的なマーケティングのプロセスを説明する。後半部分で，マーケティングが国際化することでどのような課題が生じるのかについて説明する。

---

[1] コトラーは，販売者だけでなく，消費者もマーケティング活動を行うと考えている。例えば，消費者が，自分で買うことのできる価格の必要な製品を探している行為もマーケティング活動に含めている。本章では販売者側のマーケティング活動に注目するため，コトラーの定義がわかりづらければ，「企業および他の組織がグローバルな視野に立ち，顧客との相互理解を得ながら，公正な競争を通じて行う市場創造のための総合的活動」という，日本マーケティング協会の定義で捉えてもらっても構わない。

11.2　マーケティングのプロセス

　一般的にマーケティングは「マーケティング・リサーチ (R)」→「セグメンテーション，ターゲティング，ポジショニング (STP)」→「マーケティング・ミックス (MM)」→「インプリメンテーション (I)」→「コントロール (C)」という順番で行われていく。ただしそれぞれの活動はそれ以前の段階にフィードバックを与えることもある。それらを図示したものが図表 11.1 である。

　これらのプロセスはそれぞれマーケティングの分野で膨大な研究の蓄積があり，全てを丁寧に説明していれば教科書一冊分を超える分量となる。ここでは

図表 11.1　マーケティングのプロセス

R（マーケティング・リサーチ）
↓
S（セグメンテーション）
T（ターゲティング）
P（ポジショニング）
↓
MM（マーケティング・ミックス）
↓
I（インプリメンテーション：実行）
↓
C（コントロール：統制）

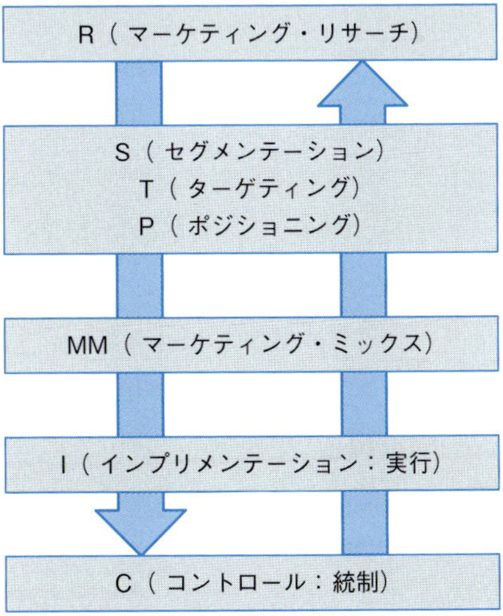

（出所）　筆者作成。

各プロセスについて簡単な説明をするにとどめる。

〈1〉マーケティング・リサーチ

マーケティング・リサーチ（marketing research）とは，ある組織が直面しているマーケティング状況に関連した情報を，体系化し，収集し，分析し，報告することである。調査の内容としては，市場の潜在性，市場シェア，顧客の満足度，自社またはライバルの製品に関する意識，価格設定，流通やプロモーション活動の評価など，多岐にわたる。実際に企業が行う際には，社内の調査部に依頼することもあれば，調査活動の一部ないしは全体を外部のリサーチ会社やコンサルティング会社に外注することも行われている。近年では，顧客の購買データなどのビッグデータをリサーチに役立てることも行われている。

〈2〉セグメンテーション，ターゲティング，ポジショニング

セグメンテーション，ターゲティング，ポジショニングは，その頭文字をとってSTPと略される活動である。この活動を経て，最終的にターゲットにする顧客層が決まり，その顧客層の中でどのようなポジションを狙うかが決定される。

セグメンテーション（segmentation）とは，「市場細分化」のことであり，異なるニーズが混在している市場を，同じニーズや特性を持つグループ（セグメント）に市場を分割していく活動である。分割の際の基準としては，地理的変数（在住の場所，人口密度，気候等），人口統計的変数（性別，年齢，所得，職業等），心理的変数（社会階層，ライフスタイル等），行動変数（購買状況，その製品のヘビーユーザーかどうか等）が挙げられる。

そうしてセグメンテーションした後に，どのセグメントを狙うかを決める。これをターゲティング（targeting）と呼ぶ。まず，各市場セグメントを，セグメントの規模と成長性が魅力的か，セグメントの構造的な魅力があるかどうか（強い競合がいるかどうか，代替製品があるかどうか等），企業の目標や経営資源と合っているか（そのセグメントでの成功が企業の目標と合致しているのか，そのセグメントで成功できる資源があるか）から判断する。その上で，より多くのセグメントを取り扱うのか，それとも特定のセグメントに集中する「集中

型マーケティング」を行うのかを決定する。また，より多くのセグメントを取り扱うとしても，セグメントごとに製品などを差別化する「差別型マーケティング」をとるのか，それとも全てのセグメントで共通した製品を販売する「非差別型マーケティング」をとるのか，ある程度の幅がある。

　ターゲティングをした上で最後に考えるべきは，そのセグメントでどのようなポジションを占めたいのかに関するポジショニング（positioning）である。これは，顧客から見たときに，どのようなポジションに位置づけられたいのかを考えるということである。例えば競合の製品よりも高級品に位置づけられるのかどうか，顧客の購買動機で見たときに日常使いのものではなく「特別な日に購入するもの」として位置づけられるのか，既存の製品よりも技術的に新しい製品として位置づけられるのかどうか等である。自らが望むポジショニングを得るためには，実際の製品・サービスの特性を矛盾しないものにした上で，その魅力が正しく伝わるように，プロモーションをしていく必要がある。

〈3〉マーケティング・ミックス

　マーケティング・ミックス（marketing mix）とは，ターゲットとした市場において望ましい反応を得るために，製品（product），価格（price），販売促進（promotion），流通チャネル（place）といった，企業がコントロール可能な要素の組合せを考えることである。これらの頭文字をとって4Pと呼ばれることもある。

　製品であれば，どういう製品にするか，どういう製品ラインアップにするか等を決定することになる。価格であれば，定価はいくらか，そこから状況によってどれくらい値引きをするのか，いつまでに料金を支払えば良いのか，ローンを組ませるならばその条件はどのようなもの等を決める。販売促進であれば，訪問販売のようにこちらから製品を押し出すのか（プッシュ），それともテレビ広告のように消費者自身に選んでもらう（店頭で引っ張ってもらう）のか（プル）を踏まえて，広告媒体やその内容を決定する。最後の流通チャネルとは，一般的にメーカー，メーカーと小売店をつなぐ卸，消費者に製品を販売する小売で構成される。よって，企業は製品を消費者に届けるまでに卸や小売を何層入れるか（チャネルの深さ）や，小売をどれくらい用意するか（チャネ

ルの広さ）などを考える。

　長期的な成功には4Pの相互のフィットが不可欠である。本当は低品質な製品にもかかわらず，品質を訴えるプロモーションをして高い価格で販売しても，長続きはしないだろう。また，低価格で大量販売が必要な製品（例えば日用品）を狭いチャネル（例えば銀座の専門店）だけで販売すれば，流通チャネルをより広くとったときよりも大量に販売することが難しいだろう。逆にブランドイメージが重要な高価格品（例えば高級バッグ）を広いチャネル（例えば全国のスーパーマーケット）で販売すれば，現場で雑に扱われて販売されたり，投げ売りされたりしてブランドイメージを毀損する可能性もある。

〈4〉インプリメンテーションとコントロール

　以上のようにマーケティング・ミックスまで定めたら，後は**インプリメンテーション（実行）**するだけである。実際に製品を作り，広告や流通チャネルを作り，販売していく。ただし，計画を実行するのも容易ではない。安定して製品を生産し供給できること，魅力的な広告を作ること，取引する卸業者や小売店を決定すること，当初の販売価格でも利益が出るようなコスト構造にすることなどは，いずれも実行段階で達成しなければならないことである。

　さらに実際に実行したところで，何か問題が起きていないかをチェックし，問題があればそれを**コントロール（統制）**することが必要である。実際の売れ行きを見て，マーケティング・ミックスの変更を検討したり，現状のSTPの再考を求めたりする。実行した結果，当初想定していた市場像と大きく違っていることがわかった場合は，新たなマーケティング・リサーチが要求されるだろう。

11.3　国際マーケティングの課題

　前節で見たようなマーケティングプロセスを国際的に行う際，どのようなことが課題となるのかを見ていく。

〈1〉国の違いの影響

　最も大きな問題は，国が違うために，国内で行っていたマーケティングのプロセスでは，海外市場を十分に捉えきれない可能性があることである。

　まず，マーケティング・リサーチを行うにしても，異なる国の調査は難しくなる。単純な言語的ハードルもさることながら，その国の文化的背景や社会的背景の違いを捉えることが難しい。例えば日本であればイオン等のショッピングモールの駐車場にいる家族連れに対して何らかのアンケートを行えば，平均的な日本の家庭の意見を集約できるだろう。しかし，ベトナムのイオンモールの駐車場の調査ではどうだろうか。ベトナムで車を運転してイオンモールに遊びに行ける家族は，平均的な家庭よりも裕福な層であるため，この調査の結果は，ベトナムの平均的な家庭の意見を代表しているとは言えない。こうした国ごとの背景の違いを考慮した上でデータを収集しなければならない。

　もちろんSTPを行うときにも国の違いは大きな問題となる。例えば，母国にはない基準のセグメンテーションが求められる国があるかもしれない。2017年時点では，日本でもイスラム教の消費者に配慮した「ハラール食材」がマスメディア等で取り上げられ，その認知が広まっているが，日本ではこうした宗教的配慮に基づくマーケティングはそれまで活発ではなかった。

　また，国によっては，ターゲティングしたことを公言することがはばかれる「グループ」が存在していることもある。例えば人種差別が問題となっている国で，特定の人種に絞った製品を出したと公言すれば，差別的企業として強い批判を招くだろう。こうしたデリケートな問題は，国内であれば事前にわかるかもしれないが，不慣れな海外市場では見誤ってしまう可能性もあるだろう。

　マーケティング・ミックスで考えても同様である。製品の好みはもちろん，高い・安いと思う価格の相場も国によって異なっている。また，消費者が望ましいと思うプロモーションも異なっている。例えば，米国では競合企業と自社の新製品を比較する「比較広告」が広く受け入れられているが，日本では一部制限があり，あからさまにやると消費者からクレームが来ることもある。さらに，流通網も当然国によってその仕組み，制度，発展段階が異なっている。流通網がまだ整備されていない新興国では，どのように販売するかを考えなければならないし，逆にeコマースが発展している国では，ネット販売機能を強化

する一方，実店舗の位置づけを明確にしなければならない。

インプリメンテーションとコントロールに関しては，海外子会社の議論と同じである。隔たりのある場所で正しいオペレーションができるように支援しなければならないし，その上で問題があったらどのように解決するかを考えなければならない。知識移転の難しさに加えて，隔たりがある分，問題に対して迅速に対応することが難しくなる。

こうした国の違いによる問題に加え，**国のイメージ**の問題も存在している。これは，ある製品を作っている場所等のイメージが，消費者に与える影響である。詳しくは**コラム14**を参照して欲しい。

コラム14　原産国効果

原産国効果とは，その製品の原産国（country of origin：COO）が製品に与える影響のことである。類似した概念として，生産国（country of manufacturing, country of assemble），開発国（country of design），その製品の部品の生産国（country of parts）などがある。

原産国効果はその存在がいくつかの研究から実証されている。日本人であれば，日本産という響きに安心を感じる人は多い。逆に中国等の新興国産の商品を，「なんとなく危険そう」という理由で好まない日本人も少なくない。そのため食品や乳幼児用の製品等は「日本産」を表に出している製品が多い。また，iPhoneは「Made in China」に「Designed by Apple in California」を併記しているが，これも原産国効果を考えての取り組みと考えられる。

原産国効果が強く現れるのは，イメージの悪い国である。具体的には，自国と友好関係にない国や，自国と大きく異なっている国や，途上国などである。また，製品カテゴリーによっても原産国効果が出やすいものとそうでないものがある。ある特定の国が得意というイメージが広く知れ渡っている製品カテゴリーは，その国の製品であるということを知らされるだけで，製品自体の評価が高まる傾向にある。時計であればスイス製，自動車であれば日本やドイツ製，チョコレートであればベルギー製と言われれば，それだけで高く評価されやすい。また，まだその製品のブランドなどがよく知れ渡っていない製品の場合，「どこで作られた製品」という情報が，その製品のイメージに大きな影響を与えることがある。

また，原産国効果を気にするかどうかは個人差があるとも言われている。例えば，製品知識のない人，年配の人，学歴の低い人，政治的に保守的な人は，原産国効果を気にする傾向にあると言われている。また，海外の製品だというだけでその製品の評価を下げ，自国の製品だというだけでその製品の評価を高める人もいる。例えば，愛

国心のある人，文化的に集団に重きを置く人（集団主義の人）などである。ただし，個人主義の人でも，自国製品に競争優位がある場合のみ，自国の製品を高く評価する傾向にあることも知られている。

現在，企業の開発活動や生産活動の国際的な配置は頻繁に移り変わっているため，COOは常に変化する。そうすると，COOを気にしない人も出てくるだろうし，やはり原産国にこだわる人も出てくるだろう。COOが消費者に与える影響は今後も注目すべきテーマとなるだろう。

〈2〉マーケティング活動の標準化と適応化の問題

マーケティング活動は国ごとの違いに気をつけて適応しなければならない一方，多国籍企業内で標準化したやり方を導入することがメリットを生む場合がある。マーケティング活動においても，第6章で見たような標準化と適応化のバランスが求められるのである。

標準化のメリットとしては以下のようなものが挙げられる。まず，コストの節約ができる。新たな製品や広告などの開発を行わないで，既存のやり方を転用できれば，コストは節約できる。また，どの国でも同じことをやっているため，マーケティング計画の策定やコントロールのコストを節約することができる。

次に，顧客と一貫した関係が作れる。どの国でも同じターゲットで，同じようなマーケティング・ミックスを行えば，ブランドの一貫性を保ちやすい。例えば高級ブランド品の場合，同じ製品がある国では高く売れていて，ある国では安く売られるということになれば，ブランド価値が毀損されうる[2]。

三つ目に，標準化したマーケティング方針を示すことで，従業員の方向づけが簡単になる。例えば，世界中のどの国でも高付加価値のポジションをとるという方針が明確であれば，従業員に対する教育や評価もある程度共通化できる。また，従業員は各国において顧客から高付加価値と思われるにはどうすれば良いかを考えて行動するようになるため，同じ方向のアイデアを集約することができる。その結果，ある国のアイデアが別の国に役立つ，ということが起こり

---

[2] ただし，国内では比較的安価な製品だが，海外では高級ブランドのイメージがつくような場合は，むしろ望ましいことになる。例えばユニクロやミキハウスといった企業の製品は，日本よりも高級なイメージで中国で販売されている。

うるだろう。

　一方，標準化のデメリットは，適応化のメリットの裏返しである。すなわち，現地ニーズに適応できないため，現地顧客の支持を得られない場合があることである。グローバル市場と表現されることもあるが，世界は単一ではなく，各国による違いは依然強く残っている以上，各国への適応はある程度必要である。とはいえ，適応化を進めすぎて国内マーケティングの集合体になってしまえば，複数国でマーケティング活動を行っていることのメリットを活かせなくなってしまう。

　例えばコカ・コーラのマーケティング・ミックスを見てみよう。コカ・コーラは非常に標準化が進んでいる製品であり，製品の味やブランドネーム，パッケージはどの国でもほぼ同じである。しかし，広告はその国の有名人を使っているし，流通チャネルも現地のパートナー企業と組み，その国に合わせたやり方で流通をしている。コカ・コーラのような世界的ブランド力を持つ製品でも，標準化と適応化のバランスをとり続けることで，優位を保っているのである[3]。

11.4　国際マーケティングのプロセス

　国の違いの影響や，標準化と適応化のバランスを念頭に置きながら実際の国際マーケティングのプロセスを細かく見ていこう。

〈1〉国際的なマーケティング・リサーチ

　海外においてマーケティング・リサーチを行う際，これまでの本国のやり方（標準化されたやり方）を使うか，現地に適応したやり方を使うか，選択の余地がある。本国のやり方を使う場合は，本国のマーケティング・リサーチのノ

---

[3] なお，コカ・コーラの販売価格も国によって異なっている。例えば2017年時点で，日本では350mlが130円程度だが，ベトナムでは390mlが40円程度である。ただし価格については企業の標準化・適応化の結果というよりも，為替や現地の労働賃金などの，諸要因から導き出されていると考えられるため，ここでは標準化しているか，適応化しているかの議論には加えなかった。

ウハウに従ってリサーチを行うために，ノウハウを持った人間を現地に送ってリサーチに参加させたり，本国のノウハウに基づいたリサーチを現地の人間に指示して行わせたりする。一方で，本国と同じマーケティング・リサーチの方法では拾えない情報がある可能性を念頭に置かなければならない。そうした情報に気づくには，現地をつぶさに観察するか，現地に詳しい現地従業員やリサーチ会社から教えてもらうか，自ら失敗をして学びを得るかが必要になる。

なお，国際的なマーケティング・リサーチは「海外進出決定前」にも「海外進出決定後（または進出後）」にも行われうる。海外進出決定前に行われるマーケティング・リサーチは，「海外に進出するならばどの国に進出すべきか」を考える材料を集めるものになる。そのため，複数国で同時並行的にリサーチが行われることもある。一方，海外進出決定後（または進出後）に行われるマーケティング・リサーチは，ある特定の国においてマーケティング戦略を立てるために行われる。

〈2〉国際的な STP

国際的な STP では，「世界共通セグメントでいくのか，異なるセグメントでいくのか」と「単一ポジションでいくのか，多元ポジションでいくのか」の選択が重要となる。それを表したのが図表 11.2 である。

左上は，世界中どこでも同じセグメントをターゲットにして，同じポジショニングをとるマーケティングである。最も標準化の進んだやり方である。例えば，シャネルやルイ・ヴィトンといったブランドは，世界中どこでも「富裕層」を相手にし，「高級感のある洗練された製品」というイメージで製品を販売している。

左下は，世界中どこでも同じセグメントをターゲットにしているが，国によってポジションを変えるマーケティングである。例えば，文房具メーカーであるコクヨのノートは，ベトナムでは日本とはやや異なる製品ポジションに置かれている。ベトナムでもコクヨの主なターゲットは中高大学生であり，それは日本と変わらない。しかし，ベトナムでは小学生のみならず，中高大学生にとっても表紙のデザイン（キャラクターもの，風景もの等）がノートを購買する際に重視されるため，コクヨはノートの品質だけでなく，表紙のデザインにも

図表 11.2　グローバルなポジショニングとセグメンテーションの戦略

	全世界共通セグメント	異なるセグメント
単一ポジション戦略		
多元ポジション戦略		

（出所）　Kotabe & Helsen（2008，邦訳 p.192）より抜粋。

力を入れている。結果として「品質と表紙のデザインが良いノート」という，日本とはやや異なるポジションで，市場シェアを高めるに至っている。

　右上は，国によってセグメントを変えるが，ポジションは変えないというマーケティングである。この例としては，米国のビールであるバドワイザーが挙げられる。バドワイザーは，海外では輸入品の強みを活かし，輸入高級品を喜んで購入するセグメントを狙うこともある。ただしその際のポジションは，「世界 No.1 ビール」「差別化されたさわやかなビール」で統一している。

　右下は国によってセグメントもポジションも変えるマーケティングであり，最も適応化が進んでいるやり方である。この事例は枚挙にいとまがない。例えば，カップラーメンでお馴染みのエースコックは，日本では若年層向けの「スーパーカップ」がメイン商品の一つだが，ベトナムでは一般家庭で広く食べられる「ハオハオ」というブランドのインスタント麺が主力商品となっている。また，カレーハウスの CoCo 壱番屋は，日本ではビジネスパーソン（それも男性）が日常の食事を行う店という認識だが，タイではデートにも用いられる，

やや高級な飲食店というイメージがあるという。

　以上のような戦略策定を行った上で，適応化が必要なのであれば，現地に合わせた STP を行っていかなければならない。ただし，当初標準化的なアプローチを選択するも，現地の消費者が異なる解釈をした結果，異なるセグメントで人気が出たり，異なるイメージがもたれたりすることもある。そうしたズレは，必ずしも修正すべきとは限らず，むしろ新たな解釈が生まれたことによって現地でヒットすることもある。マーケティング担当者は現地の反応を観察し，全社的な影響を考えながら，修正の是非を考えるべきであろう。

〈3〉国際的なマーケティング・ミックス

　4P それぞれを標準化するか，適応化するかを考えなければならない。まず，製品については，本国の製品をそのまま出すか，改良するか，新製品を開発するかを選択しなければならない。日本市場のコカ・コーラとペプシコーラは，まさにこの差が大きかったと言われている（多田，2014）。日本コカ・コーラはコカ・コーラを主力に置きつつも，ジョージアやアクエリアスなど，日本市場に合わせた製品ラインを開発し，成功した。それに対してペプシコーラを作っていたペプシコ社は，コーラにこだわり，日本に合わせた製品を作らなかったため，最終的には撤退し，ペプシコーラの販売権をサントリーに委託することになった。

　次に，価格である。同一製品の価格をどの国でも常に全く同じにすることは，為替レートの変動もあるため不可能である。しかし，世界各国でなるべく共通の価格付けを行うか，それとも各国ごとの柔軟に価格を変えるかは，選択の余地がある。各国ごとに価格を変える理由としては，各国ごとの消費者の所得水準などが異なることだけでなく，各国ごとに製品にかかるコスト（労働賃金，原材料費，税金など）が異なることが挙げられる。一方，共通の価格設定を目指せば，ブランド価値を保てるし，一定の利益を見込めることになる。実際に，高級ブランドの装飾品などは，ブランド価値を保つために，税金を除けば世界中で同じような価格で販売している。しかし当然同一価格を維持しようとすれば，その製品を購買するだけの所得水準にない国では，その製品が大量に売れることはない。

販売促進については，既存のプロモーションを使うか，既存のプロモーションを改良するか，新たなプロモーションを開発するかが考えられる。例えば，シャネルの No.5 という香水の日本における TVCM は，海外と同種のものを流していることがある。またアップルがかつて日本の TVCM で，白い背景の前に女学生を立たせて，かつて使っていた PC への不満とアップルの PC への賛辞を語る CM があったが，これは海外で流していた CM を日本人に置き換えて再撮影したものだった。このように既存のプロモーションをそのまま，もしくは改良して行うことは，コストの節約とブランドの維持につながるが，現地の支持を得られないリスクもある。

　最後に，流通チャネルについては，まず，進出先の国内の流通チャネルをどうするかを考えなければならない。例えば，本国と同じような流通チャネルを使うのか否か，自社で販売網を構築するのか，現地パートナーに任せるのかなどの決定をする必要がある。例えばソニーベトナムは，2008年時点で自社の直営店（ソニーショップ）での販売と，パートナー店（ソニーセンター）での販売に力を入れていた（大木・新宅，2009）。これはベトナムで自社のブランド価値を正しく伝えるためであった。また，大手の家電量販店よりも，地方の小さなショップとの関係を深めようと努力していた，当時の日本ではヤマダ電機等の大型の電気量販店の力が強かったため，ベトナムではそうした状況にならないよう，小さな店との関係を深めようとしていたのである。

　また，輸出入を行うのであれば，国相互間の流通チャネルも考えなければならない。どのようなルートでどこから商品を送るのか，その際にはどの業者を使うのかなども決定しなければならないだろう。日本企業の場合，そうした国相互間の流通チャネルの整備を商社に依頼するケースも多い。場合によっては商社がそのまま，現地での販売網構築に乗り出すこともある。

〈4〉国際的なインプリメンテーションとコントロール

　まず，マーケティング計画の意図を明確に伝え，現地で忠実に実行してもらわなければならない。特に，顧客との接点である広告や販売現場において，問題があることは望ましくない。例えば，「高級ブランドにふさわしい接客」をするように求めても，国によって接客の基準は異なる可能性がある。そのよう

な場合は，マニュアル化，従業員の教育等を徹底する必要がある。前述のソニーベトナムの場合，ソニーショップやソニーセンターにおいて，様々な従業員教育を行うことで，高品質なイメージが伝わるような接客を行っていた。

さらに，現地で実行しているマーケティングがうまくいっているかどうかを常にチェックしなければならない。本社が押し付けたマーケティング戦略がうまくいっていないのであれば，すぐに現地に適応したマーケティング戦略に変えなければならない。逆に，現地の拠点が勝手なマーケティング戦略を練り，全社のブランド価値を毀損するようなことがないように，監視することも重要である。

ただし，「マーケティングが弱い」とされる日本企業の中では，このインプリメンテーションやコントロールが弱いところも少なくない。販売は現地に任せてしまい，本社やそれに当たる部署が適切な評価や適切な支援を行えていないケースもある。また，そもそもの資源不足から，重要な海外市場以外でマーケティング戦略を描くことができておらず，戦略なくただ製品を売るだけになっていることもある。「マーケティング」を強化するのであれば，マーケティングの基本に立ち返りつつ，国際化によってもたらされる課題を乗り越えていく必要があるだろう。

> **コラム 15　新興国市場戦略**
>
> 　21世紀に入ってから，中国，インドなどの新興国市場に注目が集まっている。これらの国々は先進国に比べて所得水準が低いものの，圧倒的な人口とポテンシャルを持っているため，日本企業も含めた多くの企業が凌ぎを削っている。
> 　ある国に住んでいる人を所得別に分けたときの下層のことをBOP（Base of the economic pyramid）と呼ぶ。新興国の場合，このBOPの人口が多い。新興国によっては，1日1ドルの収入で暮らしている人たちも少なくなく，彼らのニーズを捉え，彼らの生活水準を向上させることは，ビジネス上だけでなく，社会貢献の面からも支持される。しかし，実際に多くの日本企業が売り込んでいるのは，新興国市場のMOP（Middle of the economic pyramid）市場と呼ばれる中間層市場である。日本人よりはお金がないが，日本人が持っているような製品・サービスを欲しがるような層である。日本企業が作るような製品を現実的に購入できる層であり，購買力のない新興国のBOP層に手を出すよりも，ビジネスとして成立しやすい。

しかし新興国市場において，日本企業は必ずしもうまくいっていない。様々な理由があるが，大きな理由は，これまでの日本企業の海外進出パターンと違うことが求められているからである。かつての日本企業は，自分たちより経済発展の進んだ米国や欧州の市場に供給するために，製品の品質を向上しつつも，より安価な製品を供給できることを目指してきた。そのため，「より良いものをより安く」という方向に進むのは，日本企業の得意とするところである。しかし，新興国で求められているのは「ほどほどの品質で，新興国水準に合わせたもっと安価な製品」である。日本企業のこれまでの強みが活かしにくい市場と言える。

　もちろんそうした市場であっても，一から適応化していけば良い。しかし日本企業は標準化に強みがあるものの，適応化に強みは持っていない。マーケティング部門も弱く，現地のニーズをとる体制が十分に整備されていないことがある。技術開発機能も本社に集約してしまっているため，現地に合わせた製品開発が後回しにされる傾向にある。そのため，マーケティングや技術開発を早くから分散してきた欧米企業や，新興国市場にマッチした安価な製品を作れる新興国企業に遅れをとるケースが見られている。日本企業がこれまで培ってきた体制は，新興国市場と相性が悪いのである。

　ただし，日本企業が一概に悪いわけではない。一部の先駆的な企業は適応化の体制を速やかに整え，新興国市場に適した製品の開発に成功している。また，日本企業の技術を活かせる市場を見つけ出し，自らの製品の魅力を正しく伝えることで，成功している企業もいる（天野ら，2015）。また，日本では当たり前の経営資源の中には，新興国では当たり前ではないものがあるため，そうした経営資源を優位性にして現地で成功している企業もある（臼井，2015）。確かに，新興国市場は日本企業にとって相性が悪い市場ではあるが，経営の姿勢次第で，戦える余地は十分に残っていると言えるだろう。

演 習 問 題

11.1　日本市場を対象にビジネスをしている外資系企業を一つ選び，その企業がどのようなターゲットに対して，どのようなマーケティング・ミックスを行っているかを整理しなさい。

11.2　海外市場で苦戦していると言われる日本企業を一つ取り上げ，その企業のマーケティングの何が問題なのかについて調べ，改善策を提案しなさい。

第12章

国際生産

本章は生産の国際化に関する説明を行う。国際生産は，生産に強みがあると評されることが多い日本企業において，特に関心の高いテーマである。こうした社会的な要望を前提に，国際生産に関する基本的な事項を学ぶことが，本章の目的である。具体的には，「生産活動とは何か」の説明から始め，国際生産の一連のプロセス，さらには国際的な生産ネットワークのマネジメントまでを説明する。

○ KEY WORDS ○

生産活動，量産，量産立上，工程改良，工程開発，QCD，
産業空洞化，国際生産の動機，フィージビリティ・スタディ，
改善，撤退，国際生産ネットワーク

12.1　生産活動とは何か？

　本章では生産活動の国際化を扱う。生産活動の国際化は，販売活動の国際化の後に来ることが多い。戦後の日本企業の場合，まずは輸出による海外進出を行い，現地で販売網を構築しながら，必要に応じて海外に生産活動を移していった。近年では，海外生産の方が，国内生産よりも規模が大きくなっている産業・企業が増えている。例えば，国内生産が比較的堅調な自動車産業でも，海外生産比率は50％を超えている企業が多い（図表12.1）。中には海外に生産を集約して，国内の工場を閉鎖するケースも現れている。そのため，海外生産の拡大が国内製造業の空洞化を生むという主張もなされている（コラム16参照）。

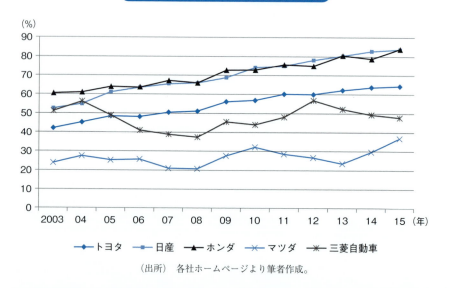

図表 12.1　自動車産業の海外生産比率

（出所）　各社ホームページより筆者作成。

図表 12.2 開発から量産までの活動

活動の名称	内　容
基礎研究	製品や工程の基礎となる新しい科学的な知識を得るための理論的および実験的な研究。例えば，ハードディスクドライブ（HDD）に関する基礎研究であれば，磁気特性に関する物理学的な研究を指す。
応用研究	基礎研究よりも実用よりの研究。基礎研究によって発見された知識の実用化を模索する研究が多い。前述のHDDであれば，磁気による高密度の記録方法に関する研究を指す。
製品開発	基礎・応用研究の結果を踏まえ，製品を企画し，仕様を策定し，詳細設計に落とし込む活動。
製品試作	製品開発で生み出された設計に従って製品を作り，製品が機能を満たすか等をチェックする活動。
工程開発	特定の製品モデルのための製品ラインの設計を行う活動。
工程試作	工程開発で設計した工程を実際に作り，製品が作れるかをチェックする活動。
量産立上	設計された工程をベースに，コストや不良率のターゲットを満たすように工程を微調整して，量産にまでもっていく活動。1個作れれば良いのではなく，大量生産をすることを踏まえて，レイアウトや部品の投入方法なども検証する。
量　産	顧客のための生産を行う活動。

(出所)　筆者作成。

　生産活動としてイメージしやすいのは，実際の工場で製品を作っている量産活動である。しかし，量産だけが必ずしも生産活動というわけではない。開発から量産に至るまでの活動は，図表12.2のようにまとめられる。ただし，それぞれの活動の呼称，定義等は企業によって千差万別であるため，これは本書の定義であると考えて欲しい。一般的には，基礎研究から量産に向かって活動が行われていくが，オーバーラップして活動が行われたり，それぞれの活動のフィードバックを受けて出戻りがあったりするため，常に一方向に進んでいくわけではない。

　このうち本章で生産活動と呼ぶのは，主に工程開発以降である。これらに関わる部署の名前としてよく使われるのは「生産技術部」や「製造技術部（また

図表 12.3　東南アジアで量産を行う日系海外製造法人 293 社が保持する機能

海外子会社が担っている活動	該当の活動を行っている海外子会社数	該当の活動を行っている海外子会社の割合
量産立上	265	90.4%
工程改良	236	80.5%
工程開発	183	62.5%
製品改良	145	49.5%
製品開発	55	18.8%
基礎研究	18	6.1%

（出所）　筆者作成。

は製造部）」である。企業の中で生産技術部が工程開発，製造技術部（または製造部）が量産を担当し，その間の部分については，企業によってどちらが行うかが異なっていたり，専門の部署が作られたりしている。ただし，部署名やそれぞれの部署の業務範囲も企業によって大きく異なっている。

　海外生産においては，まずは量産が移管され，徐々に量産立上や，簡単な工程開発と試作，複雑な工程開発や試作と移管されていく傾向にある。筆者が 2016 年に行った調査（詳細については，第 7 章 p.116 参照）によると，量産活動を行っている東南アジアの日系海外製造法人 293 社のうち，量産立上を行っている企業が 265 社，工程開発を行っている企業が 183 社だった。海外生産拠点としては，量産から徐々に工程開発等の上位の活動へ移行していくのが一般的であると思われる（図表 12.3）。

　もちろん，海外生産拠点にはこうした活動の幅だけではなく，各活動のレベルアップも求められている。それは生産のパフォーマンスを向上させるためである。生産現場のパフォーマンス指標としては，「品質（quality）」「コスト（cost）」「納期（delivery）またはリードタイム（lead-time）」がよく用いられる。これらは頭文字をとって QCD とも呼ばれる[1]。それぞれを簡単に説明すると以下のようになる。

品質：設計時に期待した製品の機能・外観などが製造プロセスで実現できているかを示す概念。「製造品質」とも呼ばれる。例えば製品の不良率（例：製造した製品に含まれる不良品の割合）等で測定される。

一般の消費者が「製品の品質が良い」というときの品質は，製品や工程の設計段階で意図された製品の機能・性能・外観のことであり，「設計品質」と呼ばれ，「製造品質」とは異なる。

コスト：製品1単位あたりのコスト，すなわち製品原価のこと。コストに影響を与える要素としては，投入要素の価格（労働者の時間あたり賃金，材料費，設備の価格）と生産性に分けることができる。生産性とは，「インプットとアウトプットの比率」のことである。例えば，製品一つを作るのに必要な工数（人数×時間）を意味する「労働生産性」は，コスト低減の際によく用いられる指標である。

納期：顧客から見た発注から納品までの期間のこと。納期が短いほうが顧客にとっては望ましいが，顧客によっては長い納期でも許容してくれる場合があるため，納期の長さだけでなく，納期を守れるかどうかも重要となる。工場内では，工場で受注して出荷するまでの所要時間を意味する「生産リードタイム」を指標として使うこともある。一般に生産リードタイムが短ければ，需要に柔軟に対応しやすくなる。

QCDを向上させることは，企業の競争力の下支えにつながる。特に日本企業の場合，国内工場の改善が推奨され，QCDを高めていくことに重きが置かれてきた。そのため，海外工場でも同様に，QCDを高めていくことが求められるケースが多い。よって，量産，量産立上，工程試作，工程開発の各活動は，QCDの向上により貢献できるように，各活動単体でも，レベルを高めていく必要がある。

以上，海外で生産を行う際には，必要に応じて量産以外の活動を行いつつ，

---

1 これに加えて柔軟性（flexibility）が加えられることもある（藤本，2001）。柔軟性は需要の変動などの外的要因の変化に対して，マイナスの影響を受けない度合いを指す。変化への対応力に近いため，通常のオペレーション時のパフォーマンスを指すQCDとはやや位置づけが異なる。そのため，ここでは説明を省いた。

QCDの向上に貢献できるように，各活動のレベルを上げることが求められる。国際生産とは，ただ量産を人件費，土地代，電気代などの要素コストが安い国に持っていけば良いという単純なものではないのである。

本章はこうした国際生産への理解を深めることを目標に，国際生産に求められるマネジメントについて説明する。

> **コラム 16　産業空洞化**
>
> 　産業空洞化とは，海外生産の拡大によって，国内の産業が衰退化する現象を指す。最も代表的なものでは，国内工場で生産していた分の生産量を海外生産に切り替えれば，その分国内の雇用人数・生産金額・売上金額が減少してしまうという論理である。日本ではプラザ合意後，円高が進む中で輸出から海外生産に切り替える企業が増えたことを受けて，空洞化の議論が活発化した。実際に1980年代の研究では，日本の自動車産業の海外進出が国内雇用削減をもたらすという試算が提示されていた（尾崎, 1987）。
>
> 　しかし一方で，海外への活動の移転は必ずしも産業空洞化をもたらすとは限らないという主張もある。そうした研究では，むしろ海外シフトによって国内拠点が優位を持つ活動に集中することで，国内事業を強化できる可能性が強調されている。例えば天野（2005）は，低付加価値品や完成品の量産を海外子会社に移転した後，国内拠点が高付加価値品や部品の量産などを担当することで，国内拠点の売上も維持できることを示した。さらに天野は，そのような転換をした企業の方が，むしろ企業全体としてのパフォーマンスも上昇させている可能性も示している。個別企業で見れば，必ずしも国内が空洞化するとは限らず，むしろマネジメントの努力によって，国内を事業転換させることが望ましい可能性が提示されているのである。
>
> 　しかし産業レベルで見れば，どうしても海外生産によって置き換えられる産業は出てくる。そういう産業では，空洞化を防ぐこと以上に，そこにいた雇用者を別の産業に置き換えることができるかや，新たな産業を起こすことができるかが焦点となり，政策策定の上でも大きな論点となるだろう。ただし，ある程度の規模の製造活動が国内にないと次のイノベーションが起きないというインダストリアル・コモンズ（Pisano & Shih, 2009）の視点からは，空洞化を防がないと次の産業が育たないという可能性が示唆されるため，政策担当者は空洞化に対する政策を慎重に吟味しなければならない。
>
> 　また個別企業で見れば，歴史的背景から国内工場を閉鎖することができないことも多い。そうした企業は国内生産を残すことを前提に戦略を立てなければならない。国内生産を残すという制約条件が新たなイノベーションを生むこともあれば，負の遺産となって企業の業績に負の影響を及ぼすこともある。国内生産を残すことが前提とさ

れるのであれば，残された国内工場が明確な付加価値を生み出せる拠点になるよう，マネジメントと現場が努力していかなければならないだろう。

12.2　国際生産のプロセス

〈1〉国際生産の動機

　日本企業が国内からの輸出ではなく海外生産を行う理由についてまとめたものが図表12.4である。ここから海外に進出する理由として最も多いのはコスト，すなわち効率性であることがわかる。その次に，現地ニーズに合わせるためという学習や，為替などのリスク回避が続いている。ただし，これらを進出の理由として挙げている企業は，コストを理由にする企業の半分程度である。また，政府の優遇や関税回避といった政治的要因は少ないものの，取引先からの要請という消極的な海外進出は少なくないことがわかる。

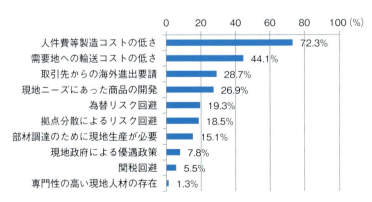

図表12.4　国内からの輸出ではなく海外生産を行う理由

（注1）　3つまでの複数回答
（注2）　対象：資本金10億円以上の製造業618社
（出所）　日本政策投資銀行「企業行動に関する意識調査結果」2013年6月。

〈2〉進出先の決定：フィージビリティ・スタディ

　何らかの理由で海外生産を検討することになったら，続いてどの国に進出するのが良いのかを検討することになる。政府の優遇，関税回避，取引先からの要請が進出の理由の場合，進出先の選択の余地はないこともあるが，効率性，リスク，イノベーションが進出の理由であれば，それぞれ最適な国を選んで進出することになる。

　どの国に進出するかを決める際には，企業はフィージビリティ・スタディ（feasibility study）を行う。フィージビリティ・スタディとは，事前にプロジェクトの実現可能性を検証する調査のことであり，国際生産であれば，この国に進出して生産を行うとどのようなメリットがあり，どのようなデメリットがあるかなどを検討していく。そうしていくつかの国を比較して，最終的に進出先を決定する。

　国の評価ポイントは立地優位性の決定要因（第3章，p.49の図表3.1参照）と大きくは変わらない。例えば「現地市場」「労働市場と技術力」「部材へのアクセス」「政治的な関係（現地政府，法律，インフラ，進出先国と進出元国の関係）」「現地文化」などである。効率性を追求するのであれば労働市場の安さや部材へのアクセス等が，リスクを追求するのであればその国の安定性が，イノベーションを追求するのであればその国の市場規模や顧客情報収集の容易さ，または現地の労働者の質などが重要なポイントとなる。

　ただし，立地優位性があったとしても，自社の優位性，または自国の文化との相性が悪い国に進出すると，デメリットの方が大きくなってしまうこともある。例えば日本の製造企業の場合，改善やチームワークが強みだが，改善意識の低い国や個人主義の強い国では，そうした強みを現地で再現できない可能性がある。また，労働コスト等は変化する可能性があるため，一時的な立地優位性だけで国を選ぶのも危険である。

〈3〉工場設立

　実際に進出する国が決まれば，その中で場所を選び，土地を購入または借入し，工場を建設する。現地にまだ法人を設立していないのであれば，法人設立の手続きなども行う。場合によっては，自ら工場を建設する前に，工場を借り

てオペレーションを始めることもある。工場の建物の準備ができたら，手配した設備などを設置する。また，従業員のリクルートもそれに合わせて行っておく。現地パートナーがいる場合は，一連の手配を現地パートナーが主導して行うこともある。

　その上で，工場で行う活動に関して知識移転が行われる。知識移転にあたっては，駐在員，短期出張者が多数訪れて，基本的なマネジメント体制作り，設備の立ち上げ，従業員の教育などを行う。移転する知識には，移転しやすい形式知的なものと，移転しにくい暗黙知的なものがある。部品・材料・設備，情報システム，文書・図面等は，基本的にはそのまま持ってくれば機能する，また，これらは成文化が容易なため，移転が容易である。それに対して，組織文化，組織の管理方法，生産に関する技能等は，成文化することが難しいため，移転が難しい。

　移転が難しい知識を移転するためには，教える側が教え方を工夫するか，受け手側の吸収能力を高めるか，コミュニケーションチャネルを用意するか，両者の関係を良好にするかなどが考えられる。日本企業の場合，こうした役割を担う拠点として日本のマザー工場が立ち上げをサポートしていることが多い。海外工場に派遣される日本人はマザー工場の人間が主で，また現地の従業員をマザー工場に送り込んで指導することもある。ただし近年では日本工場でなく，海外工場がマザー工場として機能することもある。例えばカンボジアの工場を立ち上げるときなどは，タイの工場のタイ人スタッフが中心となって指導をしていることもある。

〈4〉工場設立後のマネジメント

　工場を設立した後，一般的には担当する活動のレベルを上げて，QCDを高めることが目指される。または，必要に応じて量産以外の活動を担っていくことが求められる。ここでは工場が段階的に成長していくことを想定して，曹（1994）を参考に①日常の量産ができる段階，②改善ができる段階，③工程改良・開発ができる段階，④製品改良・開発ができる段階に分けて，各マネジメントを見ていく。

① 日常の量産ができる段階

　海外工場の第一の目的は量産である。まずは日常の量産がコントロールされた形で行われなくてはならない。様々な問題が頻発して生産計画が立てられない状態，計画された生産量を達成できない状態，求められる品質・コスト・納期を満たせない状態の場合，まだ量産が日常的にできているとは言えない。日常の量産ができる段階に至るために，まずは本国工場等からまとまった支援が行われる。

　日本企業では，多くの歴史のある海外工場はこの段階はクリアしている。しかし，海外進出経験が薄い企業の海外工場，高度な技術を量産に用いる海外工場，「隔たり」の大きな国に進出した海外工場等は，この段階でも苦しむことがある。

② 改善ができる段階

　既存の製品，既存の工程を用いながら，現地で徐々に QCD 向上のための取り組みができる段階である。例えば，作業者の動きの工夫，ものの輸送距離の短縮，小中規模のレイアウトの変化，簡単な冶具（製造道具）の設置などが，現地で自主的にできる状況を指す。

　この改善については，トップダウンの改善とボトムアップの改善がある。トップダウンの改善とは，マネジャーや技術者といった現場とは別の層が，改善のアイデアなどを考え，実行していくやり方である。ボトムアップの改善とは，現場のオペレーター層が改善のアイデアを出して，技術者やマネジャーの力を借りながら，実行していくやり方である。日本企業は欧米企業と比較して，特にボトムアップの改善に強みがあったため，ここの指導を重視する企業が多い。例えば整理・整頓・清掃・清潔・躾を意味する「5S」を徹底する中で改善の意識付けを行ったり，小集団活動を推進したりすることは，多くの海外工場の現場で行われている。

　しかし，この段階に至っていない海外工場もある。会社の方針として，こうした段階を求めない場合もあるが，現地に改善活動が根付かないこともしばしばある。特定の日本人駐在者がいるときは活発に改善が行われているが，その人物がいなくなると急激に下火になるケースも少なくない。重要なのは，改善

活動をただやらせるのではなく、現地の仕組みや文化として根付かせることである。

例えば、あるタイのHDD生産子会社の日本人社長は、現地に小集団活動等を促進する部署を作り、タイ人従業員が自主的に小集団活動に取り組むような仕組みを作った。この会社のHDD生産工場は、約1万人の従業員を抱える工場だったが、日本人は3名程度しかおらず、日本人だけで改善活動を主導するのは困難だったからである。その結果、この工場では、日本人がほとんど関与しない形で小集団活動が活発化した。例えば改善を促す掲示物や改善の成果を示す掲示物などは、タイ人らしい色使いのものが、日本人も知らないうちに次々に生まれていった。また現場のオペレーターも、小集団活動は友達作りにつながるため、好意的に受け止めていた。その中で日本人社長は、現場を歩いて優れた取り組みを見つけ、褒めるということを繰り返し、トップとして活動をサポートしていた。結果この会社の工場は、世界中のHDDメーカーの工場の中でも、トップクラスの効率性や品質を誇る工場へと成長した。

③ 工程改良・開発が自らできる段階

製造機械の改造・開発を含む、ある程度の規模の工程の改良・開発ができる段階[2]である。QCDを抜本的に改善するためには、製造機械も含めた工程自体の見直しが必要になる。その際、現地でスピーディに手直しをすることが望ましければ、工程改良・開発を現地で行える体制が目指される。なお、製品立上はこの段階に至らなくても可能となることもあるが、工程開発ができる工場は立ち上げも行えることが多い。

また、本国の工程開発部隊側の人員不足ゆえに現地に工程開発能力が求められることがある。例えば、国内のために最新の技術を活用した資本集約的な工程を、海外のために安価な労働力を活用した労働集約的な工程をそれぞれ本国側で開発しなければならない場合、本国の工程開発者の負担は増大する。また、現地にいる技術者の方が、現地環境を理解できる分、最適な工程を開発できる可能性も高い。さらに、現地に工程開発者がいることで、現地で生まれたアイ

---

[2] 工程試作については、工程開発ができる段階では現地に備わっている。また、工程改良を行う際にも、改良した工程を試作するため、初期の工程試作機能を持っていると考えられる。

デアを迅速に工程に落とし込むことも可能になるだろう。

　現地の生産技術者にとって，工程改良や開発を行えるようになることは，モチベーションアップにつながる。現地の生産技術者は，最初は指定された製造機械のメンテナンスのみを担当することが多い。しかし，技術者志向の強い人間であれば，自ら機械をいじったり，生み出したくなったりすることがある。自らが手を入れた機械であれば愛着もわき，より大切にメンテナンスをしたり，より良い改善のアイデアが生まれたりする可能性もある。

　量産や改善しか行っていない工場がこの段階に至るためには，生産技術部からの知識移転が不可欠である。しかし，メンテナンスができる段階と工程改良ができる段階には大きな開きがある。メンテナンスは形式知化した知識を送れば良いが，工程改良は実際に機械を扱いながら身につけていくしかない。さらに，工程改良ができる段階と工程開発ができる段階にも大きな開きがある。図表12.3で示したとおり，筆者の調査では，東南アジアで量産を行っている日系製造法人293社のうち，工程改良機能を持っているのは236社に対して，工程開発機能を持っているのは183社にとどまっていた。新しい製法を考えたり，製造機械を一から作ったり，工程の思想を全面的に変えたりするのは，数年に一度あるかどうかのイベントであり，なかなか経験を積むことも難しい。特にプロセス産業の場合は，工程開発と製品開発が密接に関係するため，簡単に現地に移管することはできない。

　またもちろん，工程改良や工程開発自体にもレベルが存在する。工程改良・開発といっても，特定の工程だけの改良・開発ができる段階と様々な工程の改良・開発ができる段階，またはQCD向上への貢献が小さな改良・開発ができる段階と大きな改良・開発ができる段階が存在する。よって現地の工程改良部隊や工程開発部隊が能力を高めていけるよう，本国および海外子会社で適切なサポートを行う必要がある。

④ **製品改良・開発ができる段階**

　既存の製品を改良，または新製品を開発できる段階である。生産部門とのコミュニケーションのため，市場ニーズに合わせるため，本国の製品開発リソースの制約などから，現地に製品開発能力が求められる。こうした理由のため，

工場だけの論理ではこの段階には至ることは少ない。実際にこの段階を支援するのは，生産技術者や製造技術者とはキャリアやバックボーンが異なる製品技術者である。

製品の改良と開発もその間のレベルは大きく異なっている。図表 12.3 で示したとおり，筆者の調査では，東南アジアで量産を行っている日系製造法人 293 社のうち，製品の改良を行っている海外子会社は 145 社に対して，製品開発機能を行っている海外子会社は 55 社しかいなかった。製品開発となれば，自ら製品を企画する必要があるため，必要とされる知識のレベルが大きく異なる。なお，製品開発を含めた開発能力の国際化については，次章で議論を行う。

以上の 4 つの段階は，必ずしも前の段階がないと次の段階に進めないわけではないし，それぞれの段階の中でもレベルが存在する。また各段階のレベルが落ちていくこともある。実際にかつては改善活動が高いレベルで行われていたが，現地トップマネジメントが変わった結果，徐々に下火になる，という日本の海外工場は少なくない。海外工場が競争環境の変化に対応していくためには，「改善ができる段階」以上の能力を持ちつつ，それらの質が求められる。

〈5〉 撤　退

せっかく海外工場を設立しても，採算がとれない場合，または全社的な方針が変わった場合，工場が閉鎖されることがある。工場でまともに製品を作ることができずに赤字を解消できなかった，天災や人災によってオペレーションの継続が困難になったなどのケースは，その工場自体の問題からの閉鎖である。一方，現地のコストの上昇や他国のコストの低下によって，その国で製造することにメリットがなくなった場合も，閉鎖を決定させられることもある。

例えば近年日本企業のシンガポールの工場は，人件費の向上等によって徐々に生産機能を縮小させられるケースが増えている。また，そもそもその工場で作る品目がなくなるため，撤退ということもある。ソニーのベトナム工場は 2008 年に閉鎖されたが，これは現地の経済状況や赤字のためではなく，主な生産品目のブラウン管テレビの需要が世界的に減少傾向にあることと，その他の商品は ASEAN の域内で手配できるからであった。

ただし撤退は必ずしも容易ではない。撤退のニュースが出た結果，現地労働組合との争議に発展すれば，膨大な補償金を支払わなければならないことになる。最悪の場合，暴動に発展する可能性もある。また，政府によっては，撤退の際に金銭を要求したり，現地に投資した機械などを全て置いていくことを命じることもある。そのため，駐在員が重要なものだけを持ち出し，夜逃げ同然で撤退するケースもあるという。しかし現地の従業員のことを考えれば，そのようなやり方が倫理的に正しいとは言えない。前述のソニーベトナムの場合は，労働者たちに補償を用意した上で円満に撤退を行った。また，従業員の再就職先の斡旋を企業として手伝ってあげることも必要であろう。

12.3　国際生産ネットワーク

〈1〉国際生産ネットワークの類型

　ここまで単一の生産拠点の設立から撤退までのマネジメントを見てきた。最後に，複数の生産拠点を持ったときに形成される国際生産ネットワーク（international production networks）について考えよう。

　国際生産ネットワークは，「各拠点が何を作るか」と「各拠点がどこに出荷するか」の観点からいくつか類型できる。最もわかりやすいのは，各国の生産拠点がそれぞれ担当する国・地域を決めて，それぞれに必要なものをその国・地域だけに出荷するという生産ネットワークである。これは各国拠点の相互依存関係が少ない市場立地型の生産ネットワークである。結果として，各国拠点は同じようなものを作ることもある。例えばヤクルトは各国で同じようなヤクルトを生産し，それぞれが担当する市場に製品を投入している

　それに対して，製品別に各国拠点の役割を決め，その出荷先は地域に限定させない製品別分業型の生産ネットワークがある。これは製品別の分業ネットワークである。例えば日立グループのHDDメーカーだったHGSTは2008年時点で，信頼性が強く求められるサーバー用HDDはシンガポール，エントリーモデルのサーバー・ノートPC・家電・自動車用といった中機能HDDはタイ，

デスクトップ PC 用 HDD のような安価なモデルは中国という分業をしていた。

　また垂直分業型の生産ネットワークを作り上げることもある。これは，完成品を作る拠点と部品を作る拠点，または前工程を担う拠点と後工程を担う拠点と，垂直分業的に各国拠点の役割が分かれている生産ネットワークである。前述の HGST は，HDD のコア部品であるヘッドの材料となるウェハを米国や日本，それの加工をフィリピン，さらに加工した部品をヘッドに取り付ける工程を中国で行い，各 HDD 生産工場にヘッド部品を納品していた。かつてのシャープの液晶テレビ事業であれば，液晶のパネル自体は日本で集約的に作り，それを使ってテレビを組み立てるところは各国工場で行っていた。自動車メーカーでも，エンジン等のコアとなる部品の製造は日本に集約させ，海外で完成車として組み立ている企業も多い。

　さらに，市場別にも製品別にも分業しているとは言い切れない生産ネットワークも存在している。例えば衣服メーカーは，衣服の生産地として，中国，ベトナム，バングラデシュ，ミャンマーなどを選択することが多いが，これらの拠点間で明確な製品別分業の方針があったり，市場の棲み分けがあったりするとは限らない。どの拠点も同じようなものを，市場の縛りなく生産していて，企業はその時に作りたい製品を，望ましい QCD で生産できるかどうかで使い分けている。一時的には製品別や市場別の分業体制になるかもしれないが，それらが状況によって容易に変わる生産ネットワークと言える。

　ただし，同じ企業内でも，事業・製品によって異なる生産ネットワークを持っていることがある。また，同じ製品の生産ネットワークでも，複数の類型に当てはまることもある。例えば，製品のニーズが市場ごとに違う場合，製品別分業をした結果，市場立地型の分業になることもある。また，市場立地型の分業をしているが，部品は本国で集約的に生産するという，垂直分業型の分業を同時に行っていることもある。

　さらに議論を複雑にするのは，この上に各拠点が「どの活動」まで引き受けるかにも無数の選択肢があることである。例えば工程開発を各拠点に持たせるのか，それともどこかで集約するのかも検討しなければならない。これは生産ネットワークのマネジメントに関わるので，以下で詳しく見ていく。

〈2〉国際生産ネットワークのマネジメント

　国際生産ネットワークのマネジメントにおいて考慮すべきは，「生産に関わる諸活動（特に量産立上，工程改良，工程開発）をどう配置し，各活動をどれくらい調整するか」という生産に関わる諸活動の配置と調整と，「各工場にどの製品（または部品）を，どれくらい作らせるか」という生産品目と生産量の決定である。

　まず複数の工場を持ったとき（すなわち，量産活動の配置が終わったとき），あわせて量産立上，工程改良，工程開発といった生産に関わる活動をどこに配置するかを考えなければならない。全ての生産拠点に全ての活動を持たせることもあれば，一部の活動の配置を集約することもある。例えばファスナーを生産しているYKKはどの海外工場でも日本国内で開発し，内製している製造機械を使うようにしていた。また，ベアリング会社のミネベア（現ミネベアミツミ）も同様のやり方をとっていて，現地で工程改良のアイデアが出ても，本社が認証した上で全ての拠点で一律に実行するという中央集権的なやり方をとっていた。このやり方は，工程開発機能の集約や生産機械の大量生産による規模の経済の追求，技術のブラックボックス化，世界中で同じ機械を使うことによる学習の蓄積などのメリットがある。これは量産立上でも同じである。

　その一方で，各国がそれぞれ工程改良活動，工程開発活動を行っている場合は，それぞれの拠点に適した工程を生み出しやすい。また，同じ国に工程改良部隊／工程開発部隊がいるため，他の国に依頼するよりも迅速に新たな工程を改良・開発することも可能であろう。特に製品立上を現地で行うときは，現地に工程改良や工程開発部門があればすぐに工程を変更することができる。しかしこのような体制をとる場合は，どこかの部署が横串を通して，それぞれの部隊が勝手なことをやっていないか，共有化できるノウハウや設備はないかなどを検討し，活動内容を調整していく必要がある。一切調整をしないという方針もありうるが，多国籍企業全体として複数拠点を持つことのメリットは薄くなる。

　同様に各工場の生産品目と生産量も決定しなければならない。本社は，市場全体のニーズや各国拠点の能力を踏まえた上で，生産品目と生産量を考える。どの拠点で何をどれくらい作るかを的確に決定できないと，大きな損失を生む

ことがある。例えば，日立の HDD 部門が IBM の HDD 部門を買収して誕生した HGST は，合併後に部品や完成品の生産拠点の整理を迅速に行えず，数年間赤字を経験してしまった。また，現地に誤った役割を与えてしまった結果，損失が生まれることもある。例えば中国工場にグローバルな輸出工場としての役割を与えていたものの，人件費が上がってしまい輸出工場として必要なコスト競争力などを担保できず，現地市場向けの工場に切り替えるというケースは少なくない。

　もちろん，本社側が各国工場の生産品目や生産量を決めず，各工場が自由に作りたいものを作りたいだけ作るという体制も考えられる。もし本社が全く関与しないのであれば，各国工場はその海外子会社の方針に従い，自由に売り先を開拓し，顧客の要求する製品を生産していくことになる。その場合，特定の顧客に同じ会社の異なる工場が同時にアプローチをするということもありうる。例えば HDD の部品であるハードディスクメディアを製造している昭和電工では，日本，台湾，シンガポールの3工場があたかも独立の会社のように，顧客の受注を取ろうと活動していた。昭和電工の本社はそうした競争状況を把握しているので，全く関与していなかったわけではないだろうが，各工場がカニバリゼーションを恐れずに競い合う状況もありうるのである。

　このように，本社が関与するにせよ，しないかにせよ，生産品目や生産量の決定は，拠点間の競争圧力を生むことになる。海外工場は，本社が生産品目や生産量を決定する場合は本社に，本社が関与しない場合は顧客に，製品の生産場所として選んでもらえるように努力をすることになる。多国籍企業内の他拠点をライバル視することで，各国拠点のパフォーマンス向上が促されるのである。

　こうした競争圧力はうまく扱わなければならない。各国工場が仲違いをし始めて，情報共有などを行わなくなれば同じグループの一員であることのメリットが活かせなくなる。また，大きな市場に立地した工場等は「戦略的重要性の高い市場にある以上，QCD が少しくらい悪くても，この工場は潰されないはずだ」と，競争圧力を軽視してしまうかもしれない。こうしたことが起こらないように競争圧力を強めたり弱めたり，バランスをとらなければならない。

　また，どのようなネットワークであっても，情報共有は必要である。そのた

めには，本社や地域統括会社に情報を集約するか，各国工場が自発的に情報共有をするようにコミュニケーションチャネルを用意する必要がある。近年ではITを用いて，各国工場の情報を本社，あるいは各国で把握できる仕組みも作ることも行われている。例えば韓国の現代自動車は，海外工場の生産ラインにカメラを設置して，現地の状況を本社から観察できるようにしている。またブリヂストンでは，現場で起こったイベントをその背景まで把握できるようなITシステムを導入し，現場の改善だけでなく，経営全体の改善にも役立てている（奥，2013）。

演習問題

12.1　好きな企業を一つ取り上げ，その企業がこれから海外生産拠点を作るのであればどの国が良いか，根拠を含めて提案しなさい。

12.2　「海外生産を行うと国内の産業空洞化が起きる」という言説について，あなたの意見を述べなさい。

第13章

国際研究開発

本章は研究開発の国際化を扱う。本章は国際研究開発に関する主要トピックとして，海外研究開発拠点の分類とそのマネジメントについて説明する。2000年以降，日本企業の海外研究開発拠点は急増大しており，研究開発の国際化はより重要な経営課題となりつつある。こうしたトレンドに対応できるようになるために，国際研究開発に関する主要な議論を理解することが，本章の目的である。

○ KEY WORDS ○
海外研究開発，ウプサラ・モデル，
HBE（Home base exploiting）型（ホームベース活用型），
HBA（Home base augmenting）型（ホームベース増強型），
自律と統制，スターター，イノベーター，
貢献者，半情報結合された自由

13.1　なぜ研究開発を国際化するのか？

　研究開発とは，基礎研究，応用研究，製品開発，場合によっては工程開発を指す用語である。英語では R&D（research & development）と呼ばれ，R が基礎研究と応用研究，D が製品開発を指すことが一般的である。企業の中では，研究は研究所（研究センター）で行われ，開発は事業部で行われることが多い。

　研究開発の国際化は，他の活動に比べて遅くなる傾向にある。例えば，ヨハンソン（Johanson, J.）とヴァーレ（Vahle, J. E.）が提唱したモデル（ウプサラ・モデル（Uppsala model）と呼ばれる）では，企業の海外進出は輸出から始まり，販売子会社，工場，開発拠点の順番に設立されるとされている（Johanson & Vahle, 1977）。2016 年の筆者の調査（詳細については，第 7 章，p. 116 参照）でも，量産活動を行っている東南アジアの日系製造法人 293 社中，製品開発は 55 社，基礎研究は 18 社でしか行われていなかった（第 12 章，p. 194，表 12.3 を参照）。

　そもそも研究開発の中でも，基礎研究や応用研究に関しては市場に制約されることはないため，市場側の理由で海外に進出することはない。また，研究開発活動は，普段のルーティンワークが明確ではない分，本国拠点から優位性を移転することも難しい。そのため研究開発はなかなか国際化しない活動であると言える。

　しかし近年，研究開発を国際化するケースが増えている。実際，日本企業の海外研究開発拠点（研究開発だけを行っている子会社）の数は，2000 年から 2010 年にかけて 3 倍弱にまで拡大している（中川ら，2015）。例えばトヨタ自動車は，工場は一部例外を除き，1980 年代から 2000 年にかけて多様な地域に設立されていく。しかし，研究開発に関わる海外拠点の設立はもう少し遅い。1973 年と 1977 年に米国に 2 か所，1987 年と 1993 年に欧州に 2 か所設立されているが，本格的な海外進出は 2000 年以降で，フランス，タイ，オーストラリア，中国と相次いで設立されている。

　日本企業が研究開発を国際化する際の動機は大きく分ければ 2 つある。まず

は，現地のニーズに合わせた研究開発を行うためである。これは特に，製品開発の国際化の説明要因として大きい。もう一つの動機は，「その国でないと得られない知識や技術」を得るためである。IT人材が豊富な米国西海岸への研究所の設立はその例である。また，海外の著名な大学との共同研究のために，現地に研究所を作ることもある。基礎研究のような特定の市場に由来しないものでも，その研究が進んだ場所があればそこに拠点を作る意義があるのである。さらに研究開発に強みのある海外ベンチャー企業を買収する動きも，IT産業や医薬業界を中心に現れている。また，その他の動機として，本国側の人材不足を補うためという理由も少なからず存在する。

いずれにしても，研究開発の国際化は今後さらに活発化していく可能性が高い。本章では研究開発の国際化に関して，海外研究開発拠点の分類とそのマネジメントに焦点を絞って説明していく。

13.2 海外研究開発拠点の分類：HBE型とHBA型

海外研究開発拠点はその進出動機から「HBE（Home base exploiting）型（ホームベース活用型）」と「HBA（Home base augmenting）型（ホームベース増強型）」に分類することができる（Kuemmerle, 1999）。それぞれの拠点の特徴と，そこで求められるマネジメントについて見ていこう。

〈1〉HBE型の海外研究開発拠点

まず，各国市場の需要特性に対応するという需要要因に基づいて，研究開発（特に開発）拠点を海外に設立することがある。製品・サービスには，各国に共通して機能する部分と，消費者の生活環境に深く根ざした部分がある。その後者をつかむために研究開発拠点を現地に設立する。こうした現地市場の需要特性への対応を目的とする海外研究開発拠点をホームベース活用型（Home base exploiting, HBE型）の海外研究開発拠点と呼ぶ。

HBE 型の研究開発拠点の一例としては，パナソニックの中国生活研究センターがある。これは，洗濯機，冷蔵庫，エアコン，美容器，健康関連機器等に関する消費者調査機関である。2008 年時点で所長以外はローカルスタッフであり，彼らがグループインタビュー，家庭訪問調査，街頭調査を行うことで，ニーズをダイレクトに集める。その結果を元に，中国で売れる製品を企画し，研究開発部門に提案している。

　例えばこの組織が企画した製品として，「除菌機能付きななめドラム式洗濯機」がある。彼らが中国の家庭を調査した結果，洗濯物の下着を手洗いしている家庭が多かった。なぜ手洗いをしているか尋ねると，外気にはインフルエンザウィルスなどがいるため，それが付着しているかもしれない外着と，体に直接つける下着を一緒に洗いたくないためだったという。そこで洗濯しながら衣類を除菌できる洗濯機を発売したところ，2007 年 9 月に僅か 3% だったパナソニックの洗濯機のシェアが，2008 年 3 月に 18% まで拡大したという。なお，この時に売れたパナソニックの洗濯機のうち，65% が除菌機能付きのものだった。

　HBE 型の研究開発拠点は，本国拠点等から優位性のある技術を導入し，それを現地に合わせた形で活用する役割を担う。よって，現地において多国籍企業全体の優位性につながるような新たな知識・技術を獲得するのが目的ではない。あくまでも現地市場のニーズを把握した上で，本国の技術をベースにアレンジすることが求められる。

　このような拠点のため，現地市場向けの活動を行っている現地海外子会社内の他部門，または同活動を行っている多国籍企業全体の他部門との連携が重要になる。現地市場の顧客の情報を持っている現地海外子会社のマーケティング部門と連携ができれば，顧客のニーズに沿った製品の開発ができる。また，現地顧客向けに製品を作っている生産部門（同一国にない場合もある）との連携がとれれば，細かな設計変更にも迅速に対応してもらえるようになり，リードタイムの短縮や開発コストの抑制を望める。また，元々の技術を本国から移転するためにも，本国を中心とした技術開発部門との連携も重要となる。もちろん，自らが所属する多国籍企業グループの外の組織との付き合いが重要でないわけではないが，海外子会社内，または多国籍企業グループ内での連携が重要

となるのである。そのため，HBE 型の拠点リーダーは，海外子会社，または多国籍企業グループ内の様々な部門にまたがる，広い人的ネットワークを持つ人材が望ましいことになる。

〈2〉HBA 型の海外研究開発拠点

一方，需要要因からではなく，本国では入手困難な知識や技術を海外市場で吸収したいという供給要因から海外研究開発拠点が設立されることがある。特定の国で特定の科学知識や産業が発展すると，そこがその分野の知識の最前線となる。場合によっては産業，大学などの研究機関，政府が密接に連携し合い「知識のクラスター」ができあがることもある。このようなとき，現地に拠点を持つことで，現地の研究コミュニティに入り込むことができる。コミュニティに入り込むことによって，暗黙的な知識も含めて吸収することが可能になる。

このように，本国では入手困難な知識や技術を海外市場で吸収し，新たな優位性の構築を目指す海外研究開発拠点をホームベース増強型（Home base augmenting，HBA 型）の海外研究開発拠点と呼ぶ。なお，ホームベース（本拠地）という言葉が使われているが，本拠地を増強することよりも，多国籍企業全体を増強することに重きが置かれていることには，注意が必要である。

HBA 型の研究開発拠点の例としては，トヨタが 2016 年 1 月に米国シリコンバレーに設立した AI（人工知能）などに関する研究所「TOYOTA RESEARCH INSTITUTE, INC.」が挙げられるだろう。自動車会社であるトヨタにとって，AI に関する知識や技術は必ずしも豊富には蓄積されていない。しかし，自動運転など，自動車産業においても AI はとり入れなければならない技術となりつつある。そこでトヨタは，AI に関する研究機関が豊富に存在する米国シリコンバレーに拠点を設立し，現地の優秀な研究者を採用しつつ，スタンフォード大学などとの連携をとって研究を行うことで，AI 分野でも優位性を獲得しようとしているのである。

HBA 型の研究拠点は，本国で構築した優位性を補強し，拡大させる役割を担う。現地市場だけではなく，多国籍企業の技術基盤への長期的な貢献が求められる拠点である。そのため，知識クラスターにおいて現地の研究組織と人的交流を行い，優れた人材を惹きつけることが重要となる。もちろん，現地海外

子会社内，または多国籍企業グループ内の他の部門との接点が重視されないわけではないが，外部から新たな知識を獲得することが最優先である。

　こうした役割を持つ拠点のため，HBA型の拠点リーダーは，ターゲットとする技術分野の先端研究の動向を理解でき，現地の研究者のコミュニティから高く評価されている人物がふさわしい。こうした人物であれば，現地の研究者ネットワークに入り込んで情報を獲得できるし，またその情報の選り分けも可能になる。さらに高く評価されている人物であれば，現地で優秀な人材を雇用することも容易になる。例えば前述のトヨタのシリコンバレーの研究所のトップであるギル・プラット氏は，米国国防総省の国防高等研究計画局でロボット・プロジェクトを指揮していたロボット工学やAI研究の第一人者である。

〈3〉HBE型とHBA型は二者択一か？

　キューメール（Kuemmerle, W.）はHBE型とHBA型の類型を提示しただけでなく，日米欧企業への調査も行っている（Kuemmerle, 1999）。海外研究開発拠点の156拠点に対して，各拠点の活動のうち何割がHBA型の活動に当たり，何割がHBE型の活動に当たるかを調べたところ，全てHBA型の活動を行っている拠点が56，全てHBE型の活動を行っている拠点が81存在し，両方を行っている企業は19と少なかった。ここからキューメールは，HBE型とHBA型の活動は性質が異なるため，両方が同時に行われることは稀であることを示した。また，各拠点の役割によって立地や必要とされる研究者の性質も異なるため，各拠点の役割が変化することもないと主張した。

　ただし，拠点として両方を同時に行う可能性や，元々HBE型をやっていた拠点がHBA型に変化する，またはその逆の可能性も一部では議論されている。ただし，拠点として両方を同時に行うとしても，担当する組織や人などは異なるだろうし，途中からどちらかの類型に切り替わるのであれば，担当する組織や人も変化するだろう。そのため，同じ「〇〇研究開発センター」という名前にもかかわらず，実質的には全く異なる組織になっていると解釈することもできるかもしれない。いずれにせよ，HBE型とHBA型の両方を同時追求するのが可能なのか，必要に応じて切り替えることが可能なのか，もし可能だとすれば，両者を別の拠点で行うよりもパフォーマンス向上につながるのかは，今後

の研究課題である。

13.3 海外研究開発拠点のマネジメント

　研究開発拠点のマネジメントについて，HBE型，HBA型の違いを念頭に置きながら，その進出プロセスに沿いながら説明していく。

〈1〉海外進出の決定

　まず，海外に研究開発拠点を作る必要があるかどうかを検討する必要がある。第9章で見たとおり，R&Dを国際化することにはメリットもデメリットもある。本国に研究開発を集中すれば，規模の経済が追求でき，同一言語でコミュニケーションも円滑で，海外へのノウハウ流出を防ぐことができる。しかし海外に進出しなければ，HBE型研究開発拠点が行うような，現地の需要の特性に合わせた開発が難しくなり，HBA型研究開発拠点が行うような，本国では手に入らない知識の獲得が難しくなる。このメリットとデメリットを考慮して，海外で研究開発を行うかどうかが決定される。

　海外で行うとなれば，次に立地が決められる。立地選択の要因は図表13.1のようにまとめられる。HBA型の場合，最先端の知識を生む企業の研究組織の集積や，現地の大学や政府の研究組織の集積が重視される。一方，HBE型の場合，現地適応する市場の規模と成長性，また現地適応を行う際に連携が必要な多国籍企業グループ内の他拠点との距離が重視される。

　その他の要因はどちらの海外進出においても重要となる。部品や材料の供給業者の集積については，現地部材を使うこと適応につながるのであれば，HBE型において必要とされる。一方，現地でしか手に入らない部品や材料を使うことで新たな優位性を作れるのであれば，HBA型でも必要となる。投入要素の費用はどちらも安いに越したことはないが，HBA型の場合は，優秀な研究者獲得に対してはお金に糸目をつけないこともある。知的財産権保護の程度は研究開発を行う拠点である以上，どちらにおいても明確に保護されること

図表 13.1　海外研究開発における立地選択の要因

- 企業の研究組織の集積
- 現地の大学や政府の研究組織の集積
- 市場規模と成長性
- 連携が必要な多国籍企業グループ内の他拠点との距離
- 部品や材料の供給業者の集積
- 投入要素の費用
- 知的財産権保護の程度

（出所）　筆者作成。

が望ましい。ただし，あまりにも煩雑なルールが存在している場合，外部とのコラボレーションも行う HBA 型の拠点にとってはマイナスとなる。

〈2〉現地におけるマネジメント

　研究開発拠点の設立に関しては，工場と同様のプロセスで行われる。場所選び，必要に応じて法人設立や建家建設，必要な装置等の搬入やリクルーティングを経て，駐在員と現地スタッフが立ち上げを行う。HBA 型の場合，リクルーティングに際して現地研究コミュニティに影響力のあるビッグネームやその研究チームを引き入れることもある。

　実際に運営が始まると，通常の研究開発拠点と同じようなマネジメントが求められる。これらについては「研究開発論」や「製品開発論」で細かい議論があるため，ここでは細かくは議論しない。ただし，国際という文脈で重要になるのは，多国籍企業内部の対内的交流と，現地での対外的交流のマネジメントである。

　多国籍企業の一拠点である以上，自国内の生産・販売部門はもちろん，他国の研究開発拠点，他国の生産・販売拠点との連携も必要になる。HBE 型の場合，まずは本国からコアとなる技術を移転してもらわなければならないので，本国の研究開発部門との連携が重要になる。また，顧客の情報を取るためにマ

ーケティング部門や販売部門と，設計を変更した製品をいち早く量産してもらうために生産部門との連携も重要になる。これらが現地にあれば連携は比較的たやすいが，もし現地市場のマーケティングや生産を担当している部署が現地にない場合は，国境をまたがったコミュニケーションをとらなければならない。

　一方，HBA型の場合は，HBE型ほど対内的交流は重要とはならない。ただし，他国の研究開発拠点と時には情報を交換し合うことで，新たなイノベーションの機会を探ることは必要である。

　逆に対外的交流は，HBA型においてより重要となる。企業，大学，政府機関問わず，現地で知識を生み出しているコミュニティに接近し，知識を獲得しながら，研究開発を行わなければならない。そのために，例えば現地の特定分野の会議や学会に出席したり，大学にお金を出して研究室とのコラボレーションの機会を作ったりする必要がある。こうした関係づくりの中から新たなアイデアが見つけ出される。そのアイデアを元に自分で研究開発を行ったり，そのアイデアを持つ人間と一緒に共同研究したり，またはそのアイデアを持つ人間を自社に引き抜いたりするのである。

　一方，HBE型の場合，対外的交流は研究機関よりも顧客，または部品・材料の供給業者にとどまる。パナソニックの中国生活研究センターのように，顧客からの情報を自ら取ることも重要である。しかし，研究開発拠点が顧客との接点を持たず，マーケティング部門などに任せていることもある。また，部品・材料の供給業者については，現地環境にあった製品にするために現地の部材を使うことが必要であれば，コミュニケーションをとる。例えば新興国において，現地の部材を使うことで製品のコストを下げられる場合などは，供給業者との交流が増える。

　ただし対内的交流，対外的交流のいずれにおいても，吸収能力が必要となる。吸収能力（absorptive capacity）とは，「企業の外部において潜在的な価値のある知識を見出し，それを吸収して，さらに商業化につなげる能力」のことである。対内外問わず，交流から得られた知識を活用できなければ意味がない。吸収能力がない場合，本国から移転された技術の中に現地で活用すると良いものがあるのに見逃したり，現地市場からの次のイノベーションにつながるヒントを見逃したり，現地コミュニティから得られた重要な情報を見逃したりしてし

まう。

　吸収能力をつけるためには，研究開発拠点の研究開発チームが，多様な情報を認知するだけの幅広い知識基盤を持つことが求められる。しかしそのためには，関連分野の研究開発の経験が必要である。そうすると経験を積ませるために，継続的な投資が必要とされるが，吸収能力が蓄積するまでは時間がかかるため，短期的には利益が出にくくなってしまう。そのため，短期的には利益が出ないことは許容しなければならない。しかし，コストダウンのために努力をしている生産部門や，少しでも売上を増やすために努力している販売部門からすれば，このような状況は不平等に見えることもある。そのため，全社のトップマネジメントが長期的にサポートし，他部門からの不満を抑えながらも，研究開発拠点が結果を出すように仕向けていく必要がある。

〈3〉本社のマネジメント：自律と統制のバランス

　海外研究開発拠点が多国籍企業の一拠点である以上，本社の的確なマネジメントが，海外研究開発拠点の運営において重要となる。その中でも，研究開発拠点という特質からも重要となる自律と統制のバランスについて議論をしよう。

　海外研究開発拠点においては，その運営を行うにあたってある程度の意思決定権が与えられることが望ましい。この意思決定権が与えられている程度のことを自律性（autonomy）と呼ぶ。意思決定が求められる活動の具体例としては，「研究プロジェクトの選定」「予算計画の立案」「使用する機器の選定」「研究者の採用・業績評価・昇進基準の決定」「協業相手の選定」などがある。

　HBA型の研究開発拠点であれば，現地の研究機関や現地企業との交流を迅速に進めていくためには，現地に権限を渡して，自らの裁量で様々なコラボレーションを決定できるようにしなければならない。「この共同研究が実現するかは本社に聞かないとわかりません」などと言っていたら，重要な研究のチャンスを他社に取られてしまうかもしれない。また，その共同研究の重要性を本社側が正しく認識できるとも限らない。

　一方，HBE型の研究開発拠点であれば，本国の技術を活用する必要があるため，自律性はある程度抑えられる。とはいえ，現地市場のことを最も理解しているのは現地拠点であり，本社が自分たちの価値観で技術発展の方向性に口

を出せば，現地の需要から大きく外れた研究を行ってしまう可能性がある。海外市場の場合，本社からすると「そんなものは売れない」と思うものが売れることもある。中国の派手な金色のエアコンなどは，日本人の感覚からすれば売れるとは思えないものである。

また，そもそも研究者は自らの発想で研究テーマを見つけたり，自らの方法で研究活動を行ったりすることを好む。そのため，本社に強く縛られてしまえば，自由な研究ができないと考え，最悪の場合は会社を辞めてしまうかもしれない。こうした点からも，海外研究開発拠点に対して自律性を与えることが望ましくなる。

しかし，海外研究開発拠点を放置しすぎては，多国籍企業としてのメリットは損なわれる。そのため，統制（control）も求められる。各国共通化できる部分までそれぞれが自前で開発をしてしまったり，各拠点がバラバラなテーマで研究開発を行い共有できる部分がなくなったりしまえば，多国籍企業としてのコストメリットはなくなる。

また，本国や他国からの技術移転を促進するためにも，統制は重要になる。HBE 型の研究開発拠点であれば，本国の技術開発部隊や，海外子会社内または他国の生産部門やマーケティング部門との連携が必要となるため，他の組織と足並みを揃えるために，本社からある程度統制されなければならない。HBA 型の研究開発拠点であっても，各拠点のやっていることがバラバラな状態では，お互いの技術を共有することが難しくなってしまうため，ある範囲で研究テーマの方向性を統制しなければならない。

そのため本社は自律性と統制のバランスをとらなければならない。このバランスは海外子会社の役割の変化に合わせて，長期的に変化しうる。この点について議論したのが浅川（2011）（初出は Asakawa（2001））である。この研究は，海外子会社の役割が三段階あることを示し，それによって海外研究開発拠点に与えられている自律性と，本社側との情報結合の程度が変化することを明らかにしている。図表13.2 が，自律性と情報結合から見た海外研究開発拠点の類型である。

最初の段階は，スターターである。この段階では，本社から割り当てられた新しい役割を制度化することが求められる。実質的な R&D 活動はまだ行われ

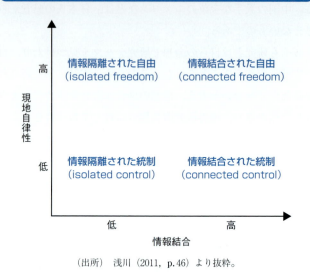

図表 13.2　自律性と情報結合から見た海外研究開発拠点の類型

(出所) 浅川 (2011, p.46) より抜粋。

ておらず，様々な準備をする段階である。この段階では，トップの支持と激励がまず重要とされる。その上で，優秀な科学者を惹きつけるために，現地の科学者の採用や最初の研究課題の選択に関してかなりの自律性が与えられる。本社とつながりながらも，自律性が与えられた状態であり，図表 13.2 の情報結合された自由に当てはまる。

次の段階がイノベーターである。ここでは現地の R&D 能力を伸ばし，その拠点内での研究成果を最大化することが求められる。この段階で生まれた研究成果は，まだ多国籍企業全体には波及せず，現地で利用されるにとどまる。この段階では，現地に自律性を与えることで，独自の創造性を促すことが求められる。逆に過剰な社内のつながりは有害となる。本社から隔離された上で自律性が与えられている状態であり，図表 13.2 の情報隔離された自由に当てはまる。

最後の段階が貢献者である。ここでは，現地で開発された技術や蓄積された

図表 13.3　海外研究開発拠点における自律性と情報結合の変化

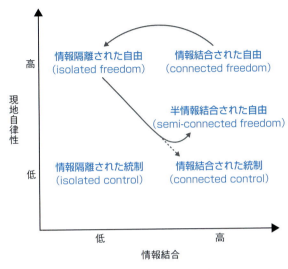

(出所)　浅川 (2011, p.91) より抜粋。

知識を多国籍企業内の他の組織に普及させることが求められる。そのため，多国籍企業内のネットワークにもう一度統合されることが求められる。社内のつながりが増えることで，現地研究開発拠点と本社との間に知識やノウハウの共有が進んでいくが，こうしたつながりが結果として自律性を損なうことにつながりかねない。場合によっては，自律性を失い，情報結合された統制に至る。しかし，現地研究開発拠点は，イノベーターとしての役割も放棄しないため，自律性を求め続けるため，適度なバランスを模索するようになる。

その中で一部の企業は，半情報結合された自由という，情報結合された自由と情報結合された統制の間のポジションに向かう（図表 13.3）。現地研究開発拠点は完全な自律性を手に入れるよりも，他の拠点と情報結合されることによって得られるメリットを選ぶ。特に，基礎研究を行う拠点の場合，この位置が好まれるという。

こうした位置に行くためにはいくつかのやり方がある。まず，「情報隔離された自由」の段階で本社との交流を深めることが重要である。その際にはアウトプットを共有するだけでなく，実際の研究開発プロジェクトの中で交流していくことが望ましい。次に，本社との間に仲介役を設け，彼らが情報の流れに影響力を持つようにすることも効果的であるという。大半のメンバーは本社とやりとりせず，仲介役が両方の拠点の情報の翻訳者，さらには両方の拠点に影響を与えられる影響者として，現地と本社の情報交流を促進するのである。また，短期の人的交流によるコミュニケーションの促進や，共同プロジェクトなどによるプロジェクトレベルの交流の促進も，本社との過度な交流によって統制が強くなることを抑えることができるため，効果的である。

演習問題

13.1 好きな産業の企業を3社以上取り上げ，それらの企業が海外に研究開発拠点を設立しているかどうか，もししているのであればどこに設置しているのかを調べなさい。その上で，各社の海外研究開発拠点の立地とその役割に違いはあるかどうかを検討しなさい。

13.2 本章では暗黙的に，「現地・現物の観察」と「フェイストゥフェイスのコミュニケーション（対面交流）」の有効性を前提としてきた。HBE型の拠点が顧客のニーズを取るとき，HBA型が現地の研究コミュニティに入り込むとき，そこで起きている現象を観察し，対象と直接会ってコミュニケーションをとる。しかし近年は，IT技術の発達で，現地の状況を写真や動画などで送ることもできるし，メール，TV電話等，直接会わなくても綿密にコミュニケーションができるツールが現れている。そのため，コストのかかる現地現物の確認や対面交流は，代替されていく可能性がある。こうした流れの中で，研究活動において今後も「現地現物」や「フェイストゥフェイス」が重視されるかどうかを，その理由とともに議論しなさい。

第14章

国際的なサプライチェーン・マネジメント：調達と製販統合

　本章ではサプライチェーン・マネジメントの国際化を扱う。その中でも，調達の国際化と，国際的な生産部門と販売部門の連携（製販統合）に焦点を当てる。新興国が工業化する中，調達先の候補は拡大し，最適な調達先を探索することは重要なテーマとなっている。同様に，新興国市場も含めた世界市場は急拡大しており，世界の需要の変化・変動に対応できる製品供給体制を生産部門と販売部門が連携して構築することも求められている。これらの現実の動きを理解するために，国際的な調達と製販統合に関する基本的な考え方を学ぶことが，本章の目的である。

○ KEY WORDS ○

サプライチェーン・マネジメント，調達，製販統合，
サプライヤー，現地サプライヤー，地場サプライヤー，
現地調達，内製化，深層の現地化，部分最適，全体最適

14.1 サプライチェーンの考え方と本章の対象

　本章では，国際的な「調達（購買）」と，国際的な「生産部門と販売部門の統合（製販統合）」の議論を紹介する。これらは一般的にサプライチェーン・マネジメントに含まれる議論である。

　サプライチェーン（supply chain）とは，「物品が最終消費者の手に渡るまでのビジネスの流れ」のことである。具体的には，原材料サプライヤー（supplier, 供給業者）→部品サプライヤー→完成品メーカー→卸売業者→小売業者→消費者と流れていく連鎖のことである。これらを最適管理するのがサプライチェーン・マネジメント（supply chain management）である。完成品メーカーから見れば，まず，欲しい部品や原材料（以下ではまとめて「部材」と呼ぶ）を，低コストで，不良品なく，欲しいタイミングでサプライヤーから仕入れることが目指される。逆に言えば，コストが高く，不良品だらけで，納期を守らないサプライヤーを排除する必要がある。また，生産した完成品を，顧客が納得するコストで，不良品なく，顧客の欲しいタイミングで供給することが求められる。そのためには，生産と販売が連動して，顧客に必要以上に製品を待たせてしまう，または買い手がいなくて在庫だらけになるということは避ける必要がある。

　本章では，完成品メーカーのサプライヤーに関するマネジメントを調達とし，顧客の欲しいタイミングでモノを供給するための生産と販売の連携を製販統合とする。その上で，これら2つが国境を越えたときのマネジメントについて説明する。なお調達に関しては，自社が海外に進出していなくても，海外産のモノを購買すれば国境を越えるが，本章はそうした事例は扱わない。本章が対象とするのは，生産拠点または販売拠点が海外に出ている状態での，国際的な調達と国際的な製販統合である。

14.2　国際的な調達

〈1〉最適な調達先の選択

海外に生産拠点を設立したとき，調達先は3つ考えられる。

① 本国からの調達

まず，本国からの調達である。もしその海外工場が作る製品が今まで国内で作っていたものであれば，本国で使っていた部材をそのまま現地に持っていけば，現地での生産は容易である。また，これまで付き合いのあるサプライヤーから継続して仕入れれば，コスト，品質，納期の面でもリスクが少ない。1970年代の日本企業の多くは，このような海外展開をしていたと言われている。また近年でも，本国でコアとなる部品を作って海外に輸出するビジネスモデルをとっている場合は，本国からの調達が多くなる。

ただし，本国からの調達は，コストと納期の面で大きな問題が生じる。まずコストの面で見れば，関税，物流コストが上乗せされることで，本国で購買するときよりもコスト高になることがある。もっと問題となるのは納期で，ある国から海外に船便で製品を出すとなれば，輸送時間と税関の手続きを合わせて，相当な時間がかかることがある。そうすると，現地に部材の在庫を用意したり，完成品の在庫を用意したりする必要が出てくるため，結果として効率性が失われる。

② 進出先（ホスト国）での現地調達

次に，進出先（ホスト国）での現地調達である。現地調達は，物流コストの削減，関税の回避，納期の短縮が可能になる。特に納期の短縮によって，生産計画に合わせた柔軟な調達が可能になり，部材や完成品の在庫を持たなくて済むようになる。また，進出先が新興国であれば，現地の安価な要素コストの恩恵を受けた部材を用いることで，大幅なコストダウンも可能になる。

しかし現地で新たな調達先を開拓するのは容易ではない。これまで付き合い

のないサプライヤーと取引を行うのは，様々なリスクもある。そのため，本国からサプライヤーを連れてくるケースや現地のサプライヤーを鍛えるケースも存在している。この点は後述する。

③ 第三国からの調達

　調達先の三つ目は，本国でも進出先でもない第三国からの調達である。元々その国に進出する前から，その第三国のサプライヤーからの調達を行っているのであれば，納入先が変化するだけで大きな変化はない。ただし，地域経済同盟に加盟している国同士の取引であれば，関税免除などが存在する場合，本国から調達するより安くなる可能性がある。例えばASEAN域内での優遇を利用するために，ベトナム工場で使う部品をタイのサプライヤーから取り寄せる，ということもありうる。またその第三国が進出先に物理的に本国よりも近ければ，納期も短縮できるだろう。

　企業は本国，現地，第三国のオプションから，最適な部材の供給地を考えていく。例えば，2015年時点での日本企業のアジア・オセアニア地域での原材料・部品の現地調達の割合を見ると，総じて現地，日本，第三国の順番になっている（図表14.1）。しかし全ての部材において最適な供給地を検討していくのは至難の業である。さらに，コストなどは常に変動するため，最適供給地も常に変動している。そのため，各種のソフトウェアやシミュレーションなどを使った分析も行われている。

〈2〉進出先でのサプライヤーの探索

　調達先として本国，現地，第三国のオプションがあるとはいえ，進出先政府にとってみれば，現地での産業保護のために，外資系企業に現地調達してもらうことが最も望ましい。そのため，進出先政府が，一定の割合以上の現地調達を法律上義務付けることがある。こうした現地調達の要求をローカルコンテント（ローカルコンテンツ）要求といい，特に新興国において見られる。ただし自由貿易の観点から強い批判を受けるので，部品関税などで実質的なローカルコンテンツ要求をしているところもある。

図表 14.1　アジア・オセアニア地域における日本企業の原材料・部品の現地調達状況（製造業）

国・地域名	回答企業数（社）	現地（%）	日本（%）	ASEAN（%）	中国（%）	その他（%）
総数/全体	2198	46.5	31	7.5	6.8	8.2
中　国	506	64.7	26.8	2.5	－	6
ニュージーランド	28	58.1	14.9	4.3	1.7	21
タ　イ	337	55.5	29	2.8	5.1	7.6
台　湾	48	55	28.7	4.9	8	3.4
オーストラリア	50	49	16.3	8.5	6.2	20
インド	180	48	31.5	8.7	4.9	6.9
韓　国	88	45.3	40.6	3.4	4.7	6
インドネシア	215	40.5	33.8	10.7	5.7	9.3
スリランカ	11	37.9	18.8	8	29.3	6
パキスタン	17	37.4	17.3	16	11.4	17.9
シンガポール	38	36.7	38	11.3	7.7	6.3
マレーシア	157	36	32.6	13.2	7.8	10.4
ベトナム	339	32.1	35.5	11.9	12.1	8.4
フィリピン	68	26.2	44.7	6.9	8.9	13.3
ラオス	11	23.2	14.3	37.7	19.1	5.7
バングラデシュ	32	22.5	25.9	9.2	32	10.4
香港・マカオ	39	17.2	38.5	7.3	27.9	9.1
カンボジア	33	9.2	26.9	26.5	28.3	9.1

(注1)　回答企業数が 10 社以上の国・地域
(注2)　各国の回答企業社数を足し合わせると 2197 社となり，2198 社にならないが，元データに従ってそのまま記入している。
(出所)　ジェトロ 2016 年 5 月「アジアの原材料・部品の現地調達の課題と展望」p.2

そうした政府からの要求がなくても，前述のようなメリットがあるため，企業は現地で部材のサプライヤーを探索することがある。その際にはいくつかのオプションがある。

① 随 伴 進 出

第一に，これまで使っていたサプライヤーを進出先に連れてくるやり方である。これを随伴進出（同伴進出）と呼ぶ。例えば日本の自動車メーカーが海外

進出をする際には，それぞれのサプライヤーや，サプライヤーのサプライヤー（2次サプライヤー）まで進出することがある。また，韓国の現代自動車は，韓国のサプライヤーと一緒に海外進出することで，海外生産を短期間で立ち上げている。

　このやり方は，完成品メーカーとしては最も容易な現地調達手段である。顧客である自社のパワーを使えば，部品サプライヤーとしても進出を拒むことは難しいだろう。ただし，部品サプライヤーが進出したところで，彼ら自身が現地調達を進めていなければ，大幅なコストダウンは望めない（コラム17参照）。また，部品サプライヤーがさらにそのサプライヤー（2次サプライヤー）に海外進出を要求すれば，最終的には規模の小さな中小企業にも海外進出の圧力がかかることになる。中小企業にとって海外進出は大きな投資であり，失敗した場合，倒産してしまう可能性もある。

② 現地サプライヤーの開拓

　次に，現地サプライヤーを開拓するやり方である。現地サプライヤーにも，外資系サプライヤー（自社と同じ国籍も含む）と地場（現地資本）サプライヤーがいる。先進国の場合，地場サプライヤーにも有望なサプライヤーが少なくないだろう。しかし新興国の場合，必ずしもそうではない。そうなると，現地に進出している外資系サプライヤーと取引を行うことが，一つのオプションとなる。

　外資系サプライヤーにとって，このタイプの開拓は大きなビジネスにつながる可能性がある。例えば，ある日本のレーザー溶接の技術を持った中小企業がインドネシアに進出したとする。現地ではまだレーザー溶接ができる業者がないため，日本では付き合いのなかった日系企業とも取引が可能になる。そうなると，インドネシアだけでなく，日本でも新たな取引が始まる可能性がある。実際にこのような形で売上を伸ばしている中小企業は少なくない。海外進出を「国内」取引先開拓の手段としているのである。

　もちろん，地場サプライヤーを探すことも重要である。この場合，現地に詳しい現地社員が中心となってサプライヤーを探すことになる。新興国の場合，自社の基準に合うような部材を作れる企業かどうかを見極めなければならない。サンプル品が問題なかったため取引を開始したが，量産に入ったら不良品だら

けというケースも少なくない。これはサプライヤーが騙した結果とは限らない。慎重に一つひとつ作れれば良いものを作れるが，大量生産はできなかったサプライヤーだった可能性もある。そのため，サンプル品のレベルだけでなく，その企業の工場の管理能力や財務状況なども考慮してサプライヤーを選ばなければならない。

なお，外資系・地場問わず，新規に取引を開始するにあたって，部材の評価をしなければならない。この際のサンプル品の評価は，開発部門の領域であることが多いため，現地に評価機能がないこともある。しかし，物理的に離れたところに部材の評価機能があると，サンプル品を輸送するために時間がかかり，さらに開発部門に送られても評価が後回しにされる可能性がある。そのため，たとえ現地に開発部門全体の機能はなくても，部材の評価機能だけでもあれば，対応スピードを上げることが可能となる。また，量産が始まった後も，抜き取り検査をして，サプライヤーを管理しなければならない。相手が大量の不良品を出した後など，あまりにも信頼できない場合は，全数検査を行う可能性もある。

③ 地場サプライヤーの育成

現地サプライヤーの開拓の一種ではあるが，現地に進出した外資系完成品メーカーが地場サプライヤーを「育成」するやり方もある。サプライヤーを育成するというのは，日本企業に特徴的な発想である。例えばトヨタ自動車は元々日本国内でサプライヤーとの共生関係を重視してきた。トヨタ自動車のパーツ下請メーカーによって結成されている「協豊会」という団体では，現在も相互の情報交換がされている。また，トヨタ自動車がサプライヤーの工場に入り込んで，生産性向上を手伝うことも行われている。サプライヤーに競争力をつけさせて，その利益をトヨタに還元してもらうというやり方をとっていたのである。

こうしたやり方をトヨタは海外でも行った。例えばタイで本格的に工場を稼働しだした1980年代，トヨタはサプライヤーに随伴進出をしてもらいつつも，地場サプライヤーに対して同様のサポートを行った。当時の地場サプライヤーは，タイの華人企業者が設立したものであり，サプライヤーのレベルとしては高くなかった。そこでトヨタは，自動車の生産に必要な品質管理，納期，在庫

量の管理などを徹底させることから指導を行ったという（川邉，2011）。

　また，直接の育成ではないが，日本企業で働いた経験のある現地人材が，現地で部材のサプライヤーを起業するケースも多くはないが存在する。実際タイには，そうした自動車関連企業が存在している。彼らは日本的な生産管理を理解しているため，日本企業にとっては取引のしやすい地場サプライヤーである。長期的な視野から見れば，従業員への教育を通じて，地場サプライヤーを育てていくことも可能となるかもしれない。

④ 内 製 化

　サプライヤーの探索を放棄し，自ら現地で部品を作ってしまうことも，オプションとしてはありうる。これを内製化と呼ぶ。厳密には部品ではないが，例えば金型などではこうした傾向が見られる。金型の設計・製造にはある程度の技術力が必要なため，新興国などでは日本企業との取引が可能な現地金型メーカーが存在しないことがある。しかし，日本の金型メーカーの多くは中小企業のため，随伴進出を依頼することも難しい。このような場合，これまで金型を作っていなかった企業が自ら現地で金型を作り出すケースが存在している。もちろん，日本から金型を送っても良いのだが，時間がかかり，また金型のメンテナンスが難しくなってしまうため，現地で作ることにメリットがあるのである。

コラム 17　深層の現地化

　企業がどれだけ現地調達できているかは，全部品の現地調達をしている割合，現地調達率（金額ベース，点数ベース，重量ベースなど）で測定できる。「部品点数ベースで現地調達率が90％」と言われれば，部品が100個あれば，そのうち90個は現地で調達できているということになる。一般的に90％という割合は高く，この企業は十分に現地化できていると思われる。

　しかしここで気をつけなければならないのは，90％というのが，見かけの現地調達率である可能性である。もしその90％の部品を作っているのは随伴進出したサプライヤーで，彼らの現地調達率がたった30％だったらどうなるか？そうすると，この企業の真の調達率は「27％」で，実はほとんど現地調達ができていないことになる。実際の企業のデータでいえば，あるタイの日系自動車メーカーは見かけの現地調達率が90％だが実際は60％，タイの日系自動車部品サプライヤーは，見かけの現地調達

率が70%で，実際は30%だった。

このように真の現地調達率が低いことは企業の競争力に悪影響を及ぼす。まず，国内生産と比較したときの現地生産のコスト上のメリットが小さくなる。もしそのサプライヤーが日本で作った部品を元に現地で組み立てているのであれば，輸送費などがかかる以上，部品のコストは日本のときよりも上がってしまう。新興国などで安価な要素コストを利用した低コスト生産を行おうとしても，こうした部品が足かせとなってしまう可能性がある。

また，柔軟な生産調整ができない。そのサプライヤーの部品の生産量は日本からのコア部品の輸出に左右されるだろうから，急に増産しようとしてもコア部品がなければ作ることができない。とはいえ彼らに在庫を積ませたら財務体質が悪くなる。

さらに日本で何らかの災害があってコア部品の生産が止まってしまえば，サプライヤーの海外工場も部品を生産できず，完成品メーカーも生産ができなくなってしまう。これは実際に東日本大震災でも起きたことである。

こうした問題を受けて，2000年以降，部品や材料まで含めた現地化を達成しようという動きがある。これを深層の現地化と呼ぶ。日本から来ていた部品・材料を現地，もしくは第三国産に変えることで，今まで手付かずだったコストやリスクを下げようとしているのである。

深層の現地化を実行するためにはまず，トップが明確な方針を打ち出すことが求められる。その上で，現地で部品・材料を評価できるような組織を作り，権限を委譲することが望ましい。本国のエンジニアは最新の技術開発に忙しく，現地の部品・材料の評価まで行っている時間がない可能性が高いからである。また，少し組成の悪い素材や，少し精度の低い部品でも，完成品メーカーが使いこなす能力を身につけることも重要である。

参考文献：新宅・大木（2012）

14.3　国際的な製販統合

国際的な製販統合については，その課題と克服の方向性について議論する。

〈1〉国際的な製販統合の課題

生産部門と販売部門の連携を考える上で問題となるのは，生産部門と販売部門はともすれば相反する状態を各々目指してしまうという，部分最適（suboptimization）の問題である。

① 部分最適と全体最適の問題

　販売部門はいついかなるタイミングでも，商品を用意できていることが重要となる。いつ顧客から引き合いが来るかどうかは完璧には予測できない。しかし顧客が欲しいと言ったタイミングで商品を用意し，機会損失をなくすことが望ましい。そのため，顧客からの発注量が変動することは避けられないものとして考え，必要な時に必要な量だけ，製品を供給してもらえる状態が望ましい。

　一方生産部門は違う。生産は毎日同じものを同じ量だけ作っていることが望ましい状態である。昨日は服を1000着作って，今日は500着しか作らないとなれば，単純計算で，必要とされる従業員の数や生産ラインの本数も1日で1/2になる。1000着に合わせて用意した従業員や生産ラインを，1日で半分にすることは不可能である。そのため，生産品目や生産量を平準化し，毎日同じようなものを一定数生産することが望ましい。

　このように目指すべき状況が違うため，販売部門と生産部門は時にぶつかる。販売は生産に対して，顧客が欲しいというタイミングですぐに製品を作って欲しい。一方生産からすると，販売はしっかりとした予測を立てて，毎日同じような生産ができるような計画を立てて欲しい。販売部門に合わせれば，生産部門は効率的な生産ができなくなる。一方，生産部門に合わせれば販売部門は必要な時に必要なものを販売できない可能性がある。ゆえに，両者の主張はぶつかる可能性がある。最悪の場合，販売部門は「生産部門が必要なものを作ってこない」と，生産部門は「営業部門のために無駄なものを作らされている」と，お互いに不満をためて，対立してしまう可能性もある。

　こうした問題があるため，実際は在庫を積むことになる。ある程度の在庫を積めれば，販売部門は品切れを防ぐことができる。生産部門も在庫を積めば，需要が多い時は在庫で対応し，需要が少ない時は在庫を積めるため，平準化した生産を行うことができる。よって販売も生産も在庫を多数積むことで，「各々が最適」を達成できることになる。しかし在庫とは金銭化されていない商品であり，それが多数存在していることは企業全体としては望ましくない。また，在庫の保管費用もかかり，売れ残りのリスクも存在する。よって企業全体から見れば最適な状態ではない。本来は，在庫を必要最低限にしつつも，販売部門は品切れを起こさず，生産部門も比較的安定的に生産ができる状態が，

理想的な全体最適（total optimization）の状態である。そのためには，販売部門と生産部門が連携し，部分最適を追求する状態から脱する必要がある。しかし全体最適の状況を実現することは，国内はもちろん，海外ではさらに難しい。

② 海外における全体最適実現の難しさ

　まず，現地市場向けの海外工場の場合，販売部門が同じ国の中にあれば，国内と同様の問題が起こりうる。さらに，販売部門と生産部門のトップの国籍が異なっている場合，単純な販売部門と生産部門の対立が，文化的な違いや「駐在員と現地国籍従業員」といったポジションの違いによって，増幅されてしまう可能性もある。実際，日本企業の場合，生産部門は日本人駐在員が権限を持つことが多く，現地市場向けの販売は現地国籍従業員が権限を持つことが多い。そのため，両者のコミュニケーションは国内よりも難しいし，また日本人からすれば現地市場のことは深くはわからないため，現地市場を深く知る現地国籍従業員の需要予測に対してコメントすることは難しい。

　一方，輸出向けの海外工場の場合，販売を考えるのは本社や地域本社になる。すると今度はグローバル市場の需要予測の問題が生じる。輸出向けの海外工場の場合，一か国だけでなく，複数国に対して輸出をすることになる。しかし，一か国の需要予測でさえも難しいのに，複数国の需要予測はさらに困難である。また，各国市場の販売部門が需要を「多め」に見積もり，それらを合計した結果，在庫が大量に生じることもある。各国の販売部門は機会損失を嫌がるために，自分たちのところに商品が回ってくるように，多めに予測を立てる傾向にある。それが地域で合計されると，同様の思考で地域本部は数字をさらに多めに見積もる。さらにそれを合計した本社でも数字を多めに見積もった結果，実需からかけ離れた生産量となってしまう。

　また，輸出工場であるならば，当然輸送にかかる時間の問題もある。例えば，中国で完成品を作り，米国市場に輸出しているケースを考える。今，中国から米国までの完成品の輸送に1ヶ月かかるとする。このとき，米国の販売会社は「中国からの完成品の輸送時間1ヶ月＋完成品の生産リードタイム」前には，需要の予測を立てて，中国側に生産の発注を行わなければならない。ただし，実際は中国側が部品を手配するため，さらに前に予測しなければならない。も

し，中国工場で生産する完成品にドイツからの輸入部品を使っており，その輸送に同じく1ヶ月かかるのであれば，さらに「ドイツからの輸入部品の輸送時間1ヶ月＋部品の生産リードタイム」がかかってしまう。すると米国の販売会社は，合計「中国からの完成品の輸送時間1ヶ月＋ドイツからの部品の輸送時間1ヶ月＋完成品の生産リードタイム＋部品の生産リードタイム」と，2ヶ月以上後の需要予測が必要となる。一般的に，より未来の需要予測の方が難しいため，生産計画と実需の乖離が出やすくなってしまう。国境間のモノの移動にかかる時間が，生産計画と実需の乖離を生んでしまうのである。

この部材調達による納期の長期化の問題は，現地市場向け工場でも同様である。例えば，富野・新宅・小林（2014）は，日本工場から米国市場に輸出される車も，米国工場で生産されて米国市場に投入される車も，発注がかけられてディーラー店に到着するまでの納期は3ヶ月と変わらないことを明らかにしている。これは，米国工場が日本で生産された部品を使っており，その生産と輸送に1ヶ月かかっているためである。現地生産を行っていても，部材の現地調達が進んでいなければ，納期を大幅に短縮することは難しくなることがあることは，留意しなければならない。

〈2〉国際的な製販統合を目指して

以上のような国際的な製販統合は，現在多くの企業が実際に抱えている経営課題である。そのため，これらへの明確な解決策は未だ提示されていない。そこでここでは，解決するためのいくつかの方向性を示す。

まず，販売部門が需要予測の精度を上げることである。もちろん完全な予測は不可能であるが，機会損失を恐れた過大な需要予測は好ましくないことを理解した上で，需要予測を立てる必要がある。近年ではビッグデータを用いてある程度需要予測を行うこともできつつある。

次に，販売部門と生産部門の間の風通しを良くすることである。これは，両者の間にオーダーシステムを導入して，こまめに受発注ができるようにするだけではない。両者がコミュニケーションをとって，お互いに全体最適を目指す方針を共有することである。特に現地パートナーを使うのであれば，こうしたコミュニケーションは欠かせないだろう。例えばトヨタが1970年代以降に北

米でディーラー網を整備していく中では，販売機能を担当していたトヨタ自動車販売だけでなく，生産機能を担当していたトヨタ自動車工業もディーラーとコミュニケーションをとり，トヨタのものづくりのあり方などを理解してもらっていた。

　また，需要を予測して生産計画に落とし込む場に，生産部門が参加するのも有効であろう。ある日系オフィス用機器メーカーでは，販売計画を生産計画に落とし込む場で，工場側が意見を言えるようにしていた。この会社はタイに工場を持ち，グローバルにオフィス用機器を供給しているが，販売の予測の精度が上がらず，不良在庫になるものを多数作っていた。そこで，これまでは販売から言われただけの生産を行っていたタイ工場が，自らの経験や実情を踏まえた意見を言うようになった。こうして工場側の視点も含めた，全体最適的な販売・生産計画の立案が目指されている。

　一方，生産部門も努力が必要である。生産部門としては，需要変動になるべく迅速に対応できるように，フレキシビリティを高める努力が必要である。例えば，頻繁な生産品目の切り替えに対応するために，作業員の多能工化を図ったり，製造機械の汎用性を高めたりする。または生産量の変動に合わせて人材の配置を柔軟に変更できるように，大規模なラインではなく，小規模なラインを複数並べるようなライン構成にする。もしくは工程の改善を行い，リードタイムを短縮することで，生産計画の確定時期に余裕を持たせるなどである。これ自体は，国内工場での取り組みと変わらないが，海外工場で高度なフレキシビリティを達成するのは容易ではない。

　ただし前述のとおり，納期短縮の最大の問題は部材供給にあることが多い。そのためまずは，サプライヤーに現地に進出してもらい，現地に在庫倉庫を持つか生産工場を持つかして，現地から供給できる体制を作り上げることが考えられる。究極的には，サプライヤー自身も現地調達ができるようになれば，実際に販売されるタイミングに近いところで生産計画を立てることができるようになる。

　さらにサプライヤー自身も生産のフレキシビリティを高める努力が必要である。現地に進出したサプライヤーの工場が頻繁な生産品目の切り替えに対応できれば，完成品メーカーとしてはより柔軟に生産計画を立てることができる。

もし，サプライヤー自身に海外工場のフレキシビリティを高める能力がなければ，完成品メーカーが協力し，サプライヤーのフレキシビリティを上げることが望ましい。

　ただし，サプライヤーを現地に進出させるにせよ，海外工場のフレキシビリティを上げさせるにせよ，サプライヤーが完成品メーカーの望むような選択をするとは限らない。トヨタとそのサプライヤーのように両者に長期的な関係がある場合や，サプライヤーがメリットを感じられた場合のみ，完成品メーカーはサプライヤーの協力を得ることができる。

　以上，国際的な製販統合を行っていくためには，サプライヤー，工場，販売のそれぞれの努力と相互の協力が不可欠である。自らの立場にとっては最適な状態が，全体で見たら最適でないことがあるということを理解できなければ，こうした協力は期待できない。こうした部門横断的な決定ができるのは現場でも，各部門のトップでもなく，それらを束ねているトップマネジメントであろう。特に「国際」によってさらに複雑化した状態では，国ごとの利害もあり解決は難しい。生産担当者，販売担当者，購買担当者に任せるのではなく，トップマネジメントが積極的に関与して，全体最適状態を作り出すことが求められるだろう。

演習問題

　14.1　図表14.1を見て，原材料と部品の現地化比率が高い国と低い国にはどのような差があるか，また日本からの部材に依存している国とそうでない国にはどのような差があるかについて考察しなさい。

　14.2　本章ではサプライチェーン・マネジメントをテーマとしたため，生産部門と販売部門の間の統合を取り上げたが，開発部門と販売／マーケティング部門，開発部門と生産部門の間にも統合は求められる。企業において開発部門と販売部門，および開発部門と生産部門が統合できていないことでどのような問題が生じるかを考察しなさい。また，そうした問題が国際化によって大きくなるのはどのような場合かについて，考察しなさい。

第 15 章

国際人的資源管理

　本書の最後に，多国籍企業内の人材に関する議論を行う。多国籍企業において注目すべき人材は，海外子会社に派遣される海外駐在員と，海外子会社で雇われる現地（国籍）従業員である。本章では国際人的資源管理の前提となる議論から始め，海外駐在員と現地従業員の各々のマネジメントの課題について説明する。さらに，今後注目されるだろうダイバーシティ・マネジメントやグローバル・リーダーシップといった概念についても説明する。こうした事項への理解を通じて，「国際」がついた人的資源管理の特殊性を学ぶことが，本章の目的である。

○ KEY WORDS ○

本国人材，海外人材，海外駐在員，現地（国籍）従業員，
EPRG プロファイル，海外派遣社員の派遣プロセス，
海外派遣社員の失敗，内なる国際化，
ダイバーシティ・マネジメント，グローバル・リーダー，
グローバル・リーダーシップ

15.1　多国籍企業で働く人材

ここまで見てきた多国籍企業における全ての活動の主体は人である。よって最後に，国際的な人材の採用・育成・活用に関わるマネジメントである，**国際人的資源管理**（International Human Resource Management：IHRM）について説明する。

多国籍企業で扱う人材は2つに分けることができる。一つは進出元の本国の国籍を持った**本国人材**，もう一つは本国とは異なる国籍の**海外人材**である。本国人材の中でも国際人的資源管理で注目されるのは，海外で働く本国人材である。実際に日本企業でも，海外で就業する日本人は年々増えている。彼らは，日本企業のノウハウを海外で活用するために，海外へ出張，または海外子会社に駐在して働いている。海外で働く本国人材は，言語，文化，慣習が違う中で働かなければならない分，国内よりも厳しい環境で働いていると言える。こうした厳しい環境で働ける人材を選抜し，育成し，サポートすることは多国籍企業にとって重要なテーマである。

一方，多国籍企業は本国人材だけでなく，海外人材を進出先国で，あるいは本国で雇うことになる。近年は日本国内で雇われている海外人材も増えているが，日本企業が雇っている海外人材の大多数は海外子会社の**現地従業員**（**現地国籍従業員**）[1]である。特に進出先の海外子会社の従業員の中心は**現地国籍人材**（現地人材）であり，海外子会社のパフォーマンスは彼らの働きに左右される。よって，彼らが望む給与体系，彼らが望むキャリアパスなどを用意し，彼らが働きやすい環境を整えなければならない。しかし，文化的背景が違う以上，彼らが望む人的資源管理は，本国人材と異なっている可能性もある。こうした違いにも対応しなければならない。

もちろん，本質的には本国人材と海外人材といった区分けをなくし，適材適

---

[1] 本書では便宜上，現地従業員という言葉を現地国籍従業員と同義で使う。しかし実際の現地従業員の中には，本国採用ではなく現地採用として海外子会社に直接雇われて働いている本国人材も少なからずいることは留意しておく必要がある。

所のマネジメントができることが理想的かもしれない。こうした区分け自体が問題であるという意見もあるだろう。しかし現実の企業でそこまで至っている企業はほとんど存在しない。特に日本企業の場合は，そうした垣根は多くの場合残っている。本章は現状に合わせることを重視し，本国人材と海外人材という区分けをあえて残して説明を行う。

以下では，国際人的資源管理について，日本企業が抱えている問題点にも触れながら説明していく[2]。

15.2　企業の国際化の発展段階と IHRM

まず，議論の前提として，企業の国際化の発展段階とそこにおける人的資源管理について整理しよう。

まず，国内市場だけで事業展開し，輸出もしていない企業の場合，海外との接点はほとんどない。唯一あるとすれば，原材料や製品を海外から輸入する場合である。この場合，海外の納入業者と取引することになるが，通常は商社などが仲介するため，海外との直接の接点はない。そのため，こうした企業の人的資源管理に国際的な側面は必要ない[3]。

次に，この企業が製品を輸出する段階を考えてみよう。このとき，国内の輸

---

[2] なお，本章は，中川・林・多田・大木（2015）のうち，筆者が執筆した第10章を参考に再構成したものである。

[3] ただし輸出などの活動をしなくても，国内で外国人の顧客への対応を行う観光産業等，国内で外国籍の人材を雇う企業も存在している。このような企業の場合は，海外子会社と同様の人的資源管理が求められることもある。例えば，日本の工場で働く人材には，「外国人技能実習制度」によって一時的に採用されている人材がいる。この制度は，発展途上国の人材育成を支援するための制度であり，技能実習生の採用や待遇は，通常の従業員とは異なっている。また，日本国内で外国人人材を雇うために，海外の政府・大学などと連携した特別な採用枠や，特別な待遇を用意している企業も存在する。その一方で，日本国内の大学を卒業した留学生などは，日本人と同様の人的資源管理システムに入れられることも多い。このような「国内で働く海外人材」の活用の議論は今後活発に行われるだろうが，まだ研究の蓄積が少ないため，本章では取り上げない。

出商社を介するならば，国際的な人的資源管理は必要ないが，商社を通さず，海外の業者に直接輸出する場合は，本社の国際業務部門の担当者が折衝をすることが多い。この際，条件の交渉や契約書の作成などをするが，海外ビジネス事情や現地市場に関する深い知識はそれほど必要にはならないため，海外について深い知識を持っていない一部の担当者が，海外とやりとりするにとどまる場合が多い。また，海外に拠点を作らないため，海外国籍の人材を雇うとしても少人数である。

さらに，この企業が海外進出に力を入れるようになると，現地に販売子会社を作って販売する，もしくは海外工場を作って現地生産を始める段階になる。こうなると，本社にも海外子会社にも，より海外に詳しい人材が必要になる。本社側では，現地事情に詳しく，海外現地スタッフと円滑にコミュニケーションをとれる人材が必要となる。特に，海外子会社へ派遣される**エクスパトリエイト**（expatriate：**海外駐在員**，海外派遣者，海外派遣社員）が必要となる。一方，現地子会社側では，海外駐在員に加えて，現地採用の現地従業員が必要となる。現地従業員に対しては，本社の技術やノウハウを教育しなければならない。しかし，本社のやり方を押し付けるのではなく，その国に合わせたマネジメントも必要となる。さらに，海外子会社の役割が増えれば，現地従業員にも徐々に高度な役割が求められるようになる。

この段階になると国際人的資源管理の重要性が認識されるようになる。まず，本社側では海外駐在員に関するマネジメントを考えねばならない。海外駐在員の育成，サポート，キャリアデザインなどは，国際人的資源管理ならではの重要な課題である。また，一方で現地従業員の育成・活用も大切になってくる。後述するが，日本企業の場合は，現地従業員をトップマネジャーのような責任のある立場に登用したり，彼らの知識やアイデアを活用したりすることが進んでいないと言われているため，現地従業員を活用するためのマネジメントがより重要となる。

さらに国際化が進展すれば，この企業の本社と海外子会社の関係は限りなく対等な関係になる。そうなると，本社，海外子会社問わず，グローバルな視野で物事を考えることができる人材が求められる。そうした人材が，国籍に関係なくキャリアを積んでいくため，国にこだわらず様々な国で様々な国籍の人材

が適材適所で働くことになる。この段階になると、そうした人材を育てるための教育システム、人材を評価するシステムが必要となる。例えば「どの国籍の人材でもこの試験にパスすればあるポストにつける」という世界共通の試験制度を作れば、国籍問わずそのポストに適した人材を配置することができる。

このように、企業の国際化の発展に対応して、国内で活動を行っているときにはなかった人的資源管理の課題を解決しなければならない。以降では、様々な国籍の人材を、国境を越えて活用しなければならない「海外子会社設立以降」を想定して、国際人的資源管理で考えるべき事項について説明する。

15.3　パールミュッターの EPRG プロファイル

では、文化的に異なる多国籍の人材をどのように管理していけば良いのだろうか。この点に関して議論したのがパールミュッター（Perlmutter, H. V.）である。彼は国際化の基準となる経営志向のパターンを提示し、多国籍企業がどのような経営志向をとるかによって、人事体系も異なっていくことを明らかにした。その経営志向とは Ethnocentric, Polycentric, Regiocentric, Geocentric の4つで、EPRG プロファイルと呼ばれる（Heenan & Perlumutter, 1979）。

###〈1〉本国志向型

第一は、本国志向型である。エスノセントリック（ethnocentric）と呼ばれ、本社主導により主要な意思決定が行われ、海外子会社に重要な役割が与えられない経営志向である。「本国中心主義」とも呼ばれる。ここでは、本国のやり方、管理基準が海外に適用される。そのため、海外子会社の主要ポストは本国人材（parent-country national：PCN）で占められ、現地従業員には限定的な役割しか与えられない。

日本企業は本国志向型の典型例として度々挙げられる。日本企業は欧米企業よりも、海外子会社のマネジメント層に本国人材を使う傾向が強いことが、いくつかの研究で明らかになっている。図表15.1 はそうした研究が明らかに

図表 15.1　Kopp（1994a）における海外駐在員の割合の比較（単位％）

海外子会社の トップマネジャーの国籍		US企業 (n=20)	欧州企業 (n=21)	日本企業 (n=26)
	本国人材	31.0	48.0	74.0
	現地国籍人材	49.0	44.0	26.0
	第三国籍人材	18.0	8.0	0.2

(注1) ここにおけるトップマネジャーとはカントリーマネジャーかその国の社長（country manager or president of the overseas operation）を指している。
(注2) Kopp（1994a）では日本企業に対してサブサンプルを加えた分析も行っているが，ここではメインサンプルの結果を記す。
(出所) Kopp（1994a, pp.586-587）を元に筆者作成。

したデータの一つである（Kopp，1994a）。こうした本国志向型のマネジメントをとっていることが，日本企業の弱みになっている可能性が，いくつかの研究で指摘されている（Kopp，1994b；吉原，1996）。

〈2〉現地志向型

　第二は，現地志向型である。ポリセントリック（polycentric）と呼ばれ，現地のことは現地が一番知っているということを前提に，現地のマネジメントは現地スタッフに任せる経営志向である。そのため，海外子会社の主要ポストは現地国籍人材（host-country national：HCN）によってまかなわれる。オペレーション上の意思決定は現地子会社に権限移譲されるため，本国のやり方，管理基準は最低限適用されるにとどまり，それぞれの国のやり方が優先される。ただし，財務，研究開発などの重要な意思決定は本社主導のままである。欧米企業によく見られる経営志向である。

　この段階は，海外の人材の積極的な活用を行っているという意味で，本国志向型よりも進んでいると考えられる。しかし，各国は各国という考えのため，拠点間のつながりが重視されているわけではない。

〈3〉地域志向型

　第三は，地域志向型である。レジオセントリック（regiocentric）と呼ばれるこの経営志向は，ポリセントリックと後述するジオセントリックの間に位置し，各国ローカルとグローバルの中間である地域（リージョン）規模を基準とする経営志向である。近隣諸国を束ねた地域単位で環境を捉えるため，地域ごとに最適な人事基準などのルールを設ける。そしてそうしたルールに基づいて，人材も地域内を中心に交流させる。もちろん地域間のつながりもなくはないが，地域は地域ごとの特色を出すことが認められているのである。

　こうした取り組みは，近年の一部の日本企業でも見られるようになってきている。例えばトヨタは北米，欧州，中国など，いくつかの地域に分けて，それぞれに地域本部を作り，その地域内での人材交流などを促進している。

〈4〉世界志向型

　第四は，世界志向型である。ジオセントリック（geocentric）と呼ばれるこの経営志向は，各国拠点が相互に複雑に依存しあい，本社と海外子会社が協調している状況に対応した経営志向である。ここでは，普遍的かつ現地的な経営管理基準が適用され，本社もローカルも全てを束ねるようなルールができている。そのため，人材の登用も世界中からベストな人材を起用する。ある国で，本国人材でも現地国籍人材でもなく，第三国籍人材（third-country national：TCN）が活用される可能性もあれば，本社に本国人材以外の人材が活用されることもある。

　この志向の下では，適材適所の人材配置が目指され，グローバルに展開することによって得られる多様な人材の強みを最大限活かすことが求められる。これは，多国籍企業内部に労働市場ができていて，その中で各拠点が「あの人材が欲しい」と人材の移動を求めているような状況と言える。ただし，そうした人材移動を行うためには，どの国の人材でも評価できるような評価基準，そうした基準に引き上げる教育などが必要とされる。GEなどはこれに近い体制をとっているが，世界志向型に当てはまる企業は数少ない。

　パールミュッターは，以上のような「EPRG」の順番で国際人的資源管理が

発展していくことを想定しつつも，これらの順番通りに発展しないケースもありうること，場合によっては逆行する可能性があることも示唆している。また，最も進んでいると言われる「世界志向型」が，常に理想的かどうかは実証されていない。とはいえ，EPRGの各志向において典型とされた国際人的資源管理から，ある企業の人的資源管理の国際化がどの段階にあるかを把握することができる。この点において，EPRGプロファイルは未だに有用な分析ツールと言えるだろう。

15.4　海外駐在員のマネジメントの課題

では，実際に働く人材をどのようにマネジメントすべきだろうか。ここでは，本国人材の中でも海外の最前線で働く「海外駐在員」と，海外人材の多数を占める海外子会社の「現地従業員」の2つに分けて議論をする。まずは，海外駐在員のマネジメントから考えていく。

〈1〉海外駐在員の役割

海外駐在員とは，本社または他の海外子会社から海外子会社に派遣される出向者のことである。本社から派遣されるか，他の海外子会社から派遣されるかの違いはあっても，基本的な役割は変わらない。ここでは日本企業で特に見られる，本社からの海外駐在員を前提に議論を進める。

海外子会社を設立した際，多くの場合現地に海外駐在員が送られる。その人数は徐々に減っていくことが一般的だが，完全にゼロになるケースは日本企業では必ずしも多くはない。なぜ彼らが残されるかというと，海外駐在員には現地従業員にはない役割があるからである。その役割とは，知識移転，現地子会社のコントロール，学習，拠点間のコミュニケーション促進の4つである。

一つ目は，**知識移転**の役割である。海外駐在員が派遣されることによって，移転元の組織が持っていた技術，知識，ノウハウを円滑に移転することができる。例えば，海外工場に品質保証担当で赴任する日本人海外駐在員は，現地に

おいて日本本社が認める品質で製造ができるように監視する。日本本社側の品質基準に関する情報や品質向上のためのノウハウを持つ海外駐在員がいることで，製造品質を安定させることが可能になる。実際に，日本の製造拠点の場合，品質保証，工程技術（生産技術）などの技術に関わる分野では，日本人駐在員が指導者，もしくはマネジャーとして活躍しているケースが多い。

　二つ目は，コントロールの役割である。まず海外駐在員が現地組織にいることで，現地にお目付け役ができることになり，会計上のコントロールがききやすくなる。経理の役職の人間が海外駐在員のまま変わらないケースは，このコントロールのためである。加えて，海外駐在員の存在によって海外子会社とのコミュニケーションを円滑にできるため，派遣元からのマネジメントのコントロールもききやすくなる。さらに，海外駐在員が現地にいることで，海外子会社の目的を企業全体の目的と合わせることもできる。

　三つ目は学習の役割である。上の2つは海外子会社に関する役割だが，これは全社に関する役割である。まず，海外駐在員によって海外子会社が持つ知識をそれ以外の拠点に移転することも容易になる。近年は海外子会社が持つ知識や技術といった優位性への注目が集まっているため，これらを組織全体で共有する際に，海外駐在員が重要となる。さらに，海外子会社で経験を積むことで，人材として成長できる。例えば，海外子会社での経験から，異なる文化の中から，他の文化においても有効なベストプラクティスを集める能力が鍛えられる（Cassiday, 2005）。実際に近年の日本企業では，教育のために「海外研修」と称し，20代のうちに海外駐在をさせて，海外勤務経験を積ませるところもある。

　以上の3つは古典的な研究であるエドストロームとガルブレイスの研究（Edstrom & Galbraith, 1977）で指摘された役割だが，四つ目の役割として拠点間コミュニケーションの促進が挙げられる。これは，本社からの駐在員に特に見られる役割である。例えば，本社とのパイプを持つ駐在員がいることによって，現地子会社に必要な資源や権限を，本社と交渉して獲得することができる可能性がある。実際に本社との強いパイプを持つ駐在員は現地従業員からも好まれることが多い。また，他の海外拠点にいる駐在員とのネットワークを通じて，他の拠点との情報交換も円滑に行うことができる。日本企業では日本人

の海外工場長同士が電話やメールなどで頻繁にやりとりし，お互いの問題や解決方法を話し合っているケースが多々見られる。

〈2〉海外駐在員の派遣プロセスとその課題

　海外駐在員は異文化の地で働かなければならないため，国内でビジネスを行うよりも難しい立場に置かれる。そのため，派遣前，派遣中，帰国後のそれぞれの時期において，海外駐在員（およびその候補）を適切にサポートすることが求められる。

　まず，派遣前は，海外駐在員となる人材の選抜とその育成を考えなければならない。選抜の際には，当人の仕事のスキル，コミュニケーションスキル，リーダーシップスキル，社交スキルなどが考慮される。

　しかし，海外駐在員として誰を選抜するかは，企業にとって悩みの種である。主な選抜基準としては「英語，または現地の言語が話せる」「海外経験がある」「国内で華々しい業績をあげている」「将来のエリートとして見込みがある」などが挙げられる。しかし，語学力や海外経験があっても，仕事ができるとは限らない。また，国内で華々しい業績をあげていても，現地の仕事では通用しないかもしれない。海外駐在員として成功するかどうかの適性を予測することは難しく，適性のない人間が選ばれると，与えられた仕事を果たせずに帰国してしまうことも多々ある。

　次に育成の面に関しては，英語（または現地の言語），文化，仕事の引継ぎなどについて，十分な教育を行うことが望ましい。しかし，「寝耳に水」の形で，急に海外駐在が決定するケースも少なくない。決定から数週間で海外に駐在を命じられるケースの場合，十分な育成時間を与えることができない。さらに，小さい企業であれば，自社に海外駐在者を教育するためのプログラムを用意できない場合もある。しかし，現地の言語や文化を理解するだけの十分な時間を与えてから海外駐在員を派遣している企業の方が，現地従業員とのコミュニケーションや現地市場の把握の面で強みを持っていると言われている。

　派遣中は，海外駐在員を正しく処遇することが求められる。まず，海外駐在員は通常と違う業務に置かれるため，本国のときよりも金銭的な報酬を増やし，現地での生活を保証する必要がある。企業によっては年間数回，国際線のビジ

ネスクラスで母国と現地を往復できる権利を与えていることもある。また，海外駐在員の成果を明確に評価することも，彼らのモチベーションを上げるために必要である。

　それに加えて，彼らの現地生活をサポートすることも必要である。派遣当初は，本人の高い意欲と現地の歓迎ムードから問題は起きづらいが，しばらくすると現地人とのコミュニケーションの問題や，現地文化へのカルチャーショックから，現地への適応が難しくなる場合がある。このようなときに，海外駐在員は当然のこと，その家族まで含めたサポートを行う必要がある。

　帰国後は，海外派遣を終えた社員，海外帰任者（repatriate）が本国に適応できるようにサポートする必要がある。駐在員が海外に行くときのカルチャーショックは予想している分ある程度和らげられる。しかし，海外帰任者の場合，まさか本国に戻ってカルチャーショックを受けるとは思っていないため，より大きなショックを受けることがある。そうすると本国での仕事にモチベーションを持つことが難しくなることがある。過度に海外に適応した人材はそうしたショックに抗い，本国に適応する際に抵抗を見せる場合もあるが，そうした人材に対する本国の上司や同僚からの評価は低くなり，そのスキルを本国で活かすことは難しくなる。こうした状況を受けて，海外駐在員が，本国と海外の仕事は別と考えて，自ら海外で培ったスキルを利用しない選択をすることもある。またそもそも，海外に派遣された人材の戻るべきポストが本国にないために，ずっと本国に帰任できないケースもある。

　こうした海外帰任者の問題は近年大きな問題として取り上げられている。豊富な海外経験を持つ海外帰任者を本国側が活用できないことは，本人の人生設計にとってはもちろん，企業としても大きな損失である。このような問題を防ぐためには，彼らのスキルを発揮できるような仕事やポストを用意する必要がある。また，本国に帰任する前に，本国の現在の状況を伝えたり，次の仕事の話をしたりすることが，帰任者の帰国後の満足度を上げるというような分析結果も明らかになっている（内藤，2011）。

15.4 海外駐在員のマネジメントの課題

> **コラム 18**　海外駐在員の現地での働き方
>
> 　現地に派遣された海外駐在員は現地ではどのような働き方をするのか。
> 　日本企業の場合，海外駐在員の仕事は，「本国で培った技術の現地での発揮または移転（製造技術，製品技術，管理技術等）」「日本本社とのコミュニケーション」「現地にいる日系の顧客やサプライヤーとのコミュニケーション」が多い。しかし，実際の働き方は個人によって異なる。
> 　例えば，海外駐在員として派遣されたにもかかわらず，本社に戻ることのみを考えている海外駐在員もいる。こうした駐在員は本社の覚えを良くすることだけを考えるため，本社の方針をただ現地に押しつけ，現地の社会に溶け込むことをしない。具体的には，現地の会社には週2〜3回程度しか出社せず，日本人同士のゴルフやパーティにだけ勤しみ，本国への出張があれば「い」の一番に帰国する駐在員である。現地のマネジャー層がある程度成熟すると，現地のオペレーションは彼らに任せられるため，こうした仕事の仕方でも何とかなってしまう。こうした駐在員は当然，現地の従業員から不満を持たれやすい。
> 　逆に，現地に溶け込もうと努力する海外駐在員もいる。自らを現地で稼がせていただいている人間であると考え，現地を理解しようと努力する。例えば，工場などの現場やイベントに顔を出して従業員とコミュニケーションをとったり，休日も地元の街などに出かけて地域に触れ合ったりする。現地の言語の習得にも積極的である。こうした海外駐在員は現地従業員からも受け入れられやすく，また，現地の経験を通じて新たな気づきを得ることもできる。
> 　しかし，ただ現地に溶け込もうとするだけでは不十分である。単純に現地のことを理解するだけであれば，現地従業員には敵わない。また，海外駐在員は本社からのコントロールの役割も担っているため，海外子会社の意見だけを聞く現地の代弁者になっても，多国籍企業全体の効率性を下げるだけである。よって，海外駐在員は，本社と海外子会社をつなぐ存在であることを理解し，本社の意見を現地に，現地の意見を本社に伝えられるよう，努力する必要がある。そのためには，本国と現地の両方と活発なコミュニケーションをとり続け，両者の意図を理解した上で，両者の意見をうまく折衷させる存在になることが望ましい。

〈3〉海外駐在員の失敗

　海外駐在員の失敗とは，海外駐在員が当初期待された役割を果たせなかったことであり，派遣当初の目的を達成できずに帰国したかどうか等から測られる。そのような失敗をもたらすものとして，国の要因，企業の要因，個人や家族の要因がある。

　国の要因としては相手先国の文化の問題がある。駐在先の文化と自国の文

化がかけ離れていたり，駐在先国の文化が他国を排除するようなものだったりすれば，その国に適応することは難しくなり，海外駐在員のパフォーマンスが低下する可能性がある。実際，現地で生活をする際には，食事，宗教，気候，風習などは大きな問題となる。そのため，日本企業が多数集まる工業団地では，日本料理屋があるかどうかが工業団地の魅力の一つとして考えられている。

　企業の要因としては，駐在員への処遇が挙げられる。例えば，駐在員の目的を明確にしない，駐在員の活動をサポートしない，駐在員のインセンティブ（昇進・報酬等）を曖昧にするなどは，海外駐在員のモチベーションを低下させる。また海外赴任を，島流しあるいはバカンスのような位置づけで捉えている企業では，海外駐在員が高いパフォーマンスを発揮することは稀だろう。

　最後に個人や家族の要因がある。個人の海外駐在員としてのモチベーションや現地の人々とコミュニケーションをとる能力がなければ，海外駐在員として成功することは難しい。また，家族が現地社会に適応できない結果，海外駐在員も帰国せざるをえない場合もある。なお，純粋な現地の生活ではなく，現地にできた「日本人コミュニティ」に嫌気がさすケースも少なくない（コラム19参照）。そのため，「単身赴任の海外駐在員の方が，失敗率が低い」という傾向もある。

　海外駐在員は海外子会社において重要な役割を担う。また，海外駐在員を派遣するためのコストは，準備段階の教育費，派遣時・派遣後の補償費等，現地従業員数人分のコストを要する。よって，これらの要因をうまくコントロールすることで，海外駐在員の失敗を防ぐことが求められる。

　このような問題がある一方で，海外駐在員人材の不足という問題もある。海外拠点が拡大すればするほど，海外駐在員の必要人数も増えてくる。特に近年の日本企業の場合，海外ビジネスの拡大のスピードに，人材の教育が追いついていないケースが多い。そのため，産官学から，グローバル人材の育成を求める声が強まっているのである。

　こうしたコストや人材不足の問題に対する一つの解決策として，出張者や短期派遣者の活用が欧州企業では検討されている。マネジャーを頻繁に出張，もしくは短期間に派遣させることで，駐在によるコストや人材の問題を解決しようとしているのである。しかし，頻繁な海外出張はマネジャーの負担となるた

め、また別の問題を抱えていると言える。例えばある大手メーカーに勤務している日本人製造担当マネジャーは、7年間で902日、多い年で150日以上海外出張に行っていた。本人は嫌がってはいなかったとはいえ、特定の個人に負担が集中することの是非は考えなければならないだろう。

> **コラム 19** 　海外駐在員の生活の心構え

　海外駐在員の現地の生活は本国からは見えないことが多い。ここではタイと中国に合計約1ヶ月間滞在して海外工場の調査を行った筆者の経験をベースに、日本人駐在員とその家族の現地での生活を「書ける範囲」で記す。

　海外駐在員の住まいは、日本人のみならず、駐在員が多く生活するアパートメントや一戸建である。単身者の場合、多くはホテルのようなアパートメントに住む。こうしたアパートメントでは、掃除・洗濯などは頼めばやってもらえる。家族連れで駐在する場合、大きなアパートメントや一戸建に住むが、必要に応じてお手伝いさんを雇うこともある。

　駐在者は住まいから会社まで、公共機関、会社のバス（乗合）、専用の車で移動をする。住まいから車で1時間程度のところに職場があることも多いため、車での移動が多い。職位が上がれば、運転手付きの車を自由に使えるようになる。会社からの帰りも同様であるが、主要都市（バンコクなど）から離れた工場の場合、金曜日の夜になると主要都市に向かうバスが出るケースがある。こうしたバスで、週末は主要都市に向かう駐在員も多い。

　食事は現地の料理を食べることもあるが、数ヶ月も滞在していると日本の味が恋しくなってくる。そういうときは、日本食レストランを利用する。日本食レストランは工業団地、イオン等のショッピングセンター、日本人駐在員が多いアパートメントなどに入っている。しかし近年は日本食がブームになっている国も多く、日本の和食チェーン店や現地の日本食店を様々なところで見ることができるようになっている。しかし外食続きでは健康を害することもあるので、食材を購入して自炊をする駐在員もいる。近年であれば、日本の調味料はタイや中国でも簡単に手に入るため、自炊は容易である。

　このように現在であれば、よほどの発展途上国でない限り、日本人駐在員は現地で快適に暮らせる。現地に行っても、会社とアパートの往来だけを行い、日本食を食べ、日本人コミュニティだけで生活することも不可能ではない。ゆえに、どの程度現地社会に溶け込み、現地の文化を知ろうとするかは、駐在員の心構えにかかっていると言える。

　また同様の心構えは同伴する家族にも必要である。駐在員の配偶者の中には、日本人コミュニティの中で序列を作って、優越感に浸ろうとする者が少なからずいる。そ

ういう人間は，勤め先，住んでいる場所，子供の学校等，誰かのおかげで手に入れたステータスで人を判断する。そうした人間との付き合いに配偶者が疲弊し，結果，駐在員も疲弊することは社会的損失である。そうした場合は，むしろ日本人との付き合いはほどほどにして，現地の言葉や文化を勉強し，現地の友達を作る方が良い。現地に溶け込んでいる日本人は，結果的に日本人コミュニティの中でも頼りにされることが増えてくるので，ステータスでのマウンティングで張り合うよりは健全である。

　駐在員，またはその家族として有意義に生活するのであれば，現地にある「日本」に甘えず，自ら現地を知ろうとする努力が必要不可欠であろう。

15.5　現地従業員のマネジメントの課題

　次に，海外子会社の現地従業員（現地国籍人材，現地人材）のマネジメントについて考えてみよう。

〈1〉海外駐在員への依存がもたらす影響

　海外駐在員は海外子会社のマネジメントにおいて重要な役割を果たすが，多数の駐在員が海外子会社にいる状態が常態化すると，派遣コストが単にかさむだけでなく，現地従業員の不満を招くことがありうる。海外子会社の重要なポストの多くが海外駐在員で占められ，本国が海外子会社の主要な意思決定を握っている場合，現地従業員は十分な権限が与えられず，言われた仕事をただこなすだけになってしまう。それが現地従業員のモチベーションに大きな影響を与える。

　海外駐在員が重要なポストを占めることの問題は多々ある。まず，海外駐在員と現地従業員の間のコミュニケーションや待遇のギャップの問題がある。海外子会社の現地従業員は，海外駐在員で構成されるマネジメント層に対して，「十分な情報を伝えない」「意思決定に参加させてもらえない」「給与や待遇が違いすぎる」といった不満を持つことがある。また，3～5年程度の任期で帰ってしまう本国人上司に対して，深くコミットすることは難しく，強い信頼関係を築くことも難しいこともある。これらの不満がモチベーション低下につな

がり，現地従業員のコミットメントを引き出せない可能性がある。

　さらに海外駐在員の多用は，現地従業員のキャリアに影響を与え，現地従業員の獲得・育成・維持にも問題をもたらす。海外駐在員が現地子会社のポストを占めてしまえば，現地従業員にキャリアを積ませて育成することが難しくなる。このようなキャリアへの見通しの暗さが現地従業員の不満につながり，人材の維持・獲得を難しくする可能性がある。

〈2〉現地従業員の積極的活用のメリット

　以上は，現地従業員のモチベーションが下がるからという理由で，現地従業員を意思決定に参加させたり，現地の要職につけたりすべきであるという，いわば消極的な議論であった。しかし，現地従業員に権限を与えたり，彼らの知識やアイデアを活用したりすることにはメリットがあり，ゆえに積極的に現地人材を活用すべき側面がある。そのようなメリットの中で一番大きいのは，現地人材が現地市場，現地経済事情，現地文化に深く精通していることから得られるメリットである。

　例えば，現地市場に精通していることで，現地のニーズを捉えたような製品開発が行いやすい。例えば，第13章で述べたパナソニックの中国生活研究センターは，実際の市場調査のほとんどを中国人に任せている。現地のニーズは現地人材が一番良くわかっているため，そうしたニーズの情報を得ることでヒット製品を生みやすくなる。また，そうして現地から出てきた製品が，グローバル市場でもヒットし，大きな利益を生むかもしれない。また，現地経済に精通していれば，理想的な取引相手（顧客，パートナー，サプライヤー）を探しやすいし，様々な規制を考える政府等とパイプを作ることも容易になるだろう。現地文化に精通していれば，例えば採用制度や雇用制度を考えるときに，現地人材を惹きつけるような制度を考えられる可能性が高くなるだろう（**コラム20** 参照）。

　このように，現地従業員が持つ強みを利用することが，海外子会社の強みにつながりうるのである。そのようにして現地拠点が能力を高めていけば，やがてグローバル市場にも貢献できる海外子会社になれる可能性があるだろう。

###〈3〉現地従業員の活用を推進するために

ここまで，現地従業員の活用の必要性について議論してきた。しかし日本企業は海外駐在員を多用する傾向が，欧米企業と比較して未だに強い。そのため，海外駐在員を減らし，現地従業員を活用することが今後の日本企業の課題であろう。

現地従業員を活用するためには，まず，海外駐在員がいつまでも残るような組織体制を改めなければならない。そのためには，駐在員の後継となりえるような現地従業員を育成し，評価するためのプログラムを企業として備えておく必要がある。

また，本国本社に現地従業員を派遣するという内なる国際化を目指すことも有用であるとされている（吉原，1996）。本国人材だけでなく，現地人材も本国等の様々な国に派遣できる体制を作るのである。このようなキャリアパスが用意されれば，現地従業員のモチベーションは上がり，彼らのスキル構築やスキルの発揮を促進できる。そのためには，彼らを評価するための新たな基準や給与体系等を構築していく必要があるだろう。

ただし，現地人材を活用することが自己目的化してはいけない。確かに日本企業では現地人材の活用が進んでいないと批判されることが多い。しかし，現地人材を活用することは目的ではなく，企業が強くなるための一つの手段である。そのため，状況によっては海外駐在員が必要とされる局面もあり，現地従業員を活用すれば必ずしもパフォーマンスが上がるわけではない。また，現地従業員に十分な能力があるからこそ人材の現地化に価値があるのであって，単なる国籍の貼り換えには意味はない。むしろ，行き過ぎた人材の現地化が原因で海外子会社の業績が悪化することもあるので，注意が必要である。

15.5 現地従業員のマネジメントの課題

> **コラム20** 現地人材は日系企業をどう思っているのか？
>
> 多くの日本企業が海外子会社で苦労するのは，優秀な現地人材の確保である。仕事を次々に転々とすることを「ジョブホッピング」というが，日本人に比して海外人材はジョブホッピングを好む傾向にある。特に日本企業の海外子会社の給料は，他の欧米企業の海外子会社よりも安い傾向にある。また，海外駐在員が多いため，出世の機会が少ないと考えられている。こうした問題があるため，他の企業に人材を引き抜か

れてしまうケースも多い。そのため，日本企業としては，ジョブホッピングを繰り返すエリート層に縛られず，彼らに比べて学歴などは高くなくても，日本企業に共感してくれる人材等を確保することが重要となる。

しかし実際，日系企業を現地人材はどう思っているのだろうか。大木（2015）は，タイの出版社である Nippon info B Co., Ltd.が発行している『Info Biz THAILAND』のデータから，タイの現地大学生 1349 人が，日系企業をどのように思っているかを分析している。

まず，タイの就職したい企業トップ 100 を見ると，日系企業は外資系企業では最も多い 16 社もランク入りしていた。これだけ見ると，日系企業が人気のように思われる。しかし，日系企業で働いてみたいかどうかを尋ねると，働いてみたい・少し働いてみたいという学生は 58.3% で，これは欧米系企業の 64.8%，タイ企業の 76.9 よりも低い数字だった。一部のトップ企業は入ってみたいが，総じて見れば入りたくないのが，日系企業なのである。

さらにこの調査では同様の大学生に対して，日系企業，欧米系企業，タイ企業の「収入」「福利厚生」「研修制度」「社内の雰囲気」「自由度」に対するイメージを，良くないから良いまでの 5 点尺度で尋ねている。国内で想像する日本企業の外資系企業と比較したときのイメージは「給料は安いが福利厚生は充実していて，教育はしっかり。チームワークを大事にするが，ゆえに一人ひとりの裁量は小さい」だろう。しかしタイの学生に尋ねると欧米企業と比較して「収入は良くて自由度は高いが，研修制度は整っていない。福利厚生や社内の雰囲気は同じ程度」という異なる結果が出ていた。

この結果は，日本企業が現地において手厚い教育や社内の良い雰囲気作りを怠っているか，それともそうした魅力が伝わっていないことを意味している。もし前者であるならば，日本企業は海外でも日本的な従業員マネジメントをするのかそうでないのかを，改めて決める必要がある。もし後者であるならば，そうした日本企業らしさが伝わるように，努力すべきであろう。この結果はあくまでもタイ国内の結果ではあるが，他の国でも同様のズレが起きないよう，日本企業は気をつけなければならないだろう。

15.6　グローバル化に向けたさらなる議論

最後に，多国籍企業がさらにグローバル化していくにあたって今後より注目されると思われる議論を紹介する。

〈1〉ダイバーシティ・マネジメント

　ダイバーシティ（diversity）とは，日本語に訳すと「多様性」である。性別，人種，民族，国籍などが異なる様々な人材を一つの組織としてまとめ上げ，活用することで優位を得ていくことが，ダイバーシティ・マネジメント（diversity management）の目的である。

　多国籍企業では，国の違いから生まれるダイバーシティがもたらすコンフリクトを解消するという消極的な意味だけではなく，競争優位を得るというより積極的な意味でダイバーシティ・マネジメントが重要となる。なぜならば，多国籍企業の競争優位の源泉の一つには，グローバルに展開することからもたらされる多様性からの学習があるからである。多様な市場での経験が，よりイノベーティブな製品の開発につながることもあれば，様々な国のマネジメント・プロセスの良いとこ取りをすることで，グローバルに強固な組織体制を作れる可能性もある。

　多国籍企業だからこそ考えるべきダイバーシティとして最も一般的なのは，各国の文化である。国ごとの文化の違いから起きる様々な問題をマネジメントしていくためには，文化を橋渡しするインターフェースとなるような管理者を用意したり，それらを上回るような組織文化を社内に浸透させたりすることが重要となる。

　ただし，国際的な文化の違いを克服するようなマネジメントを行うことで，逆に国内の意識の差異の方が大きくなるケースもある。多国籍企業において，まず克服すべきは国ごとの差異であっても，必ずしもそれだけに注力すれば良いわけではない。国ごとのダイバーシティだけでなく，同一国内のダイバーシティも忘れないように注意すべきである。

〈2〉グローバル・リーダーシップ

　近年では本国人材，外国人材問わず，グローバルな組織を動かすための人材に関する議論が行われている。そうした人物のことをグローバル・リーダー（global leader）と呼び，そうした人物が発揮するリーダーシップをグローバル・リーダーシップ（global leadership）と呼ぶ。

　グローバル・リーダーの定義は研究者によって多様であるが，一般的には複

雑なビジネス環境に対応できたり，異文化組織を効果的にマネジメントできたりする人材であるとみなされている（グローバルリーダーシップ・コンピテンシー研究会，2005）。一方，リーダーシップとは「他者たちに組織や集団にとって何が必要なのか，どのようにして効率的に遂行するのかについて理解と合意を得るために影響を及ぼす過程であり，共有された目的を達成するために個人を動かし，彼らの努力を結集する過程」であるとされ，日本ではそのための能力をリーダーシップと呼ぶこともある。よってグローバル・リーダーシップとは，国境を越えた組織や人などを動かす過程やそのための能力であることになる。

　元々国際経営の分野では，国ごとによって求められるリーダーシップが異なることへの注目が集まっていた。例えば，日本人はコンセンサスを取るのがうまいリーダーが求められるとか，中国では関係づくりの能力があるリーダーが望ましい，などである。しかし，グローバル企業の台頭を受けて，国の違いを越えて共通しているようなグローバル・リーダーの能力である，グローバル・リーダーシップ・コンピテンシー（global leadership competencies）に注目が集まるようになっている。結果，グローバル・リーダーに求められる能力に関する議論は，実務家も交えながら活発に行われている。

　例えば，メンデンホールとオズランドは，グローバル・リーダーに必要な能力を本人の「特性（好奇心，研究心など）」「認知（グローバル思考，思考能力等）」「ビジネス・ノウハウ（グローバル組織の実践的知識，ビジネス洞察力等）」「ビジョン（構想力，企業精神等）」「人間関係技能（コミュニケーションスキル，親密な人間関係等）」「組織構成ノウハウ（チーム構成力，人脈構成力等）」に分けている（オズランド・バード，2007）。その他の研究でも，個人のコミュニケーション能力やビジネススキルに加えて，個人の性格として好ましいかどうか（好奇心，誠実，謙虚，忍耐力等），学習の姿勢を持っているか，グローバルな視野を持っているかが挙げられることが多い。

　ここから示唆されるのは，グローバル・リーダーには，語学，グローバルな視野，ビジネススキルだけでなく，学習に向かう積極性，人間関係を構築する能力といった，一般的には学生時代に身につけて欲しい素養が必要であるということである。グローバル人材育成では，語学やビジネス経験が重視されがち

ではあるが，基本的な姿勢の重要性も含めて，改めてどのような能力が必要なのかを考えていくことが，今後は求められていくだろう。

演習問題

15.1 あなたが海外駐在員として現地に派遣されるとして，事前にどのようなことを準備して，現地ではどのようなことを心がけるか，または配偶者としてついていく場合，どのようなことを準備して，どのようなことを心がけるか，考えなさい。

15.2 企業のダイバーシティはどこまで高めるべきか，あなたの意見を述べなさい。その上で，ダイバーシティが必要だと考えるのであれば，日本企業は，どうすれば大きな衝突なくダイバーシティを増していくことができるかを考えなさい。もしダイバーシティを一定程度に抑えることが望ましいと考えるのであれば，どうすればダイバーシティを一定のレベルで抑えることができるかを述べなさい。

参考文献

第1章

Ghemawat, P.（2001）Distance still matters: The hard reality of global expansion. *Harvard Business Review*, 79(8), 137-147.

Ghoshal, S.（1987）Global strategy: An organizing framework. *Strategic Management Journal*, 9(5), 425-440.

Hofstede, G.（1984）*Culture's consequences: International differences in work-related values*. Newbury Park, CA: Sage Publications.

Hofstede, G.（1991）*Cultures and organizations: Software of the mind*. New York: McGraw-Hill.（G. ホフステード　岩井紀子・岩井八郎訳（1995）『多文化世界：違いを学び共存への道を探る』有斐閣。）

Jones, G.（2005）*Multinationals and global capitalism: From the 19th to the 21st century*. New York: Oxford University Press.（ジェフリー・ジョーンズ　安室憲一・梅野巨利訳（2007）『国際経営講義：多国籍企業とグローバル資本主義』有斐閣。）

佐藤悠一（2008）「国民文化と組織文化：Hofstedeは何を測定したのか？―経営学輪講 Hofstede（1991）」『赤門マネジメント・レビュー』7(11), 821-832.

高橋伸夫（2016）『経営の再生（第4版）』有斐閣。

第2章

Jones, G.（1996）. *The evolution of international business: An introduction*. Routledge.（ジェフリー・ジョーンズ　桑原哲也・安室憲一・川辺信雄・榎本悟・梅野巨利訳（1998）『国際ビジネスの進化』有斐閣。）

Jones, G.（2005）*Multinationals and global capitalism: From the 19th to the 21st century*. New York: Oxford University Press.（ジェフリー・ジョーンズ　安室憲一・梅野巨利訳（2007）『国際経営講義：多国籍企業とグローバル資本主義』有斐閣。）

中川功一・林正・多田和美・大木清弘（2015）『はじめての国際経営』有斐閣。

Vernon, R.（1966）International investment and international trade in the product cycle. *Quarterly Journal of Economics*, 80, 190-207.

第3章

Buckley, P., & Casson, M.（1976）*Future of the multinationals*. London: Palgrave Macmillan.（P・J・バックレイ／M・カソン　清水隆雄訳（1993）『多国籍企業の将来』文眞堂。）

Dunning, J. H.（1977）Trade, location of economic activity and the multinational enterprise: A search for an eclectic approach. In B. Ohlin, P. Hesselborn, & P. M. Wijkman（eds.）, *The international allocation of economic activity*. London: The Macmillan Press, 395-418.

Dunning, J. H.（1979）Explaining changing patterns of international production: In defence of the eclectic theory. *Oxford Bulletin of Economics and Statistics*, 41(4), 269-295.

Dunning, J. H. (1983) Market power of the firm and international transfer of technology: A historical excursion. *International Journal of Industrial Organization*, 1(4), 333-351.

Dunning, J. H. (1988a) *Explaining international production*. London: Unwin Hyman.

Dunning, J. H. (1988b) The eclectic paradigm of international production: A restatement and some possible extensions. *Journal of International Business Studies*, 19(1), 1-31.

Dunning, J. H., & Lundan, S. (2008) *Multinational enterprises and the global economy*, 2nd edition. Cheltenham: Edward Elgar.

Hymer, S. (1976) *The international operations of national firms: A study of direct foreign investment*. Cambridge, MA: MIT Press. (S・ハイマー　宮崎義一編訳（1979）『多国籍企業論』岩波書店。)

Knight, G. A., & Cavusgil, S. T. (2004) Innovation, organizational capabilities, and the born-global firm. *Journal of International Business Studies*, 35(2), 124-141.

Rugman, A. M. (1981) *Inside the multinationals*. New York, NY: Columbia University Press. (A・M・ラグマン　江夏健一・中島潤・有沢孝義・藤沢武史訳（1983）『多国籍企業と内部化理論』ミネルヴァ書房。)

Rugman, A. M., & Verbeke, A. (2001) Subsidiary-specific advantages in multinational enterprises. *Strategic Management Journal*, 22(3), 237-250.

Williamson, O. E. (1975) *Markets and hierarchies: Analysis and antitrust implications*. New York, NY: Free Press. (O・E・ウィリアムソン　浅沼万里・岩崎晃訳（1980）『市場と企業組織』日本評論社。)

Zhou, L., Wu, W. P., & Luo, X. (2007) Internationalization and the performance of born-global SMEs: The mediating role of social networks. *Journal of International Business Studies*, 38(4), 673-690.

第 4 章

Abegglen, J. C. (1958) *The Japanese factory: Aspects of its social organization*. Glencoe, Ill.: Free Press.

Abegglen, J. C. (1973) *Management and worker: The Japanese solution*. Tokyo: Sophia University in cooperation with Kodansha International.

安保哲夫・板垣博・上山邦雄・河村哲二・公文溥（1991）『アメリカに生きる日本的生産システム：現地工場の「適用」と「適応」』東洋経済新報社。

Baranson, J. (1966) Transfer of technical knowledge by international corporations to developing economies. *The American Economic Review*, 56(1/2), 259-267.

Baranson, J. (1970) Technology transfer through the international firm. *The American Economic Review*, 60(2), 435-440.

Cohen, W. M., & Levinthal, D. A. (1990) Absorptive capacity: A new perspective on learning and innovation. *Administrative Science Quarterly*, 35(1), 128-152.

Drucker, P. F. (1971) What we can learn from Japanese management. *Harvard Business Review*, 49(2), 110.

Kogut, B., & Zander, U. (1992) Knowledge of the firm, combinative capabilities, and the replication of technology. *Organization Science*, 3(3), 383-397.

Ouchi, W. G. (1981) *Theory Z: How American business can meet the Japanese challenge*. Mass.:

Addison-Wesley.
Quinn, J. B.（1969）Technology transfer by multinational companies. *Harvard University Review*, 47(6), 147-161.
高橋伸夫（1997）『日本企業の意思決定原理』東京大学出版会。
Vernon, R.（1966）International investment and international trade in the product cycle. *Quarterly Journal of Economics*, 80(2), 190-207.
Vernon, R.（1979）The product cycle hypothesis in a new international environment. *Oxford Bulletin of Economics and Statistics*, 41(4), 255-267.
Vernon, R.（1999）The Harvard multinational enterprise project in historical perspective, *Transnational Corporations*, 8(2), 35-49.
von Hippel, E.（1994）"Sticky information" and the locus of problem solving: Implications for innovation. *Management Science*, 40(4), 429-439.
Womack, J. P., Roos, D., & Jones, D. T.（1990）*The machine that changed the worlds*. New York, NY: Rawson Associates.
山口隆英（2006）『多国籍企業の組織能力：日本のマザー工場システム』白桃書房。

第5章

Chandler, A.（1962）*Strategy and structure: Chapters in the history of the industrial enterprise*. Cambridge, MA: MIT Press.
Galbraith, J. R., & Nathanson, D. A.（1978）*Strategy implementation: The role of structure and process*. West Publishing.
Hedlund, G.（1986）The hypermodern MNC: A heterarchy? *Human Resource Management*, 25, 9-35.
中川功一・林正・多田和美・大木清弘（2015）『はじめての国際経営』有斐閣。
Stopford, J. M., & Wells, L. T.（1972）*Managing the multinational enterprise: Organization of the firm and ownership of the subsidiaries*. London, UK: Longman.（J・M・ストップフォード／L・T・ヴェルズ　山崎清訳（1976）『多国籍企業の組織と所有政策：グローバル構造を超えて』ダイヤモンド社。）

第6章

浅川和宏（2003）『グローバル経営入門』日本経済新聞社。
Bartlett, C. A., & Ghoshal, S.（1989）*Managing across borders: The transnational solution*. Boston, Mass: Harvard Business School Press.（C・A・バートレット／S・ゴシャール　吉原英樹監訳（1990）『地球市場時代の企業戦略：トランスナショナルマネジメントの構築』日本経済新聞社。）
Prahalad, C. K., & Y. L. Doz（1987）*The multinational mission: Balancing local demands and global vision*. New York: Free Press.
高橋伸夫（2016）『経営の再生（第4版）』有斐閣。

第7章

天野倫文（2005）『東アジアの国際分業と日本企業』有斐閣。
McKendrick, D., Doner, R., & Haggard, S.（2000）*From Silicon Valley to Singapore: Location*

and competitive advantage in the hard disk drive industry. Stanford, CA: Stanford University Press.

大木清弘（2014）『多国籍企業の量産知識：海外子会社の能力構築と本国量産活動のダイナミクス』有斐閣。

大木清弘・奥雅春（2016）「立地優位性の変動に基づくマネジメント：グローバルスウィングからの示唆」（MMRC Discussion Paper Series No. 488）東京大学ものづくり経営研究センター。

奥雅春（2013）『現場ナマ情報のグローバル共有戦略：価値あるビッグデータを作る「FOA」』日経BP社。

Pisano, G. P., & Shih, W. C. (2009) Restoring American competitiveness. *Harvard Business Review*, 87(7/8), 114-125.

Porter, M. E. (1986) *Competition in global industries*. Boston, Mass: Harvard Business School Press.（M・E・ポーター編著　土岐坤・中辻萬治・小野寺武夫訳（1989）『グローバル企業の競争戦略』ダイヤモンド社。）

第8章

Ambos, T. C., Andersson, U., & Birkinshaw, J. (2010) What are the consequences of initiative-taking in multinational subsidiaries? *Journal of International Business Studies*, 41(7), 1099-1118.

浅川和宏（2003）『グローバル経営入門』日本経済新聞社。

Bartlett, C. A., & Ghoshal, S. (1986) Tap your subsidiaries for global reach. *Harvard Business Review*, 64(6), 87-94.

Birkinshaw, J. (1997) Entrepreneurship in multinational corporations: The characteristics of subsidiary initiatives. *Strategic Management Journal*, 18(3), 207-229.

Birkinshaw, J., & Hood, N. (1998) Multinational subsidiary evolution: Capability and charter change in foreign-owned subsidiary companies. *Academy of Management Review*, 23(4), 773-795.

Frost, T. S., Birkinshaw, J. M., & Ensign, P. C. (2002) Centers of excellence in multinational corporations. *Strategic Management Journal*, 23(11), 997-1018.

邊見敏江（2008）「イトーヨーカ堂の中国事業開発」（MMRC Discussion Paper Series No. 199）東京大学ものづくり経営研究センター。

大木清弘（2013）「強い海外子会社とは何か？：海外子会社のパフォーマンスに関する文献レビュー」『赤門マネジメント・レビュー』12(11), 717-764.

折橋伸哉（2008）『海外拠点の創発的事業展開：トヨタのオーストラリア・タイ・トルコの事例研究』白桃書房。

Roth, K., & Morrison, A. J. (1992) Implementing global strategy: Characteristics of global subsidiary mandates. *Journal of International Business Studies*, 23(4), 715-735.

第9章

浅川和宏（2006）「メタナショナル経営論における論点と今後の研究方向性」『組織科学』40(1), 13-25.

Bartlett, C. A., & Ghoshal, S. (1989) *Managing across borders: The transnational solution*. Boston, Mass: Harvard Business School Press.（C・A・バートレット／S・ゴシャール　吉原英樹監訳（1990）『地球市場時代の企業戦略：トランスナショナルマネジメントの構築』日本経済新聞社。）

Doz, Y., Santos, J., & Williamson, P.（2001）*From global to metanational: How companies win in the knowledge economy*. Boston, Mass: Harvard Business School Press.

Ghoshal, S., & Bartlett, C. A.（1988）Innovation processes in multinational corporations. In M. Tushman, & W. Moore（Eds.）, *Readings in the management of innovation*, 2nd edition. New York, NY: Harper Collins, 499–518.

Govindarajan, V., & Trimble, C.（2012）. *Reverse innovation: Create far from home, win everywhere*. Boston, MA: Harvard Business Review Press.（V・ゴビンダラジャン／C・トリンブル　渡部典子訳（2012）『リバース・イノベーション：新興国の名もない企業が世界市場を支配するとき』ダイヤモンド社。）

Gupta, A. K., & Govindarajan, V.（2000）Knowledge flows within multinational corporations. *Strategic Management Journal*, 21(4), 473–496.

Nohria, N., & Ghoshal, S.（1997）*The differentiated network: Organizing multinational corporations for value creation*. San Francisco, CA: Jossey-Bass Publishers.

J・A・シュムペーター　塩野谷祐一・中山伊知郎・東畑精一訳（1977）『経済発展の理論：企業者利潤・資本・信用・利子および景気の回転に関する一研究（上・下）』岩波書店。

第10章

Chesbrough, H.（2003）*Open innovation: The new imperative for creating and profiting from technology*. Cambridge, MA: Harvard Business School Press.

曹斗燮・尹鍾彦（2005）『三星（サムスン）の技術能力構築戦略』有斐閣。

ダニエル・A・ヘラー／藤本隆宏（2006）「自動車産業におけるM&A：欧米メーカーとの資本提携の影響」（MMRC Discussion Paper Series No. 90）東京大学ものづくり経営研究センター。

小林美月（2012）「取引関係からみる中国企業の人事施策：ソフトウェア企業の事例」『国際ビジネス研究』4(2), 163-174.

第11章

天野倫文・新宅純二郎・中川功一・大木清弘編著（2015）『新興国市場戦略論：拡大する中間層市場へ・日本企業の新戦略』有斐閣。

Kotabe, M., & Helsen, K.（2008）*Global marketing management*, 4th edition. New York: John Wiley & Sons.（小田部正明／K・ヘルセン　栗木契監訳（2010）『国際マーケティング』碩学社。）

Kotler, P.（2001）*Principles of marketing*, 9th edition. Upper Saddle River, N.J: Prentice-Hall.（フィリップ・コトラー／ゲイリー・アームストロング　和田充夫監訳（2003）『マーケティング原理　第9版』ダイヤモンド社。）

大木清弘・新宅純二郎（2009）「ベトナム市場からみる日系電機メーカーの課題と挑戦」『赤門マネジメント・レビュー』8(7), 417-432.

多田和美（2014）『グローバル製品開発戦略：日本コカ・コーラ社の成功と日本ペプシコ社の撤退』有斐閣。

臼井哲也（2015）「リソース・リポジショニング・フレームによる新興国市場戦略の分析視角：本国資源の企業特殊優位化の論理」『国際ビジネス研究』7(2), 25-45.

第 12 章

天野倫文（2005）『東アジアの国際分業と日本企業』有斐閣。
曺斗燮（1994）「日本企業の多国籍化と企業内技術移転：「段階的な技術移転」の論理」『組織科学』27(3), 59-74.
藤本隆宏（2001）『生産マネジメント入門(1)』日本経済新聞社。
奥雅春（2013）『現場ナマ情報のグローバル共有戦略：価値あるビッグデータを作る「FOA」』日経 BP 社。
尾崎巌（1987）「産業の空洞化と雇用の将来：国際的視野に立つ雇用政策の必要性」『日本労働協会雑誌』29(1), 22-32.
Pisano, G. P., & Shih, W. C.（2009）Restoring American competitiveness. *Harvard Business Review*, 87(7/8), 114-125.

第 13 章

Asakawa, K.（2001）Evolving headquarters-subsidiary dynamics in international R&D: The case of Japanese multinationals. *R&D Management*, 31(1), 1-14.
浅川和宏（2011）『グローバル R&D マネジメント』慶応義塾大学出版会。
Kuemmerle, W.（1999）Foreign direct investment in industrial research in the pharmaceutical and electronics industries: Results from a survey of multinational firms. *Research Policy*, 28(2), 179-193.
Johanson, J., & Vahlne, J. E.（1977）The internationalization process of the firm: A model of knowledge development and increasing foreign market commitments. *Journal of International Business Studies*, 8(1), 23-32.
中川功一・林正・多田和美・大木清弘（2015）『はじめての国際経営』有斐閣。

第 14 章

川邉信雄（2011）『タイトヨタの経営史：海外子会社の自立と途上国産業の自立』有斐閣。
新宅純二郎・大木清弘（2012）「日本企業の海外生産を支える産業財輸出と深層の現地化」『一橋ビジネスレビュー』60(3), 22-38.
富野貴弘・新宅純二郎・小林美月（2014）「トヨタのグローバル・サプライチェーンマネジメント」（MMRC Discussion Paper Series No.462）東京大学ものづくり経営研究センター。

第 15 章

Cassiday, P. A.（2005）Expatriate leadership: An organizational resource for collaboration. *International Journal of Intercultural Relations*, 29(4), 391-408.
Edstrom, A., & Galbraith, J. R.（1977）Transfer of managers as a coordination and control strategy in multinational organizations. *Administrative Science Quarterly*, 22(2), 248-263.
グローバルリーダーシップ・コンピテンシー研究会（2005）『パフォーマンスを生み出すグローバルリーダーの条件』白桃書房。
Heenan, D., & Perlmutter, H.（1979）*Multinational organization development: A social architec-*

tural perspective. Reading, MA: Addison-Wesley.
Kopp, R.（1994a）International human resource policies and practices in Japanese, European, and United States multinationals. *Human Resource Management*, 33(4), 581-599.
Kopp, R.（1994b）*The rice-paper ceiling: Breaking through Japanese corporate culture*. Berkeley, Calif: Stone Bridge Press.
内藤陽子（2011）「組織再社会化における情報入手行為と組織適応：海外帰任者を対象としたモデルの構築と検証」『組織科学』45(1), 93-110.
中川功一・林正・多田和美・大木清弘（2015）『はじめての国際経営』有斐閣。
大木清弘（2015）「タイの現地人材の評価とポテンシャル：産業高度化を狙うタイの現状と日系企業の課題」『赤門マネジメント・レビュー』14(12), 703-720.
ジョイス・S・オズランド／アラン・バード（2007）「グローバル・リーダーのもつエキスパート的認知」日向野幹也／アラン・バード／立教大学リーダーシップ研究所編著『入門ビジネス・リーダーシップ』第9章，日本評論社。・
吉原英樹（1996）『未熟な国際経営』白桃書房。

索　引

あ行

アウトソーシング　164
アベグレン（Abegglen, C.）　64
暗黙知　66

育成　246
イノベーション　13, 16, 142
イノベーター　220
インターナショナル型組織　101
インダストリアル・コモンズ　126
インプリメンテーション　180, 188

ヴァーレ（Vahle, J. E.）　210
ウィリアムソン（Williamson, O. E.）　44
ウェルズ（Wells, L. T.）　75, 78
受け手のモチベーション　152
内なる国際化　253
ウプサラ・モデル　210

影響者　222
エクスパトリエイト　240
エスノセントリック　241

欧州連合　32
応用研究　210
オープンイノベーション　166

か行

海外間接投資　20
海外帰任者　247
海外子会社の選択　133
海外子会社のポジション　136
海外子会社の役割　132

海外証券投資　20
海外人材　238
海外駐在員　240, 244
　　──の失敗　248
海外直接投資　20
海外の売上重視の戦略　83
外国人技能実習制度　239
価格　179
科学技術力　115
学習　13, 16, 245
カソン（Casson, M.）　46
価値連鎖　112
活動間の調整　161
間接輸出　17
官僚的コントロール　89

機会主義的行動　44, 160
機会損失　232
企業特殊優位性　52
企業別組合　63
技術流出　161
基礎研究　210
規範的コントロール　89
規模の経済　14, 149
規模の不経済　14
機密知識の保護　149
吸収能力　155, 217
教育レベル　115
供給要因　213
競争優位　12
　　──の源泉　13, 14
業務委託契約　19
業務提携　159
拠点間コミュニケーションの促進　245
拠点間の競争圧力　207

空洞化　192
国のイメージ　182
国の違い　14
クラスター　123
グリーンフィールド　21
グリッド組織　84
グローバル・イノベーション　142
グローバル型組織　100
グローバルスウィング　126
グローバル統合　97
グローバル・フォー・グローバル型イノベーション　146
グローバル・マトリックス方式　84
グローバル・マンデート　134
グローバル・リーダー　255
グローバル・リーダーシップ　255
　　――・コンピテンシー　256
クロスボーダーM&A　167

経営者資本主義　102
経済的隔たり　9
形式知　66
ゲマワット（Ghemawat, P.）　7
研究開発　147, 210
原産国　182
　　――効果　182
現地環境による影響　134
現地国籍従業員　238
現地国籍人材　238, 242
現地志向型　242
現地従業員　238
現地調達率　230
権力格差　10

貢献者　130, 220
構造は戦略に従う　76
工程開発　193
合弁　20, 159
効率　13, 15
国際経営　6
国際事業部　78
国際人的資源管理　238

国際生産ネットワーク　204
国際パートナーシップ　158
ゴシャール（Ghoshal, S.）　13, 99
　　――のフレームワーク　13
個人主義　10
コスト　195
　　海外進出の――　160
異なるセグメント　185
　　コミュニケーションとコーディネーションの――　149
コトラー（Kotler, P.）　176
ゴビンダラジャン（Govindarajan, V.）　145
コミュニケーションチャネル　152
コンソーシアム型標準　166
コントロール　180, 188, 245

さ　行

在庫　232
裁定取引　40
財務パフォーマンス　136
察知　154
サプライ志向　148
サプライチェーン　224
　　――・マネジメント　224
サポート　247
産業空洞化　196
産業特性　115

支援活動　113
ジオセントリック　243
事業化　155
事業部制組織　76
資産優位性　51
自社の優位性　42
市場の不完全性　43
市場パフォーマンス　136
市場立地型の生産ネットワーク　204
実行　180
実行者　131
シナジー効果　15

資本業務提携　*159*
資本提携　*159*
社会化　*89*
ジャパン・バッシング　*30*
終身雇用　*63*
集団資本主義　*102*
集団的意思決定　*63*
自由貿易協定　*36*
主活動　*112*
儒教的ダイナミズム　*11*
需要要因　*211*
シュンペーター（Schumpeter, J. A.）　*142*
ジョイントベンチャー　*20*
小集団活動　*69*
情報隔離された自由　*220*
情報結合　*219*
　　——された自由　*220*
　　——された統制　*221*
情報粘着性　*65*
情報の受け手　*67*
情報の送り手　*67*
情報の量　*67*
ジョーンズ（Jones, G.）　*7, 27*
処遇　*246*
職能別組織　*77*
ジョブホッピング　*253*
ジョブローテーション　*69*
所有優位性　*47*
自律性　*218*
新結合　*142*
新興国市場　*189*
進出先での現地調達　*225*
新製品　*58, 59*
深層の現地化　*231*

垂直分業型の生産ネットワーク　*205*
随伴進出　*227*
スターター　*219*
ストップフォード（Stopford, J. M.）
　　75, 78
ストレート・フランチャイジング　*19*

生産リードタイム　*195*
成熟製品　*58, 61*
製造品質　*195*
制度　*115*
制度的・政治的隔たり　*8*
製販統合　*224, 231*
製品　*179*
製品開発　*210*
製品多角化　*82*
製品別分業型の生産ネットワーク　*204*
世界共通セグメント　*185*
世界志向型　*243*
世界的製品事業部制　*80*
セグメンテーション　*178*
設計品質　*195*
折衷理論　*47*
センターオブエクセレンス　*135*
センター・フォー・グローバル型イノベーション　*143*
全体最適　*233*
選抜　*246*
専門経営者　*102*
戦略的イニシアチブ　*133*
戦略的リーダー　*128*
戦略目標　*13*

組織は戦略に従う　*76*
組織デザイン　*72*
組織伝統　*103*
組織パフォーマンス　*136*

た 行

ターゲティング　*178*
第一次グローバル経済　*27*
対外的交流　*216*
第三国からの調達　*226*
第三国籍人材　*243*
対進出先政府　*148*
対内的交流　*216*
ダイバーシティ　*255*
　　——・マネジメント　*255*

多元ポジション　185
多国籍企業　7
ダニング（Dunning, J. H.）　47
足りない資源の補完　160
単一ポジション　185
男性らしさ　11

地域経済圏　89
地域事業部制　80, 82
地域志向型　243
地域専門家制度　35
地域統括会社　90
地域統括組織　89
地域本社　90
知識移転　58, 244
知識の取引　46
知識の複雑性と移動性　155
知識のルート　155
チャンドラー（Chandler, A.）　76
長期志向　11
調整　76, 114
　階層による——　76
調達　224, 225
直接輸出　18
地理的隔たり　8

適応　13, 16
　ローカルへの——　97
適応化　95, 183
デジュリ・スタンダード　166
デファクト・スタンダード　166

統合　97
統制　180, 219
同族資本主義　102
ドーズ（Doz, Y.）　97, 153
トップダウンの改善　200
ドラッカー（Drucker, P.）　65
トランスナショナル型組織　103
取引コスト　45
取引特殊な投資　44
取引優位性　51

な　行

内製化　230
内部化優位性　48
内部化理論　43

ニクソン・ショック　30
日本型生産システム　69
日本的経営　63
日本的生産システム　69

年功賃金　63

納期　195

は　行

バーキンショー（Birkinshaw, J.）　132
バーゲニングパワー　149
パートナーからの学習　160
バートレット（Bartlett, C. A.）　99
バーノン（Vernon, R.）　29, 58
パールミュッター（Perlmutter, H. V.）
　241
ハイアラーキー　86
買収　21
配置　114
ハイブリッド　64
ハイマー（Hymer, S.）　40
バックショアリング　125
パックス・アメリカーナ　29
バックレイ（Buckley, P.）　46
バリューチェーン　112
範囲の経済　15
半情報結合された自由　221
販売促進　179

標準化　95, 183
標準製品　58, 61
品質　195

フィージビリティ・スタディ　198

フェーズ1　*78*
フェーズ2　*78*
フェーズ3　*80*
フェーズ4　*84*
フォーチュン・グローバル500　*24*
不確実性の回避　*11*
フッド（Hood, N.）　*132*
部分最適　*231*
部門制　*72*
ブラックホール　*132*
プラハラード（Prahalad, C. K.）　*97*
フランチャイジー　*19*
フランチャイジング　*19*
フリースタンディング企業　*27*
ブリッジ人材　*164*
プロダクト・サイクル仮説　*29, 58*
ブロック化　*32*
文化的隔たり　*8*
分業　*75*

平準化　*232*
ヘッドランド（Hedlund, G.）　*87*
ヘテラーキー　*87*

ポーター（Porter, M. E.）　*112*
ホームベース活用型　*211*
ホームベース増強型　*213*
ホールドアップ問題　*45*
ボーン・グローバル企業　*54*
ポジショニング　*179*
ホスト国政府　*148*
ホスト国での現地調達　*225*
ボトムアップの改善　*200*
ホフステッド（Hofstede, G.）　*10*
ポリセントリック　*242*
本国からの調達　*225*
本国志向型　*241*
本国人材　*238, 241*
本社からの役割の付与　*133*
本部制　*72*

ま　行

マーケット志向　*148*
マーケティング　*176*
　——・ミックス　*179, 187*
　——・リサーチ　*178, 184*
マザー工場　*69*
　——制　*69*
マルチナショナル型組織　*100*

見かけの現地調達率　*230*

メタナショナル企業　*53, 153*
メタナショナル経営　*54, 153*

や　行

安かろう悪かろう　*30*

優位性の移転　*58*
　——の難しさ　*149*
ユーロ　*32*
輸出　*17*

要素コスト　*115*
ヨーロッパ経済共同体　*32*
ヨハンソン（Johanson, J.）　*210*

ら　行

ライセンシング　*18*
　——等の契約　*18*
ラグマン（Rugman, A. M.）　*47*

リーン生産システム　*69*
利益配分　*161*
リショアリング　*125*
リスク管理　*13, 16*
立地の選択と分散の最適化　*155*
立地優位性　*48*
リバース・イノベーション　*145*
流通チャネル　*179*

流動化　*154*
量産　*193*
量産立上　*194*

レジオセントリック　*243*
連結納税制度　*90*

労働生産性　*195*
ローカルコンテンツ要求　*226*
ローカルコンテント要求　*226*
ローカル適応　*98*
ローカル・フォー・グローバル型イノベーション　*144*
ローカル・フォー・ローカル型イノベーション　*143*

数字・英字

4P　*179*
5S活動　*67, 69*

BOP　*189*
BTO　*120*
CAGEフレームワーク　*7*
COE　*135*
COO　*182*
EEC　*32*
EMS　*158*
EPRGプロファイル　*241*
Ethnocentric　*241*
EU　*32*
FTA　*36*
GDP　*5*
Geocentric　*241*
HBA型　*213*
HBE型　*211*
IHRM　*238*
IPO　*166*
I–Rグリッド　*97*
I–Rフレームワーク　*97*
Japan as No.1　*24*
location-bound FSAs　*52*
M&A　*167*
MOP　*189*
NIH症候群　*152*
non location-bound FSAs　*52*
ODM　*164*
OEM　*158*
OJT　*69*
OLIパラダイム　*48*
Polycentric　*241*
QCD　*194*
R&D　*147, 210*
Regiocentric　*241*
STP　*178, 185*

著者紹介

大木　清弘（おおき　きよひろ）

1985 年	神奈川県生まれ
2007 年	東京大学経済学部経済学科卒業
2011 年	東京大学大学院経済学研究科博士課程経営専攻単位取得退学
2011 年	関西大学商学部助教
現　在	東京大学大学院経済学研究科講師
	博士（経済学）（東京大学）

主要著書・論文

『多国籍企業の量産知識：海外子会社の能力構築と本国量産活動のダイナミクス』（有斐閣，2014 年）（国際ビジネス研究学会「学会賞（単行本の部）」受賞）

"Managing internal competition in multinational corporations: The role of home bases." *International Journal of Productivity and Quality Management*, 15(2), 2015.

『はじめての国際経営』（共著）（有斐閣，2015 年）

『新興国市場戦略論：拡大する中間層市場へ・日本企業の新戦略』（共編著）（有斐閣，2015 年）

「海外子会社のパフォーマンスと本社，駐在員，現地従業員の権限：タイの日系販売子会社への質問票調査」（『国際ビジネス研究』8(1)，2016 年）

"Subsidiary autonomy and factory performance in Japanese manufacturing subsidiaries in Thailand." *Research in Global Strategic Management*, 17, 2016.

ライブラリ 経営学コア・テキスト=11
コア・テキスト国際経営

2017年12月25日Ⓒ　　　　　　初 版 発 行

著 者　大 木 清 弘　　　発行者　森 平 敏 孝
　　　　　　　　　　　　印刷者　加 藤 純 男
　　　　　　　　　　　　製本者　米 良 孝 司

【発行】　　　　　株式会社　新世社
〒151-0051　東京都渋谷区千駄ヶ谷1丁目3番25号
編集☎(03)5474-8818(代)　　　サイエンスビル

【発売】　　　　　株式会社　サイエンス社
〒151-0051　東京都渋谷区千駄ヶ谷1丁目3番25号
営業☎(03)5474-8500(代)　　　振替 00170-7-2387
FAX☎(03)5474-8900

印刷　加藤文明社　　　製本　ブックアート
《検印省略》

本書の内容を無断で複写複製することは，著作者および出版者の権利を侵害することがありますので，その場合にはあらかじめ小社あて許諾をお求めください。

サイエンス社・新世社のホームページのご案内
http : //www.saiensu.co.jp
ご意見・ご要望は
shin@saiensu.co.jp まで。

ISBN 978-4-88384-266-7
PRINTED IN JAPAN

ライブラリ 経営学コア・テキスト 9

コア・テキスト
マーケティング

山本　晶 著
A5判／256頁／本体2,400円（税抜き）

本書は，学生の関心が高い科目の一つであるマーケティングについて，初学者が理解しやすいよう，事例を多く挙げ，やさしい文章で解説している．また，章末の演習問題によって，学んだ理論やモデルと現実の市場環境を，読者自身の身近な事例に結びつけ考えることができる．マーケティングのさまざまな領域を知り，より専門性の高い学習への一歩をすすめることができる一冊である．

【主要目次】
マーケティングとは／マーケティング戦略立案プロセス／競争地位別マーケティング戦略／さらなる市場機会の発見：ポジショニング・アプローチ／製品戦略／価格戦略／流通戦略／プロモーション戦略／ブランド戦略／消費者行動とマーケティング／マーケティング・リサーチと市場データ分析

発行　新世社　　　発売　サイエンス社

ライブラリ 経営学コア・テキスト 13

コア・テキスト
生産管理

富田純一・糸久正人 著
A5判／256頁／本体2,400円（税抜き）

専門用語の多用や数理モデル中心の説明を避け，平易な記述により初学者でも生産管理の基本的な考え方を理解できるよう解説した入門テキスト．とくに全体最適の視点を重視して各領域の手法を説き明かした．企業の生産活動の一連の過程を「流れ」と表現して，「良い流れづくり」というコンセプトのもと生産システムを一つのフレームワークで捉えた視点は，実務家にとっても有用な内容となっている．2色刷．

【主要目次】
はじめに／流れの分析手法／流れをつくる／正確に流す／安く流す：コストの管理／流れを計画する／フレキシブルに流す／企業を超えた流れづくり／グローバルな流れづくり／良い流れを継続する／生産管理の歴史

発行　新世社　　　　発売　サイエンス社